高等职业教育校企合作系列教材

汽车底盘电控系统检修

主　编　李俊泓　李沁逸　黄春蓉
副主编　李有通　王　辉　陈益庆　罗　钦

西南交通大学出版社
·成　都·

图书在版编目（CIP）数据

汽车底盘电控系统检修 / 李俊泓，李沁逸，黄春蓉主编. —成都：西南交通大学出版社，2021.3
ISBN 978-7-5643-7990-2

Ⅰ. ①汽… Ⅱ. ①李… ②李… ③黄… Ⅲ. ①汽车－底盘－电气控制系统－车辆修理－高等职业教育－教材 Ⅳ. ①U472.41

中国版本图书馆 CIP 数据核字（2021）第 040960 号

Qiche Dipan Diankong Xitong Jianxiu

汽车底盘电控系统检修

主编　李俊泓　李沁逸　黄春蓉

责任编辑　何明飞
封面设计　墨创文化

出版发行　西南交通大学出版社
（四川省成都市金牛区二环路北一段 111 号
西南交通大学创新大厦 21 楼）
邮政编码　610031
发行部电话　028-87600564　028-87600533
网址　http://www.xnjdcbs.com
印刷　成都蜀通印务有限责任公司

成品尺寸　185 mm × 260 mm
印张　12
字数　255 千
版次　2021 年 3 月第 1 版
印次　2021 年 3 月第 1 次
定价　45.00 元
书号　ISBN 978-7-5643-7990-2

课件咨询电话：028-81435775
图书如有印装质量问题　本社负责退换

前 言

PREFACE

“汽车底盘电控系统检修”是高职院校汽车运用与维修技术、汽车检测与维修技术、汽车电子技术等汽车类相关专业的一门核心专业课程。为了适应新的职业教育模式的要求，使读者能够系统地学习汽车底盘电控系统检修的知识与技能，我们组织高职院校汽车专业教师及汽车维修工程师编写了本书。本书在编写过程中得到了四川吉利汽车部件有限公司、广安一汽大众联众恒信 4S 店、广安东风南风日产汽车 4S 店，广安品信汽车 4S 店等企业的支持，编者在此向它们表示衷心的感谢。

本书由广安职业技术学院李俊泓、李沁逸和黄春蓉担任主编，李有通、王辉、陈益庆和罗钦担任副主编，项目一的任务一由李有通编写，项目一的任务二和任务三由陈益庆编写，项目二由李沁逸编写，项目三的任务一由罗钦编写，项目三的任务二由李俊泓编写，项目四的任务一和任务二由王辉编写，项目四的任务三由黄春蓉编写。

本书在编写过程中，参考了许多国内外公开出版的文献，在此一并表示感谢。

由于时间仓促和编者水平所限，书中难免存在不足之处，恳请读者批评指正。

编　者

2020 年 8 月

目 录
CONTENTS

项目一

电控自动变速器故障诊断与维修

任务一　电控液力自动变速器故障诊断与维修

学习目标

（1）了解液力自动变速器的发展及优缺点。

（2）能说出液力自动变速器的基本组成、挡位含义、控制原理。

（3）能正确操作液力自动变速箱并正常行驶。

（4）能够正确分析液力自动变速器各挡位动力传递路线。

（5）能够根据实物口述液力自动变速器的换挡控制过程。

（6）能够正确拆卸并装配 01M 型自动变速器。

知识链接

一、电控液力自动变速器认知

（一）电控液力自动变速器发展

1939 年，美国通用汽车公司成功研制了由液力耦合器和行星齿轮机构变速器组成的四挡液力变速器，用于该公司生产的 Oldsmobile 轿车。该变速器被认为是自动变速器的代表，是当今自动变速器的原始形式。随着新技术的不断发展，自动变速器结构不断改进，逐步走向成熟。

1939—1950 年的 11 年间是液力自动变速器的成长期。这期间，液力自动变速器的结构特点是液力传动部件采用液力偶合器，机械变速部分采用行星齿轮机构。这种形式，结构虽然简单，成本也低，但液力传动部分只能起到联轴器的作用，不能改变扭矩，传动扭矩的改变完全由行星齿轮机构来完成。

1950 年，美国福特汽车公司成功研制了装有液力变矩器的三挡液力自动变速器，从此轿车用的液力自动变速器进入了成熟期。

1977 年以后，日本丰田汽车公司成功研制了具有超速挡的四挡液力自动变速器。该变速器采用三元件液力变矩器与多挡行星齿轮机构相组合的结构，这不但提高了变速器的变扭比，而且使换挡更顺滑，传动效率更高。

1983 年，日产汽车公司成功研制了四挡液力自动变速器所用的行星齿轮机构，其最大特点是结构紧凑，从而为液力自动变速器的多挡化提供了条件。

1989 年，日产汽车公司开发的五挡液力自动变速器装车使用。和丰田的四挡变速器一样，都是在原三挡和四挡液力自动变速器的基础上，加装了一组行星齿轮机构而形成的。

1991 年，美国通用汽车公司在前轮驱动的轿车上装用 4T60E 型电控液力自动变速器。同年，福特汽车公司也在两种前轮驱动的轿车上装用了 AxODE 型 4 挡电控液力自动变速器，其电子控制装置并入福特 EC-IV 型发动机的中央控制系统。

目前，国外对液力自动变速控制系统的研究已经比较成熟，主要工作集中在换挡策略的开发、换挡品质的改善、多挡位的研究等方面。据统计，目前在城市客车和公共汽车上，美国自动变速器的装车率是 100%，欧洲发达国家在 90%以上；日本中高级轿车装用自动变速器车辆的比例超过了 80%，美国则一直在 90%以上；我国自动变速器的装车率也在逐年提高。

（二）液力自动变速器变速杆的使用

1. 变速杆的布置

普通车型自动变速器有 6 ~ 7 个挡位，它们从前到后依次排列，常见的两种形式如下。

（1）P（停车挡）、R（倒挡）、N（空挡）、D 挡（前进挡）、S（制动 2 挡）、L（制动 1 挡），如图 1-1 所示。

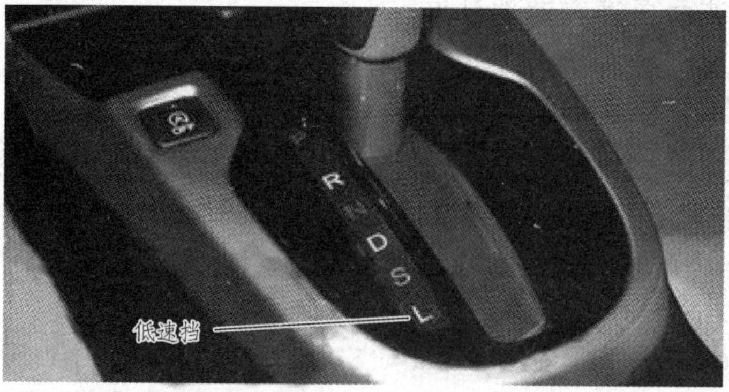

图 1-1　变速杆布置情况（一）

（2）P（停车挡）、R（倒挡）、N（空挡）、D（前进挡），如图 1-2 所示。

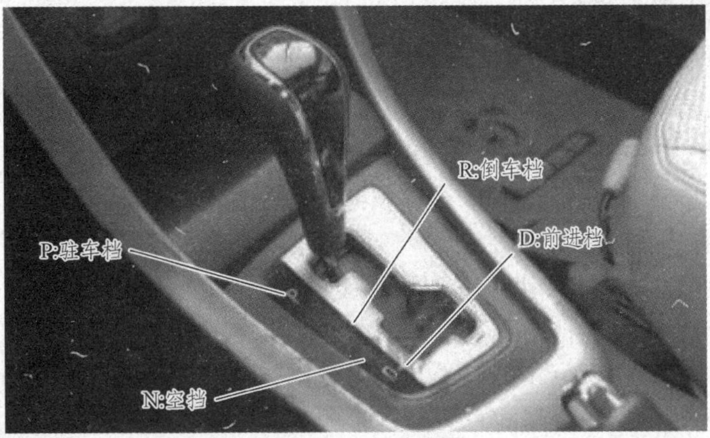

图 1-2 变速杆布置情况（二）

2. 变速杆的挡位情况

（1）P 位（驻车挡）。

当变速杆位于 P 位时，自动变速器中的停车锁止机构将变速器输出轴锁止，利用机械锁销把变速器输出轴锁固在变速器壳上。

（2）R 位（倒车挡）。

当变速杆位于 R 位时，变速器内部处于倒车挡状态，驱动轮反转，实现倒挡行驶。

（3）N 位（空挡）。

当变速杆位于 N 位时，自动变速器的作用是使发动机和车轮传动系统脱离动力传递。

（4）D 位（前进挡）。

当变速杆位于 D 位时，自动变速器可以在前进挡中实现自动变速。如起步时首先进入 1 挡，随着车速的加快升入 2 挡、3 挡、4 挡等。当踩下制动踏板，车速下降时，变速器自动由高挡位降回低挡位。

（5）S 位（发动机制动 2 挡）。

当车辆行驶在下坡路上时，可以预先选择发动机制动 2 位或 1 位，以便利用发动牵引制动控制车速。

（6）L 位（发动机制动 1 挡）。

当变速杆位于 L 位时，变速器锁定在前进 1 挡，发动机制动作用更强，一般多用于山区、路况不好或陡坡行驶使用。

3. 液力自动变速器的优缺点

与传统手动变速器相比较，液力机械自动变速器不仅能够适应汽车行驶要求，而且还具有一些显著特点。

（1）优点。

① 消除了驾驶员换挡技术的差异性。

② 乘坐舒适性好，可以得到很平稳的换挡过程。

③ 操作方便，可减轻驾驶员疲劳并提高行车安全性。

④ 减少了污染。自动变速器（AT）的应用，可使发动机经常处于经济转速区域内运转，也就是在较小污染排放的转速范围内工作，从而降低了排放污染。

⑤ 改善了车辆动力性能。自动变速器起步加速性可得到很大的提高，也可以得到很好的加速性能，提高行驶平均速度。还能防止因汽车过载而造成的发动机熄火。

⑥ 零件使用寿命长。自动变速器采用液力元件，可消除或减弱在动力传动装置中的动载荷；同时，自动换挡避免了粗暴手动换挡所产生的冲击与动载荷。

⑦ 改善了车辆通过性。由于 AT 是液力传动，加以自动换挡控制，显著改善了车辆的通过性，使车辆能以较高的平均车速通过雪地、松软路面。

（2）缺点。

① 结构复杂，成本高，维修不便。

② 传动效率低。其液力变矩器效率为 82% ~ 86%，传动效率低，降低了汽车的燃油经济性。

（三）液力自动变速器的基本组成及工作原理

1. 基本组成

主要由液力传动装置（液力变矩器）机械变速装置、液压控制单元和电子控制单元 4 部分组成。

（1）液力传动装置。

汽车液力传动装置分为液力偶合器和液力变矩器，现代自动变速器液力传动装置大都采用液力变矩器。变矩器安装于发动机飞轮上，它通过液力传递力矩，可在一定的范围内实现增扭和无级变速。

（2）机械变速装置。

机械变速装置采用行星齿轮式变速器。该变速器是用行星排机构来达到变速的目的，它依靠离合器和制动器根据行车需要来连接或止动行星排的不同元件，从而实现变速器的不同速比。其作用是进一步增扭减速，通过变换挡位实现不同的传动比，以提高汽车的适应能力。

（3）液压控制单元。

液压控制单元有传递、控制、操纵、冷却和润滑等功能，它主要由油泵、主调压阀、节流阀、手控阀、电液比例阀等组成。液压控制系统受电控系统的控制，改变变速器速比，达到行车要求。

（4）电子控制系统。

电子控制系统包括信号输入装置、电子控制系统和执行机构 3 部分。

① 信号输入装置：包括传感器和信号开关装置。信号输入装置负责将汽车行驶的

有关状态信息转变为电信号，以便控制电路接受。传感器信号一般有模拟量、脉冲量、开关量 3 种形态。

② 电子控制单元（ECU）是电子控制系统的核心，它接收传感器检测到的汽车行驶状态信息和驾驶员给出的干预信息，并进行比较运算，再按照某种规律发出指令，自动控制传动系统工作。ECU 主要由输入通道、控制器和输出通道 3 部分组成。输入通道接收各种输入信号；控制器将这些信号与内存中的数据进行对比，根据对比结果做出是否换挡等决定；输出装置将控制信号处理或直接输送给电磁阀等执行机构。

③ 执行机构：主要指电液比例阀，它根据 ECU 的命令调节液压回路压力。

2. 工作原理

现代汽车自动变速器普遍采用的是液力变矩器和行星齿轮变速器组合而成的电液控制液力机械式自动变速器。其工作原理是节气门传感器和车速传感器将发动机节气门开度和车辆行驶速度转变为电信号，连同其他反映汽车各部分和系统工作情况的传感器信号一起，送到电子控制系统的电子控制单元（ECU）。然后输入信号与存储在 ECU 存储器中的控制规律进行比较计算，并由 ECU 向相应的若干个电液比例阀发出指令，调节流向控制阀等执行机构的油压，控制执行机构各离合器和制动器动作，从而精确地控制换挡时机和锁止离合器的工作，完成挡位的自动调整，如图 1-3 所示。

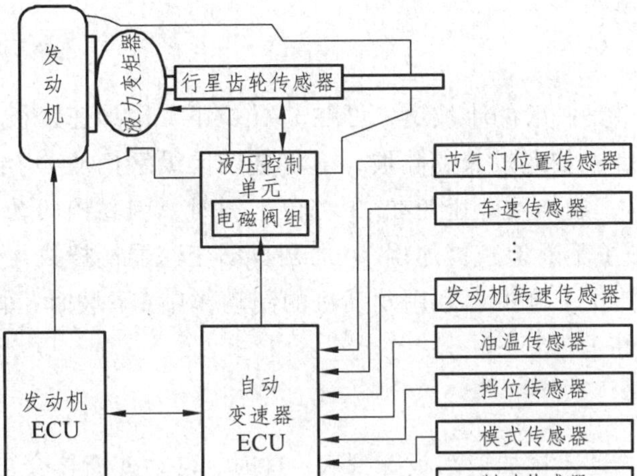

图 1-3 液力自动变速器控制原理

（四）电控自动变速器使用常识

1. 起动和起步

装有电控自动变速器的汽车在启动发动机时，必须将选挡操纵手柄置于 P 挡位或 N 挡位，并拉紧手制动或踩下制动踏板。车辆起步时应先踩下制动踏板，挂挡后，松开手制动，然后平稳地抬起制动踏板，待汽车缓慢起步后再缓慢踩下加速踏板。车辆起步时还应做到在发动机起动后、汽车起步前，不要踩加速踏板；在挂挡时，不要松开制动踏板。起步后，加速踏板不要踩得过猛，应缓慢地踩下。在冬季发动机起动后最好不要立即起步，等发动机的转速降下来后再起步。

2. 停　车

若停车时间很短，可在D挡位下踩住制动踏板停车，这样松开制动踏板可立即起步，但要注意在停车过程中制动踏板不能有松动，否则，汽车将出现蠕动，可能会撞上前面的汽车。若停车时间稍长，可在D挡位下踩住制动踏板的同时，拉紧手制动。若停车时间较长，最好将选挡操纵手柄置于N挡位，并拉紧手制动后松开制动踏板以免造成自动变速器油温过高，也可避免制动时间过长而使制动灯消耗过多的蓄电池电能。不要让发动机在N挡位下长时间怠速运转，这会使自动变速器油因循环不畅而导致油温升高。在发动机怠速驱动下的油泵，其泵油量小，使液力变矩器的自动变速器油得不到及时的循环流动而导致温度升高。因此，如果停车时间较长，而又不想让发动机熄火，最好是在这期间踩几次加速踏板，使液力变矩器内过热的油能循环流动，通过冷却器使油温下降。在停车时，选挡操纵手柄在D、S、L或R挡位的任一情况下，不可踩加速踏板使发动机的转速升高，因为此时液力变矩器的涡轮不转，而泵轮带动自动变速器油高速旋转，会使油温很快升高，导致自动变速器油过早变质。汽车停下后，应踩住制动踏板，将选挡操纵手柄置于P挡位，并拉紧手制动，然后关闭点火开关，使发动机熄火。

3. 行　车

坡道行驶：如果是一般的小坡道，可在D挡位下，用加速踏板和制动踏板来控制汽车的上、下坡速度；如遇较长的陡坡，应将选挡操纵手柄从D挡位移至S挡位或1挡位（视坡度而定），这样可以避免在D挡位上坡时，因高挡的动力不足而造成自动变速器“循环跳挡”（不断地减挡加挡），加剧自动变速器换挡执行元件的磨损。下坡时，在S挡位和L挡位下则可以利用发动机的制动作用（下坡时，车速不超过30 km/h发动机制动效果最好）。

4. 超　车

当需要超车时，迅速将加速踏板踩到底。这时，自动变速器会自动降低一个挡位，可获得强烈的加速效果；放松加速踏板，自动变速器又自动升入高挡。应注意的是，待加速达到要求后，应立即松开加速踏板，以避免发动机的转速过高，并对高挡换挡执行元件造成过大的冲击。在雪地或泥泞路面行驶时，应将选挡操纵手柄从D挡位移至S挡位或1挡位；对于有保持开关的自动变速器，还可以将保持开关接通，然后以手动换入适当的挡位行驶。

5. 倒　车

需倒车时，应在汽车完全停稳后再将选挡操纵手柄移至R挡位。如果在平坦的路面倒车，松开制动踏板和手制动后，以发动机的怠速缓慢倒车即可，无须踩加速踏板。

如果倒车中要越过台阶或其他障碍物时，应缓慢踩下加速踏板。并在越过障碍物后及时制动。装配自动变速器的车辆，不可使用N挡位滑行，这不仅容易使自动变速器油温过高而影响使用，而且还会造成高速旋转的齿轮（由行驶的汽车带动）得不到充分的润滑而被烧蚀。

另外，在汽车行驶中，若非紧急超车等情况，尽量不要将加速踏板迅速踩到底，这样做自动变速器会进行“强制低挡”控制，即自动变速器立即强制换入低挡，这样容易使发动机转速过高，造成自动变速器中摩擦片磨损加剧和自动变速器油温过高。

6. 换　挡

在用选挡操纵手柄选挡时，不要踩下加速踏板，挂上挡位后也不要立即猛踩加速踏板；否则，会使自动变速器中的离合器、制动器受损。要挂R挡位或P挡位时，一定要在汽车停稳以后进行；否则，会损坏自动变速器中的换挡执行元件或停车锁止机构。在车速很高的情况下，从D挡位换入S挡位或L挡位会引起发动机强烈的制动作用，使低挡换挡执行元件受到较剧烈的摩擦而损坏。因此，从高挡位换低挡位时，应在车速下降以后再换挡。另外，在换入低挡位后，不要猛踩加速踏板，否则容易使发动机的转速过高，并造成自动变速器中的摩擦片磨损加剧和自动变速器油温过高。电控自动变速器是靠节气门的开度和车速来完成升挡或减挡的，不是“D挡起步一直加大节气门开度就可以升入高速挡”，正确的换挡操作是在车速一定，想升高挡时应“收油门提前升挡，踩油门提前降挡”。

（五）主要液力变速器生产厂家介绍

1. 爱　信

日本爱信（Aisin）是专门生产自动变速箱的企业，成立于1969年，由爱信和博格华纳合资建立，是爱信精机（Aisin Seiki）株式会社的子公司。

爱信精机株式会社是世界500强企业之一，世界第五大（2013年）汽车零部件生产商。公司成立于1949年，是丰田汽车零部件的主要供应商，其汽车零部件制造技术闻名于世。爱信精机在美国、欧洲、亚洲和澳大利亚均设有子公司。

爱信自动变速器产品序列十分丰富，包括4挡、5挡、6挡、8挡等。因为丰田参股爱信公司（丰田集团拥有爱信精机22.2%的股份），所以丰田旗下车型几乎也都是采用爱信自动变速器。爱信自动变速箱除了供丰田使用之外，也被其他整车厂商广泛采购，如马自达、大宇、欧宝、大众、菲亚特、雪铁龙，甚至保时捷、宝马和奥迪也在其中。

2. 采埃孚

德国ZF公司全名ZF Friedrichshafen AG（腓特烈港ZF股份公司），是当今世界上最重要的传动系统产品专业制造厂家之一。其主要产品除了机械式变速器、液力自动变速器和各式齿轮传动箱外，还有转向机、驱动桥、泵、悬挂系统及电磁离合器等，广泛用于汽车、坦克、特种车辆、飞机、船艇、工程机械、农用机械。

ZF 所产生的自动变速箱在欧洲品牌车型上得到广泛应用。采埃孚集团在中国拥有优良的客户群体，包括宝马全系、奥迪（除采用 CVT 与双离合的车型外）保时捷、捷豹、路虎、沃尔沃、大众、上海通用、一汽集团、沈阳宝马、重汽集团、奇瑞公司、金龙公司、东风集团、东南汽车等。

1998 年，ZF 在苏州建立了采埃孚传动技术有限公司，生产商用车自动变速箱。ZF 在沈阳、上海、南京、杭州也设立了工厂。

3. 捷特科

JATCO（捷特科、加特可）是全球第三大自动变速箱设计生产商，成立于 1943 年，是 CVT 变速箱的领军企业。目前，JATCO 除日本本土外，在中国、泰国以及墨西哥设有工厂，为全世界多家汽车生产厂商提供 CVT 以及 AT 产品，其中 CVT 的市场份额超过 50%，呈现出一家独大的局面。

二、液力变矩器的结构与工作原理

液力变矩器是由液力偶合器发展而来的传动装置，主要依靠流体运动的动能来实现动力的传递，它代替了传统汽车传动系中的离合器，实现了发动机与齿轮变速器之间的“柔性”连接。

（一）液力变矩器位置与功用

液力变矩器位于自动变速器的最前端，安装在发动机的飞轮上，如图 1-4 所示，其作用是将发动机的动力柔和地传给自动变速器的齿轮变速机构，并在一定范围内实现自动增扭。

图 1-4　液力变矩器的位置与内部结构

（二）液力变矩器的组成

液力变矩器主要由泵轮、涡轮和固定不动的导轮组成。

1. 泵轮的结构

泵轮的结构如图 1-5 所示。驱动盘与发动机飞轮固定连接，泵轮内有许多具有一定曲率的叶片，按一定的方向呈辐射状安装在泵轮壳体上，叶片上有导流环。当泵轮旋转时，在离心力的作用下，液体从中间沿叶片和导流环形成的通道流动。

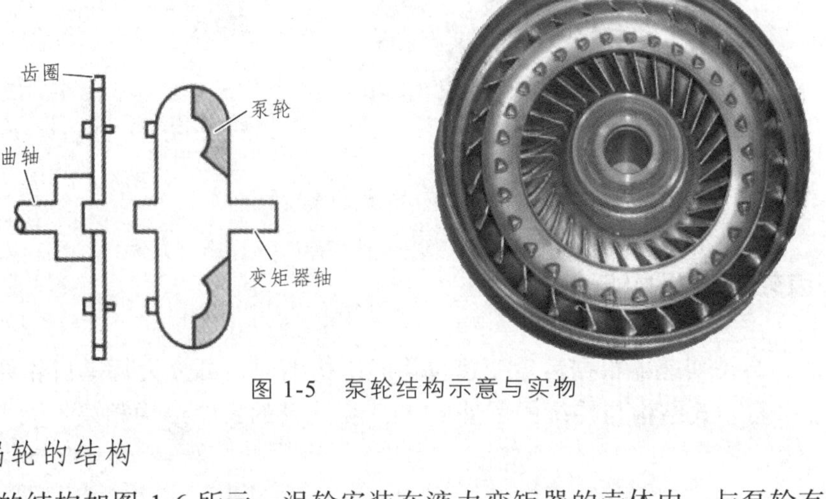

图 1-5　泵轮结构示意与实物

2. 涡轮的结构

涡轮的结构如图 1-6 所示。涡轮安装在液力变矩器的壳体内，与泵轮有 3 ~ 4 mm 的间距，其作用是接受来自泵轮液体的冲击带动变速器输入轴，将动力输出。在其壳体内有一定曲率的叶片，辐射状分布，叶片上有导流环。液体沿叶片与导流环形成的通道，从外向里流动，在液体的冲击下旋转。涡轮中心的花键孔连接变速器的输入轴，将动力输出。

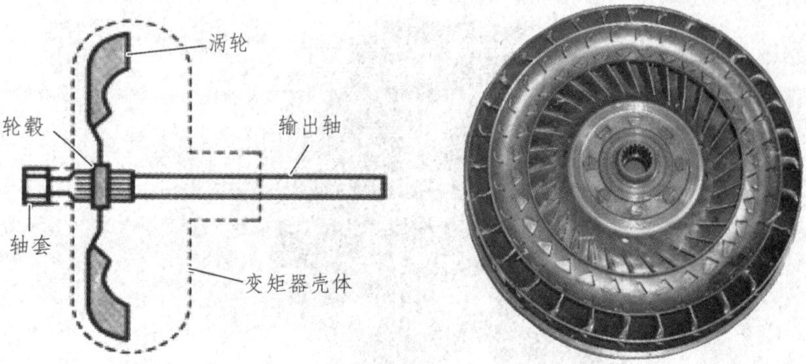

图 1-6　涡轮结构示意与实物

3. 导轮的结构

导轮的结构如图 1-7 所示。一般的液力变矩器导轮固定在轴套（又称导轮固定套）上，轴套固定在变速器壳体上，因此导轮悬浮在涡轮与泵轮之间不动，且导轮与涡轮和泵轮的叶片端面之间留有一定间隙。综合式液力变矩器和锁止式液力变矩器是通过单向离合器与变速器壳体单向固定，当来自涡轮的液体冲击导轮叶片的曲面时，通过单向离合器将导轮固定，导轮叶片使液流方向改变，改变方向的液流冲击涡轮叶片，促进涡轮转动，从而实现增加转矩的作用。

图 1-7　导轮结构

三、齿轮变速机构与工作原理

电控液力自动变速器根据齿轮变速机构的结构不同，可分为行星齿轮结构和平行轴式结构，平行轴式结构与传统的手动（MT）变速箱的齿轮结构相差不大，所以此处不做重点介绍。

（一）行星齿轮变速机构存在的意义

液力变矩器虽然能在一定范围内自动、无级地改变转矩比，但是由于存在变矩能力与效率之间的矛盾，目前应用的液力变矩器系数都不够大，其转矩比为 1～3，难以满足汽车使用要求。为了加大变矩范围，并获得倒挡和空挡，在现代汽车上普遍采用液力变矩器与行星齿轮机构组成的液力自动变速器。行星齿轮结构具有体积小、操纵容易、变速比大等优点，故被广泛地应用于液力自动变速器上。行星齿轮机构充当的作用是用来改变传动比和传动方向，以构成不同的挡位，有的自动变速器为了获得更多的挡位，往往采用单个行星齿轮机构彼此之间组合构成行星排，以获得更多的传动比。

带行星齿轮的自动变速器与固定轴式手动齿轮变速器相比，主要优点如下：

（1）行星传动是一种常啮合传动，其传动比变换可通过分离或接合离合器或制动器而方便地实现，特别有利于实现动力换挡或自动换挡。这是它广泛用于自动变速器的主要原因之一。

（2）行星传动是共轴式传动，与定轴式相比，可明显缩小变速器的尺寸。由于它是多点啮合传动，故在传递同样力矩时可用小的齿轮模数，从而尺寸小、质量轻（与定轴式相比可减轻 1/2 ~ 1/6）。此外，多点啮合的对称性，不仅使径向力平衡，且使运动平稳、抗冲击和抗振动能力强、寿命长。

（3）当无外部力矩支点时，它具有二自由度，便于动力的汇流与分流，故它不仅与液力元件或液压元件组成双流液力和液压机械传动，而且也是回收制动能量与合理调节发动机负荷（间歇工作）时不可缺少的机械传动件。

（4）通过增减行星排内行星轮的数目、行星排的数目，改变排与排之间的排列、组合以及构件之间的连接和控制方式等，不仅可以得到较为理想的传动比，而且为积木式系列设计创造了有利条件。

（二）单排行星齿轮的结构与传动比

1. 单排行星齿轮结构

单排行星齿轮机构由 1 个太阳轮、1 个齿圈、1 个行星架和支承在行星架上的几个行星齿轮组成，是最简单的行星齿轮机构，如图 1-8 所示。行星齿轮的个数取决于变速器的设计负荷，对于重负荷，需要增加多个行星齿轮，使工作负荷由更多的轮齿来负担。太阳轮位于中心（也称中心轮），齿圈位于最外侧，行星齿轮在太阳轮与齿圈之间，分别与它们啮合。

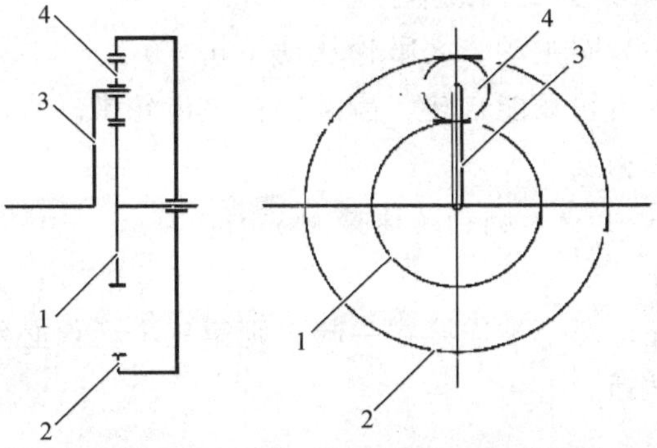

1—太阳轮；2—齿圈；3—行星架；4—行星轮。

图 1-8 单排行星齿轮结构

实际行星齿轮机构通常有3~6个行星齿轮。当机构工作时，空套在行星架上的行星齿轮轴上的行星齿轮一方面可以绕行星轴自转，另一方面又可以随着行星架绕太阳轮公转，类似于太阳行星的运转，兼有自转和公转两种运动状态（行星齿轮的名称即因此而来）。太阳轮、齿圈和行星架三者有固定的轴线，称为行星排的3个基本元件。因为行星齿轮总是处于常啮合状态，因此，这种结构可以使换挡迅速、平稳、准确而不会产生齿轮碰撞或不完全啮合的现象。

2. 单排行星齿轮传动比

如图1-8所示，设太阳轮的齿数为Z_1，齿圈的齿数为Z_2，太阳轮、齿圈和行星架的转速分别为n_1、n_2、n_3，并设齿圈和太阳轮的齿数比α，即$\alpha = Z_2/Z_1$。则行星齿轮机构的一般运动规律为

$$n_1 + \alpha n_2 - (1+\alpha)n_3 = 0$$

由上式得出，不同的连接和固定方案可得到不同的传动比，三个基本元件的不同组合可得到6种不同的组合方案，加上直接挡传递和空挡（见下方解释），共有8种组合，相应能获得7种不同的传动比。

（1）齿圈固定，太阳轮主动，行星架从动（$n_2 = 0$）。

传动比$i_{13} = n_1/n_3 = 1+\alpha$为前进降速挡，减速相对较大。

（2）齿圈固定，行星架主动，太阳轮从动（$n_2 = 0$）。

传动比$i_{31} = n_3/n_1 = 1/(1+\alpha)$为前进超速挡，增速相对较大。

（3）太阳轮固定，齿圈主动，行星架从动（$n_1 = 0$）。

传动比$i_{23} = n_2/n_3 = (1+\alpha)/\alpha$ 为前进降速挡，减速相对较小。

（4）太阳轮固定，行星架主动，齿圈从动（$n_1 = 0$）。

传动比$i_{32} = n_3/n_2 = \alpha/(1+\alpha)$为前进超速挡，增速相对较小。

（5）行星架固定，太阳轮主动，齿圈从动（$n_3 = 0$）。

行星架固定，行星齿轮只能自转，太阳轮经行星齿轮带动齿圈旋转输出动力，齿圈的旋转方向与太阳轮相反。

传动比$i_{12} = n_1/n_2 = -\alpha$为倒挡减速挡。

（6）行星架固定，齿圈主动，太阳轮从动（$n_3 = 0$）。

行星架固定，行星齿轮只能自转，齿圈经行星齿轮带动太阳轮旋转输出动力，太阳轮的旋转方向与齿圈相反。

传动比$i_{21} = n_2/n_1 = -1/\alpha$为倒挡超速挡。

（7）直接传动$i = 1$。

若三个元件中的任意两个被连接在一起，则第三个元件必然与这两个元件以相同的转速、相同的方向转动。

（8）自由转动。

若太阳轮、齿圈和行星架三个基本元件中所有元件均不受约束，且也无任何两个

元件连接在一起，各元件可作自由转动，则行星齿轮机构失去传动作用，此种状态相当于空挡。

单排行星齿轮的运动规律见表 1-1。

表 1-1　单排行星齿轮机构的运动规律

序号	固定件	主动件	从动件	传动比	输出转速	转矩	相当于传动挡
1	齿圈	太阳轮	行星架	$1+\alpha>1$	下降	增大	1 挡
2		行星架	太阳轮	$1/(1+\alpha)<1$	上升	减小	
3	太阳轮	齿圈	行星架	$(1+\alpha)/\alpha>1$	下降	增大	2 挡
4		行星架	齿圈	$\alpha/(1+\alpha)<1$	上升	减小	超速挡
5	行星架	太阳轮	齿圈	$-\alpha<0$	下降	增大	倒挡
6		齿圈	太阳轮	$-1/\alpha<0$	上升	减小	
7	无	任意两个	另一个	1	相等	相等	直接挡

（三）典型的行星齿轮变速结构

1. 辛普森式行星齿轮机构

辛普森式行星齿轮机构是一种十分著名的双排行星齿轮机构，如图 1-9 所示。它是由两个内啮合式单排行星齿轮机构组合而成的，其结构特点是前后两个行星排的太阳轮连接为一个整体，称为前后太阳轮组件；前一个行星排的行星架和后一个行星排的齿圈连接为另一个整体，称为前行星架与后齿圈组件；输出轴通常与前行星架与后齿圈组件连接。

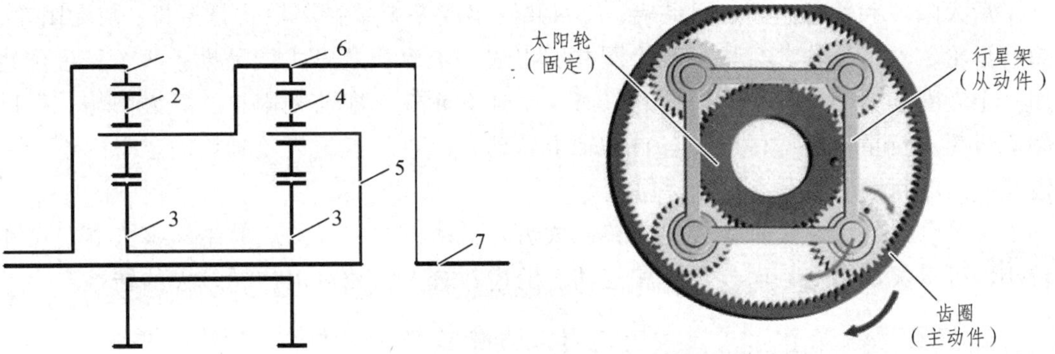

1—前齿圈；2—前排行星轮；3—前后太阳轮组件；4—后行星轮；5—后行星架；
6—前行星架与后齿圈组件；7—输出轴。

图 1-9　辛普森式双排行星齿轮机构

经过上述的组合后该机构成为一种具有 4 个独立元件的行星齿轮机构。这 4 个独立元件是前齿圈、前后太阳轮组件、后行星架、前行星架与后齿圈组件。此机构前后行星排的尺寸或者齿轮的齿数不必一定相同。其尺寸和齿数决定了整个机构所实现的实际传动比。一般辛普森轮系前进挡的传动比为 4.75 ~ 1.00。

把前或后任何一个行星齿排的一个元件作为主动件，至少固定一个元件，而另一个元件作为从动件，就可以实现不同的传动比和改变转动方向。一般每个汽车制造厂采用行星齿轮机构的不同元件作为主动、从动和固定元件。由同一个生产厂家生产的变速器随型号不同，选用哪个元件作为主动、从动和固定元件也不相同。

2. 拉维娜式行星齿轮机构

和辛普森式齿轮机构一样，拉维娜式行星齿轮机构也可以提供降速前进挡、直接挡、超速挡和倒挡。它由一个单行星轮式行星排和一个双行星轮式行星排组合而成，如图 1-10 所示。

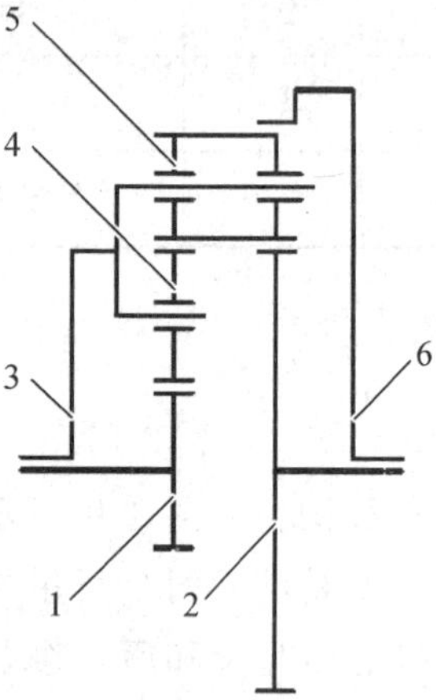

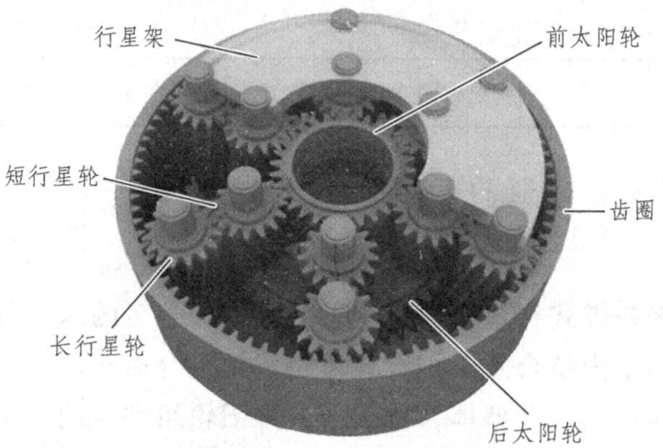

1—前太阳轮；2—后太阳轮；3—行星架；4—短行星轮；5—长行星轮；6—齿圈。

图 1-10　拉维娜式双排行星齿轮机构

后太阳轮和长行星轮、行星架、齿圈共同组成一个单行星轮式行星排；前太阳轮、短行星轮、长行星轮、行星架和齿圈共同组成一个双行星轮式行星排。两个行星排共用一个齿圈和一个行星架。因此它只有 4 个独立元件，即前太阳轮、后太阳轮、行星架和齿圈。行星齿轮都可以在各自的轴上转动，所有的行星齿轮轴均固定于两组行星齿轮共用的行星架上。

拉维娜式行星齿轮机构相比辛普森式齿轮机构有一些优点。其结构很紧凑、尺寸较小、可以灵活多变。而且由于相互啮合的齿数较多，故可以传递较大的转矩。

3. 双行星排辛普森式自动变速器动力传递路线分析

由 2 个行星排组成的 4 挡辛普森式行星齿轮变速器，由于换挡执行元件个数较少、尺寸小、质量小，曾被广泛应用。这种行星齿轮机构中只要设置 4 个离合器、2 个制动器及 2 个单向超越离合器，就能形成有 4 个前进挡和 1 个倒挡，日本 JATCO 公司 JR405E 离合器结构如图 1-11 所示。

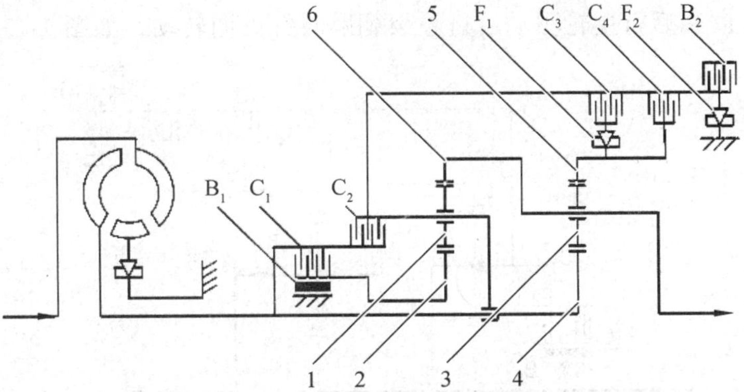

B_1—2 挡及 4 挡制动器；B_2—低挡及倒挡制动器；C_1—倒挡离合器；C_2—高挡离合器；C_3—前进离合器；C_4—低挡离合器；F_1—前进单向超越离合器；F_2—低挡单向超越离合器；1 —前行星轮；2—前太阳轮；3—后行星轮；4—后太阳轮；5—后齿圈；6—前齿圈。

图 1-11　4 挡辛普森式行星齿轮变速机构结构

（1）1 挡动力传递路线分析。

当变速器操纵手柄位于“D”，而行星齿轮变速器处于 1 挡时，C_3 接合，使前行星架和 F_1 的外环连接。当输入轴驱动后太阳轮朝顺时针方向转动时，带动后行星轮做逆时针方向的自转。后行星架经输出轴和驱动轮连接，当汽车起步或以 1 挡行驶时，其转速为 0 或很低，因此后行星轮在自转的同时对后齿圈产生一个逆时针方向的力矩。后齿圈在这一力矩作用下产生的朝逆时针方向转动的趋势因 F_1 的锁止及 C_3 的接合而被传至前行星架，而前行星架随同后齿圈一起朝逆时针方向的转动趋势被锁止，因此前行星架固定不动，后齿圈也固定不动，从而使后行星轮在自转的同时朝顺时针方向公转，带动后行星架和输出轴朝顺时针方向转动，如图 1-12 所示。

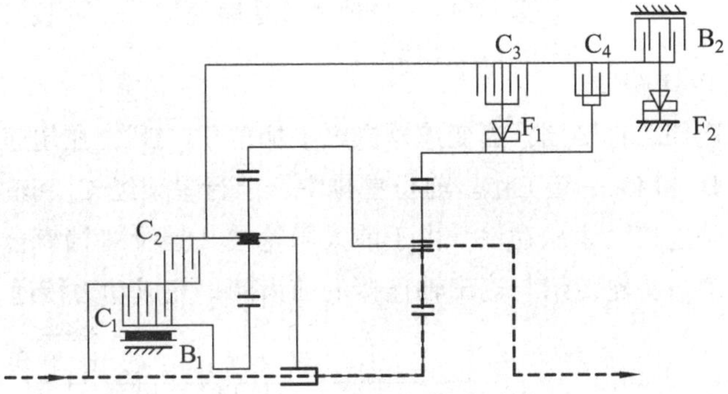

图 1-12　1 挡动力传递路线

（2）2 挡动力传递路线分析。

2 挡：当变速器操纵手柄位于“D”，行星齿轮变速器处于 2 挡时，除了 C_3 仍保持接合之外，B_1 也产生制动作用，使前太阳轮固定不动。在后行星排中，发动机动力经输入轴、后太阳轮、后行星轮驱动后行星架，使前齿圈和后行星架组件朝顺时针方向转动；在前行星排中，由于前太阳轮固定不动，而前齿圈朝顺时针方向转动，因此前行星轮在前齿圈的带动下也将朝顺时针方向转动，同时带动前行星架作顺时针方向转动，并通过

C_3和F_1、后齿圈和后行星轮驱动后行星架朝顺时针方向转动，如图 1-13 所示。

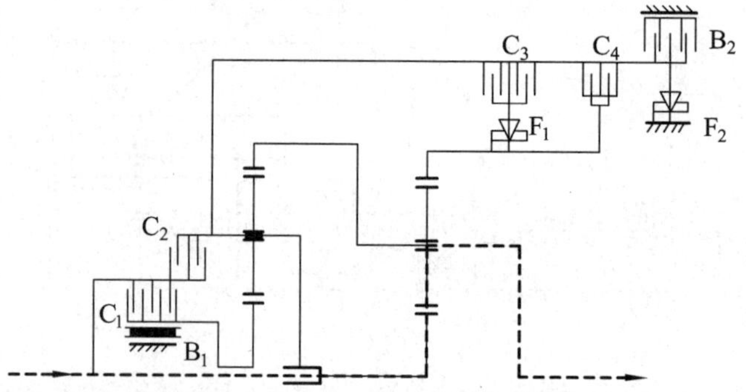

图 1-13　2 挡动力传递路线

（3）3 挡动力传递路线。

当变速器操纵手柄位于“D”，行星齿轮变速器处于 3 挡时，C_1和C_2同时接合，使前太阳轮、前行星架及F_1的外环连接为一体，和输入轴一同转动，如图 1-14 所示。

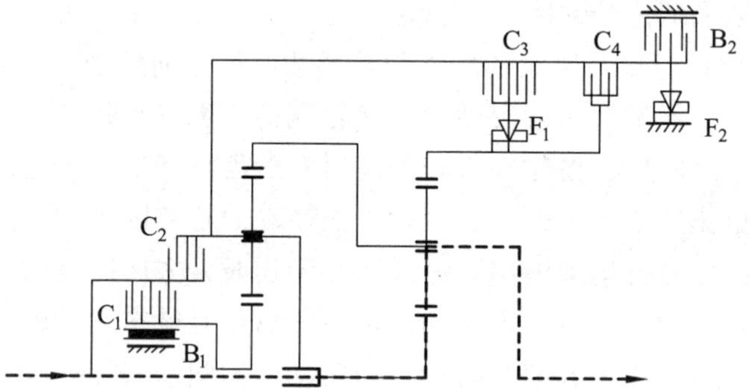

图 1-14　3 挡动力传递路线

（4）4 挡动力传递路线。

4 挡也称为超速挡、直接挡：当变速器操纵手柄位于“D”，在超速挡时，行星齿轮变速器处于 4 挡时，B_1和C_2一起工作。前行星排中，前行星架经C_2和输入轴连接，为主动件；前齿圈和输出轴连接，为从动件。由于前太阳轮被 2 挡及 4 挡离合器固定，发动机的动力经前行星架和前行星轮传给与输出轴连接的前齿圈，完成动力传递，如图 1-15 所示。

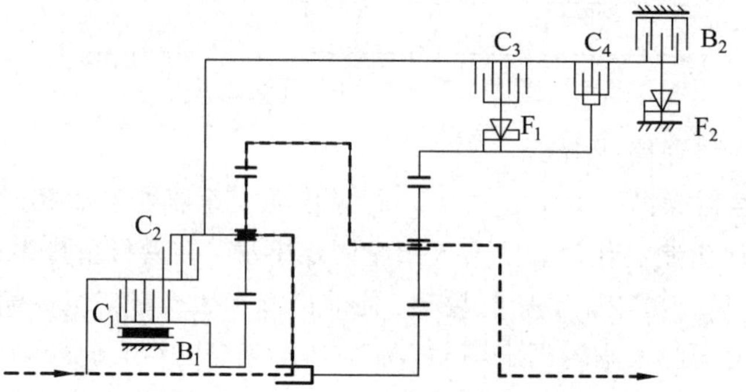

图 1-15　4 挡动力传递路线

（5）倒挡动力传递路线。

在倒挡时，C_1和B_2同时工作，输入轴与前太阳轮连接，同时前行星架固定不动。在前行星排中，前太阳轮在朝顺时针方向转动时带动行星轮朝逆时针方向转动，同时驱动前齿圈和后行星架组件及输出轴朝逆时针方向转动，如图 1-16 所示。

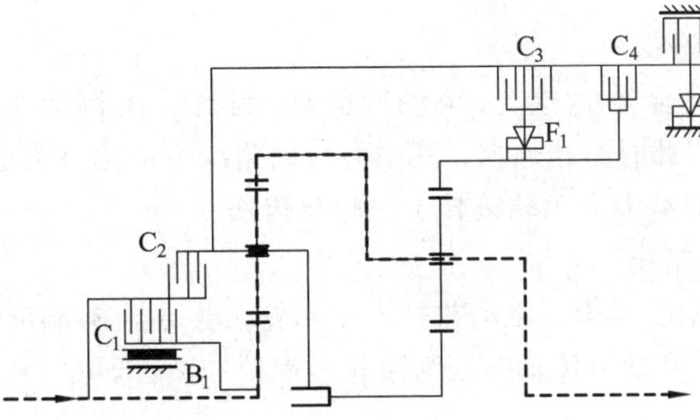

图 1-16　倒挡动力传递路线

4. 拉维娜式自动变速器动力传递路线分析

（1）大众 01M 型 4 挡自动变速器结构如图 1-17 所示。

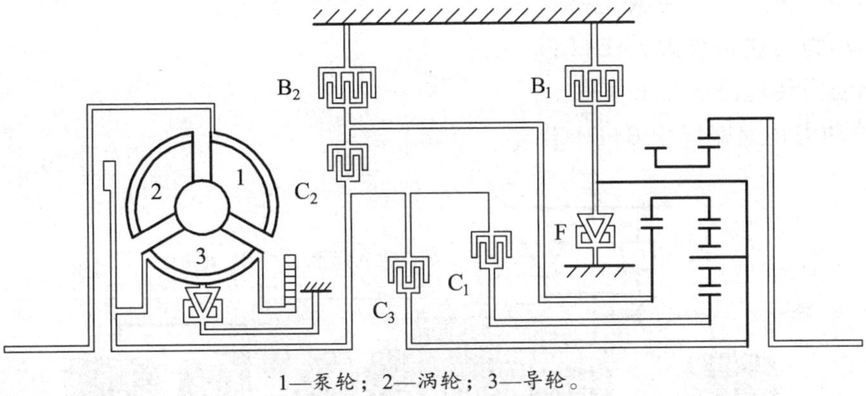

1—泵轮；2—涡轮；3—导轮。

图 1-17　01M 型自动变速器结构

各挡位动力传递路线如下：

① 1 挡动力传递路线。

在 D 位 1 挡时，离合器C_1接合，驱动后排小太阳轮，单向离合器 F 单向制动行星架，即 $n_H=0$，则齿圈同向减速输出，其动力传动路线为泵轮→涡轮→离合器 C_1→小太阳轮→短行星轮→长行星轮→输出齿圈。

② 2 挡动力传递路线。

在 D 位 2 挡时，离合器C_1接合，驱动后排小太阳轮，制动器B_2制动前排太阳轮，则齿圈同向减速输出，其动力传动路线为泵轮→涡轮→离合器C_1→小太阳轮→长行星轮→输出齿圈。

③ 3挡动力传递路线。

在D位3挡时，离合器C_1接合，驱动后排小太阳轮，离合器C_3接合，驱动行星架，因为小太阳轮和行星架同时被驱动，所以行星齿轮机构以一个整体旋转，此时为直接挡，其动力传动路线为泵轮→涡轮→离合器 C_1 和 C_3→小太阳轮和行星架→长行星轮→齿圈。

④ 4挡动力传递路线。

在D位4挡时，离合器C_3接合，驱动行星架，制动器B_2制动大太阳轮，即$n_{11}=0$，则齿圈同向增速输出，此时为超速挡，其动力传动路线为泵轮→涡轮→离合器C_3→行星架→长行星轮（此时绕大太阳轮旋转）→输出齿圈。

⑤ 倒挡动力传递路线。

在倒挡时，离合器C_2接合，驱动前排大太阳轮，制动器B_1制动行星架，即$n_H=0$，则齿圈反向减速输出，其动力传动路线为泵轮→涡轮→离合器C_2→大太阳轮→长行星轮→输出齿圈。

（2）大众01 V型5挡自动变速器结构如图1-18所示。

1挡动力传递路线为A+FL+G；

2挡动力传递路线为A+C+G；

3挡动力传递路线为A+C+F；

4挡动力传递路线为A+E+F；

5挡动力传递路线为E+F+C；

倒挡动力传递路线为B+D+G。

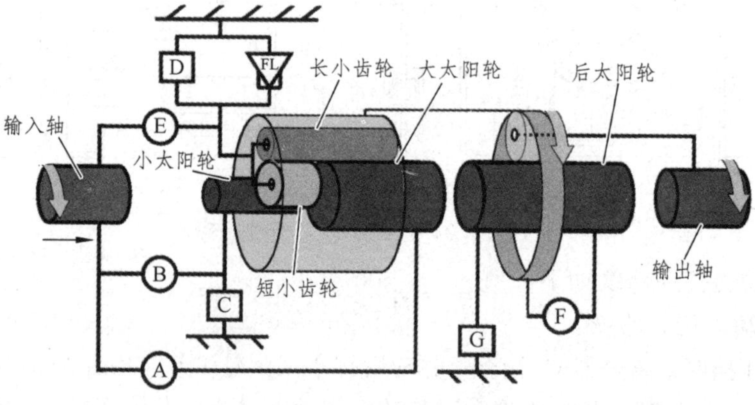

图1-18　01 V自动变速器结构

（四）平行轴式自动变速器机构

平行轴式自动变速器不采用行星齿轮机构，可简单地理解为在传统的手动变速器齿轮机构的基础之上加上一套液力换挡装置而成。其内部结构如图1-19所示。动力传递路线可按照手动变速器动力传递路线进行分析，此处不再说明。

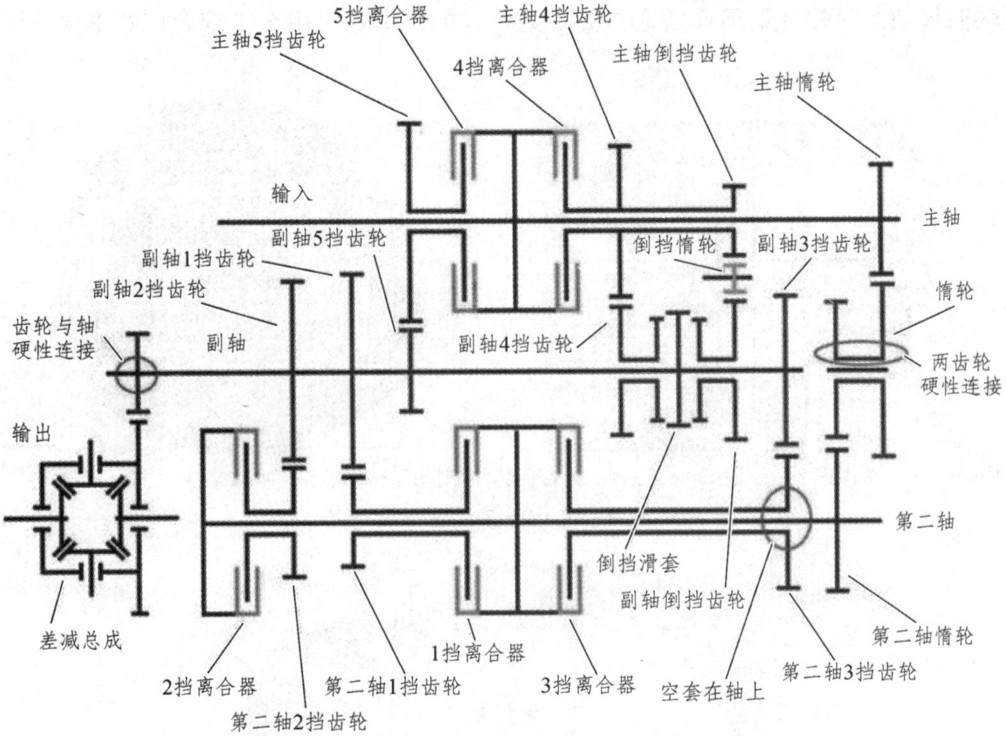

图 1-19　本田 5 挡平行轴式自动变速器内部结构

（五）换挡执行机构

无论是行星齿轮变速机构还是平行轴式变速机构，都必须要有换挡执行元件才能实现自动换挡，换挡执行元件主要有离合器、单向离合器、制动器。

1. 离合器

（1）离合器的作用。

离合器的作用是连接动力源和变速机构，其连接方式有两种：将行星排的某个基本元件与行星轮变速器的输入轴连接，使之成为主动元件；将行星排的两个基本元件连接在一起，使之成为一个整体，以实现直接传动。

（2）离合器的结构。

离合器的结构有两种类型，多片式湿式离合器和单向离合器。目前使用较多的是多片式湿式离合器，由液压来控制其结合和分离，如图 1-20 所示。

多片式湿式离合器由离合器鼓、离合器活塞总成、回位弹簧总成、离合器片（钢片、摩擦片）调整垫片、离合器毂、挡圈及卡环等组成。

离合器活塞总成包括活塞和密封圈，安装在离合器鼓内，如图 1-21 所示，和离合器鼓一起形成封闭的环状液压缸，并通过离合器内的圆轴颈上的进油孔和控制油道相通。摩擦片和钢片交替排列，钢片的外花键齿安装在离合器鼓的内花键齿圈上，可沿齿圈键槽做轴向移动。摩擦片由其内花键齿和离合器毂的外花键齿连接，也可沿键槽做轴向移动。摩擦片的两面均为摩擦系数较大的铜基粉末冶金层或合成纤维层。

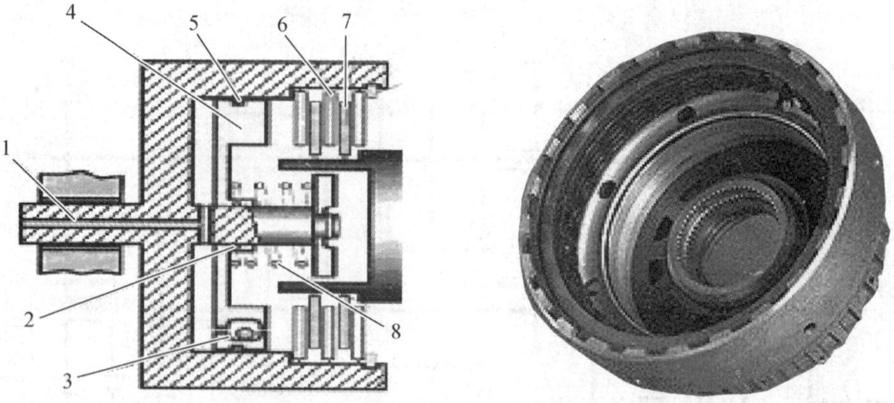

1—输入轴；2—密封圈；3—单向阀；4—活塞；5—密封圈；6—钢片；7—摩擦片；8—回位弹簧。

图 1-20　多片式湿式离合器结构

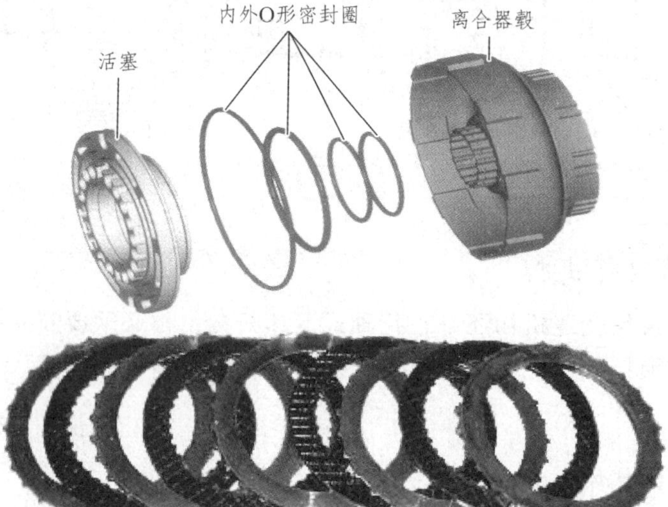

图 1-21　多片式离合器活塞总成

（3）离合器的工作原理。

离合器结合：当压力油经油道进入活塞左面的液压缸时，液压力克服弹簧力使活塞右移，将所有的钢片和摩擦片压紧在一起，使离合器处于结合状态，如图 1-22（a）所示。

离合器分离：当控制阀将作用在离合器液压缸的油压力解除后，离合器活塞在复位弹簧的作用下回复原位，并将缸内的变速器油从进油孔排出。此时钢片和摩擦片相互分离，两者之间无压力，离合器处于分离状态，如图 1-22（b）所示。

离合器自由间隙：离合器处于分离状态时，钢片和摩擦片之间有一定的轴向间隙，以保证钢片和摩擦片之间无任何轴向压力，这一间隙称为离合器的自由间隙，其大小可以通过挡圈的厚度来调整。

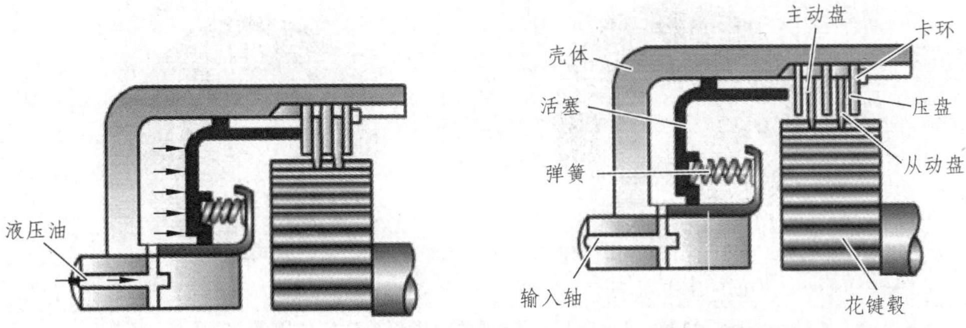

（a）结合状态　　（b）分离状态

图 1-22　离合器工作示意

2. 制动器

（1）制动器的作用。

制动器的作用是将行星轮机构中的太阳轮、齿圈和行星架这三个基本元件之一与变速器的壳体相连，使该元件被约束固定而不能转动。

（2）制动器的结构和工作原理。

制动器的结构形式较多，常见的有片式制动器和带式制动器两种，以片式制动器为主。与离合器结构类似，片式制动器也有摩擦片和钢片，但一端固定，如图 1-23 所示。

图 1-23　多片湿式制动器

当制动器不工作时，摩擦片与钢片之间留有间隙，没有压力，制动器毂可以自由转动。当制动器工作时，来自控制阀的液压油进入制动器毂内的液压缸中，油压作用在制动器活塞上，推动活塞使制动器摩擦片和钢片压紧在一起，与行星排某一元件连接的制动器毂被固定而不能旋转，实现制动。

3. 单向离合器

（1）单向离合器的作用。

单向离合器又称单向啮合器或自由轮离合器，也是用来固定或连接行星齿轮机构中的太阳轮、齿圈和行星架的。单向离合器无须控制机构，它依靠单向锁止原理来发挥固定或连接作用的。单向离合器转矩的传递是单方向的，其连接和固定完全由与之相连接元件的受力方向决定，当与之相连接元件的受力方向与锁止方向相同时，该元件即被固定或连接；当受力方向与锁止方向相反时，该元件即被释放或脱离连接。

（2）结构、类型和工作原理。

自动变速器中常见的单向离合器有滚柱式和楔块式两种类型。

① 滚柱式单向离合器。

滚柱式单向离合器由外环、内环、滚柱、滚柱复位弹簧等组成，如图 1-24 所示。

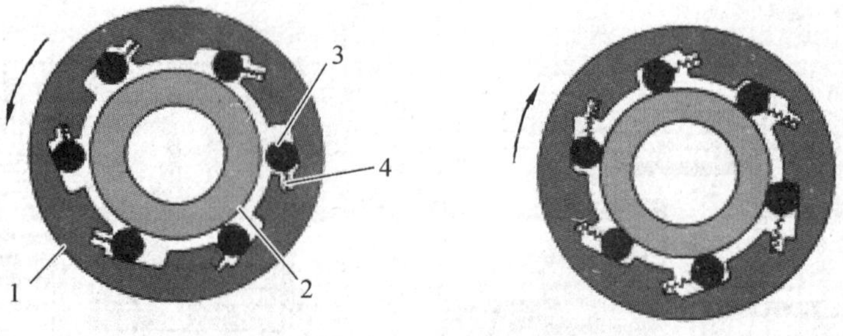

（a）自由状态　　（b）锁止状态

1—外环；2—内环；3—滚柱；4—滚柱复位弹簧。

图 1-24　滚柱式单向离合器

内环通常用内花键与行星排的某个基本元件或者变速器壳体连接，外环则通过外花键与行星排的另一个基本元件连接或者与变速器外壳连接。外环的内表面制有与滚柱相同数目的楔形槽，楔形槽内装有滚柱和滚柱复位弹簧，弹簧的弹力把各滚柱推向楔形槽较窄的一端。

当外环相对于内环朝顺时针方向转动时，在刚刚开始转动的瞬间，滚柱在摩擦力和弹簧力的作用下卡死在楔形槽较窄的一端，内外环连接成一整体，不能相对转动，此时单向离合器处于锁止状态，与外环连接的基本元件被固定住或者和与内环相连接的元件连成整体。当外环相对于内环朝逆时针方向转动时，滚柱在摩擦力的作用下，克服弹簧的弹力，滚向楔形槽较宽的一端，出现打滑现象，外环相对于内环可以做自由滑转，此时单向离合器脱离锁止而处于自由状态。

② 楔块式单向离合器。

楔块式单向离合器的结构和滚柱式单向离合器的结构基本相似，也有外环、内环、滚子（楔块）等组成，如图 1-25 所示。不同之处在于外环或内环上都没有楔形槽，其滚子不是圆柱形的，而是特殊形状的楔块。楔块在 A 方向上的尺寸略大于内外环之间的距离 B 而在 C 方向上的尺寸略小于 B。

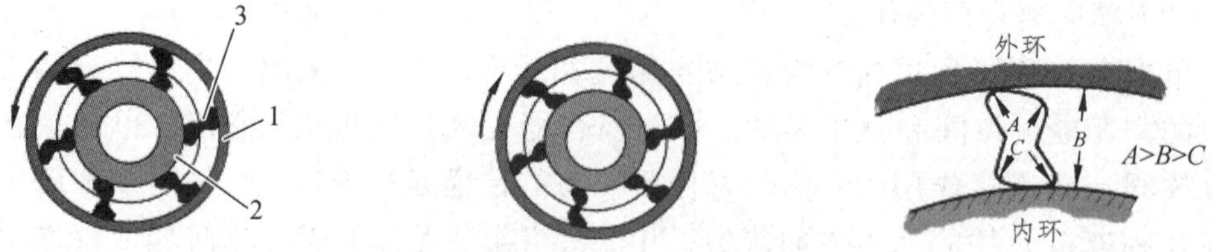

（a）自由状态　　（b）锁止状态　　（c）楔块

1—外环；2—内环；3—楔块。

图 1-25　楔块式单向离合器

当外环相对于内环顺时针方向转动时，楔块在摩擦力的作用下竖起，被卡死在内外环之间，使外环与内环无法相对滑转，此时单向离合器处于锁止状态。当外环相对于内环逆时针方向旋转时，楔块在摩擦力的作用下倾斜，脱离自锁状态，外环与内环可以相对滑动，此时单向离合器处于自由状态。

注意：单向离合器装配时不能装反，否则会改变其锁止方向，使行星轮变速器不能正常工作。

四、液压控制系统

液压控制系统主要由主供油路、控制信号、换挡及其品质控制、执行元件等几部分组成，如图 1-26 所示。

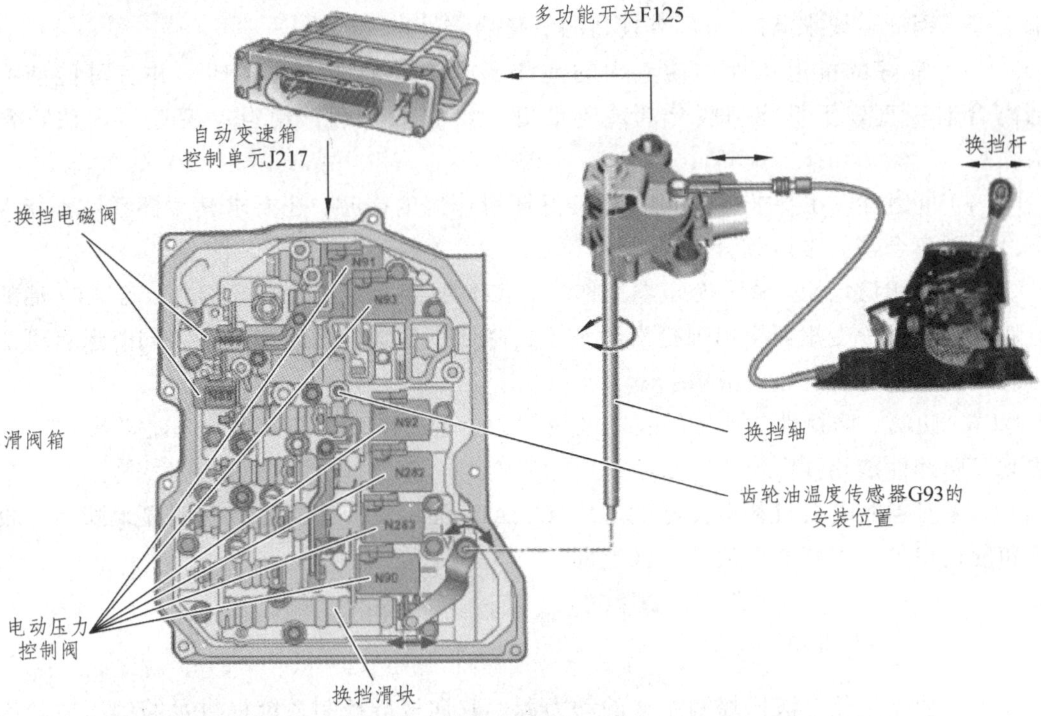

图 1-26 爱信 09G 型 6 挡变速箱液压控制总体结构

（一）自动变速器油

自动变速器油（Automatic Transmission Fluid，ATF），是指专用于自动变速器的油液。ATF 对自动变速器的工作、使用性能以及使用寿命都有非常重要的影响，汽车自动变速器维护的主要内容就是对 ATF 进行检查和更换。

1. ATF 的功用

（1）通过液力变矩器将发动机动力传递给变速器。

（2）通过电控、液控系统传递压力和动力，完成对各换挡元件的操控。

（3）将变速器中的热量传递给冷却介质，起到冷却作用。

（4）对行星齿轮机构和摩擦副进行强制润滑。

（5）清洁运动副并起密封作用。

2. ATF 油的特性

由于 ATF 油工作特点的不同，在性能上有别于其他油液，主要有以下特性。

（1）较高的黏温性。黏度过大或过小都会使变速器传动效率下降，而 ATF 油的黏度又随温度变化而变化，因此要求 ATF 油低温时黏度不要太大，高温时黏度不能太小。

（2）较高的氧化稳定性。自动变速器在工作中，其离合器等零部件温度高达 300 °C。在高温下油液与空气作用，会生成一种胶质黏附在阀体及各运动副上，影响系统的正常工作。因此，要求 ATF 油具有较高的氧化稳定性。

（3）良好的抗泡沫性。油液中的泡沫影响传动油的正常循环，并有可能使换挡离合器一直处于不能彻底分离或不能完全结合的状态，使自动变速器无法正常工作。

（4）抗磨性。在要求 ATF 油起到良好润滑作用的同时，还要求其摩擦系数不能太小，否则离合器将难以结合。

（5）剪切稳定性。液力变矩器工作时，ATF 油会承受强大的剪切力，若 ATF 油的剪切稳定性差，变矩器会出现打滑的现象，降低了变矩器的传递效率，同时还有可能出现换挡不平稳、脱挡等故障。

（6）防腐、防锈性。零件的腐蚀或锈蚀，会造成系统工作失灵，因此要求 ATF 油防腐、防锈性能要强。

（7）对橡胶密封材料有良好的适应性。ATF 油不能使密封件产生明显地膨胀、收缩和硬化现象，否则会导致传动液泄漏。

（二）主供油路

主供油路是整个液压控制系统的动力源。它向液压控制系统提供足够的压力和流量的工作介质。而且压力大小可以随发动负荷车速及挡位等不同而相应变化。它主要由油泵和调压阀组成。

1. 油　泵

（1）油泵的作用。

油泵的作用是使 ATF 液产生一定的压力和流量，供给液力变矩器和液压控制系统所需的液压油，并保证行星齿轮机构各摩擦副的润滑需要。

（2）油泵的种类。

自动变速器使用的油泵种类较多，有齿轮泵、摆线转子泵、叶片泵等，由于齿轮泵用得较多，故本书只介绍齿轮泵。

齿轮泵具有结构紧凑、尺寸小、质量小、自吸能力强、流量波动小、噪声低等特点。它主要由主动齿轮、从动齿轮、月牙形隔板、泵壳、泵盖等组成（见图 1-27）。主动齿轮和从动齿轮均为渐开线齿轮；月牙形隔板的作用是将主动齿轮和从动齿轮之间的工作腔分隔为吸油腔和压油腔，使彼此不通；泵壳上有进油口和出油口。

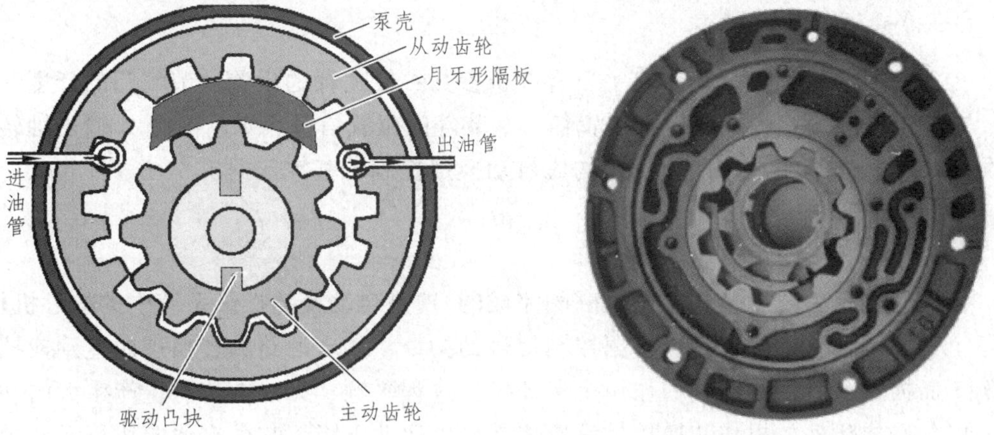

图 1-27　齿轮泵结构

（3）油泵的工作过程。

发动机运转时，变矩器壳体后端的轴套带动主动齿轮和从动齿轮一起顺时针旋转。此时，吸油腔由于主动齿轮和从动齿轮不断退出啮合，容积不断增加，形成局部真空，将液压油从进油口吸入。随着齿轮的旋转，齿间的液压油被带到压油腔，在压油腔内，由于主动齿轮和从动齿轮不断进入啮合，容积不断减少，将液压油从出油口排出。

2. 调压阀

调压阀的主要目的是控制主油压大小，它主要分为两种：一种是部分车型上采用的机械式调压阀，另一种是电控压力控制阀（也称为调制电池阀）。

油泵是由发动机直接驱动，因此油泵的泵油量和发动机转速是成正比的。为了保证自动变速器的正常工作，油泵的泵油量应在发动机处于低转速时也能满足自动变速器各部分的需要，并保证油路中有足够高的油压，以防止油压过低离合器、制动器打滑，影响自动变速器的动力传递。发动机最低转速和最高转速相差很大，因此当发动机高速运转时，油泵的泵油量将大大超过变速器各部分所需的油压，导致油压过高，增加发动机的负荷，并造成换挡冲击。为此，必须在油路中设置一个油压调节装置，在发动机高速运转时让多余的油返回油底壳，使油泵的泵油压力始终稳定在一定范围内，以满足自动变速器各种工况对油压的要求，同时还应当具备以下功能：

（1）主油路油压应能随发动机油门开度的增大而升高。当油门开度较大时，由于发动机输出功率和自动变速器所传递的扭矩都较大，为了防止离合器、制动器等换挡执行元件打滑，主油路油压要升高；反之，当油门开度较小时，自动变速器所传递的扭矩也较小，离合器和制动器不易打滑，主油路油压可以相应降低。

（2）汽车在高速挡以较高车速行驶时，由于此时汽车传动系统在高转速、低扭矩状态下工作，因此可以相应地降低主油路的油压，以减少油泵的运转阻力，节省燃油。

（3）倒挡时主油路的油压应比前进挡时大。

（三）控制信号

控制信号是换挡的依据。它主要有 3 个参数：变速杆的位置、节气门的开度、车速。这 3 个参数分别构成变速杆位置信号、节气门位置信号、变速箱输入/输出轴转速信号，再加上变速箱油温度信号，构成自动换挡控制的基本依据。

（四）换挡及换挡品质控制

换挡控制是由几个换挡控制电磁阀完成的。这是自动换挡操纵系统中的核心机构，实际上是一个油路开关，可以根据控制信号的指令，实现油路的转换进而达到换挡的目的。而换挡品质控制部分的作用是保证换挡过程平顺、无冲击，防止产生大的动载荷，以免造成机件的损伤和换挡过程造成乘坐舒适性下降。它由在通向执行元件的油路中增加的蓄压器、缓冲阀、定时阀、压力调节阀、节流孔等组成，安装于自动变速器滑阀箱上。

（五）执行元件

执行元件主要指离合器和制动器，虽然执行元件是安装在齿轮变速装置中的，但它确实是液压控制系统的一部分，液压控制系统最终要通过执行元件，改变油路，控制离合器与制动器，才能实现齿轮变速机构的挡位变换。

五、电子控制系统

自动变速器电子控制系统由传感器、执行器和电子控制单元 3 部分组成，电子控制单元接收传感器的信号，如节气门位置传感器信号、水温信号、油温信号、模式选择开关、车速型号、换挡杆未知信号等来给执行元件控制电磁阀发布指令，以决定换挡时机。自动变速器电子控制系统的控制过程如图 1-28 所示。

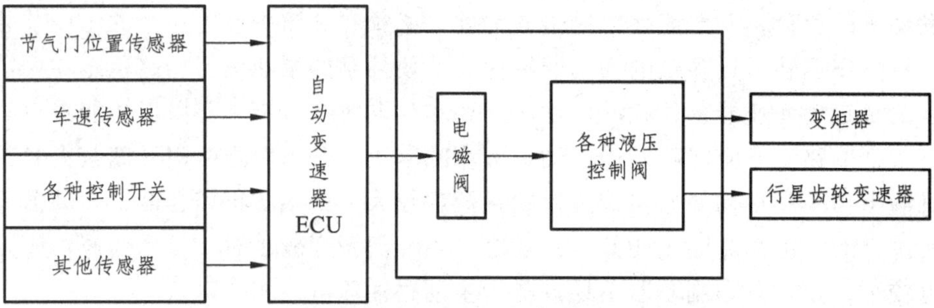

图 1-28　自动变速器电子控制系统的控制过程

（一）各种输入信号

节气门位置参数，节气门位置传感器将节气门的位置参数转变为电信号，是自动变速器 ECU 控制换挡的主要参数。

车速，车速传感器一般安装于自动变速器输出轴，用于检测变速器输出轴的转速，ECU 根据此信号计算得到汽车的行驶速度，它是自动变速器换挡控制的主要参数之一。

油温，自动变速器油温传感器的温度敏感原件一般为温度系数为负的热敏电阻，用于检测自动变速器油的温度，是 ECU 进行换挡控制、自动变速器油压力调节和变矩器锁止控制的主要参考信号。

空挡信号，空挡启动开关是一个由操纵手柄控制的多位多功能开关，检测换挡杆的位置，并将信号送入 ECU 中。

模式选择开关信号，在装备自动变速器的汽车上，发动机节气门开度与车速之间的关系，称为换挡规律或驱动模式。

超速挡开关信号，超速挡开关一般为按钮式开关，设置在选挡操纵手柄周围，其功用是控制自动变速器是否升到超速挡。

（二）自动变速器 ECU 控制

自动变速器 ECU 根据各个传感器及控制开关的信号和其他内部设定的控制程序，通过运算和分析，向各个控制元件输出控制信号，从而实现对自动变速器的控制。

（三）电控执行机构

自动变速器电子控制系统的执行机构主要是各种电磁阀，它将 ECU 输出的电控信号转变为相应的液压控制信号，有关的液压执行元件工作，从而完成自动变速器的各项自动控制。

故障检修

一、电控液力自动变速器常见故障维修

有专家对汽车自动变速器故障进行过统计分析，发现常见的自动变速器故障不下十几种，包括换挡冲击大、车辆无法行驶、自动变速器打滑、不能升挡、升挡过迟、不能强制降挡、无锁止、液压油易变质、无前进挡、无超速挡、无倒挡、频繁跳挡、挂挡后发动机怠速易熄火、无发动机制动，等等。无论自动变速器出现哪种故障，维

修人员都必须像外科医生检查病人一样，对自动变速器进行精细化的检测、维修。

（一）换挡冲击大

车辆在起动或行驶途中，驾驶员往往需要进行换挡。在车辆起动过程中进行换挡，车辆就振动起来；在车辆行驶途中进行换挡，车辆却发生间歇性猛冲。这两种情况属于换挡冲击大。

造成换挡冲击大故障的原因有很多：过高的发动机怠速；节气门位置传感器、节气门拉索调整不当，造成主油路油压升高；真空式节气门阀的真空软管出现破裂，或真空软管发生松脱；主油路调压阀发生故障，减振器活塞卡住、单向阀钢球漏装、执行元件打滑、电磁阀故障、电子自动控制系统发生故障。

因此，维修换挡冲击大故障，需要维修人员分步骤、分阶段地检测、维修自动变速器的各个部分。

（1）维修人员检查发动机怠速，若发动机怠速超过 750 ~ 800 r/min，应按标准予以调整。若发动机怠速正常，则转入第（2）步。

（2）检查节气门位置传感器等变速器输入信号。如果节气门位置等传感器出现异常，应予以调整或更换。若正常则转入第（3）步。

（3）对车辆进行道路试验，通过道路试验检查执行元件的实际运作。如果车辆在道路试验过程中，再次出现打滑，则立即停车，并分解车辆的自动变速器，进行全面修理；如果车辆在道路试验过程中一切正常，则转入第（4）步。

（4）检查升挡车速。如果升挡车速正常，则检查主油路油压，若主油路油压过高，则对自动变速器阀板进行拆检；如果主油路油压正常，则转入第（5）步。

（5）检查车辆起步进挡时是否发生冲击。如果发生较大冲击，转入第（6）步；如果没有发生冲击，转入第（7）步。

（6）检查阀板中的单向阀，若确认单向阀发生损坏，则更换单向阀。

（7）检查换挡瞬间的主油路油压，若换挡瞬间主油路油压出现瞬时下降，说明换挡执行元件的自由间隙过小，须对换挡执行元件进行调整；若换挡瞬间主油路油压没有出现瞬时下降，说明减振器、油压电磁阀、电子控制系统可能出现故障。这时，须转入第（8）步。

（8）逐一排检减振器、油压电磁阀、电子控制系统。若减振器活塞出现卡滞，则更换减振器；若油压电磁阀出现损坏或线路断路、短路，则更换油压电磁阀；若电子控制系统出现故障，无法向油压电磁阀发出控制信号，则对电子控制系统进行全面维修。

（二）自动变速器打滑

在车辆起步、加速、上坡时，自动变速器都可能出现打滑。车辆起步时驾驶员踩下加速踏板，发动机转速迅速提升，但车速却没有随之提高，属于自动变速器打滑的第一种情况；车辆行驶途中驾驶员进行加速，发动机转速迅速提升，但车速没有提高，属于自动变速器打滑的第二种情况；车辆上坡时发动机转速很高，但车辆行驶无力，属于自动变速器打滑的第三种情况。

造成自动变速器打滑的原因同样有很多，液压油油面高度异常有可能引起自动变速器打滑，离合器、制动器出现损坏有可能引起自动变速器打滑，单向超越离合器、离合器、油泵、主油路、制动器活塞密封圈、减振器活塞密封圈等部件出现损坏，均有可能引起自动变速器打滑。

维修自动变速器打滑故障，同样需要维修人员分步骤、分阶段地检测、维修自动变速器的各个部分。

（1）检查液压油的油面高度；若油面高度过低，应适量增添一些液压油；若油面高度过高，应抽取一些液压油。如果液压油油面正常转入第（2）步。

（2）检查主油路压力，如果主油路压力正常，转入第（3）步；如果主油路压力异常，转入第（4）步。

（3）检查在打滑挡位时，主油路压力是否正常。如果主油路压力在打滑挡位时正常，则说明液压阀或换挡执行元件出现故障，需要对它们进行维修。如果主油路压力在打滑挡位时出现异常，则检查各个换挡执行元件是否密封，以及油道是否密封完整，发现执行元件或油道的密封性出现损坏，立即予以维修。

（4）对节气门阀进行调整，若调整后液压仍然异常，则说明油泵有可能出现严重摩擦，需要更换油泵。

（三）频繁跳挡

车辆挂前进挡正常行驶时，自动变速器却出现降挡，属于频繁跳挡故障。造成频繁跳挡的原因，主要是节气门位置传感器、车速传感器、控制系统电路或计算机发生了故障处理频繁跳挡，需要按如下步骤检修。

（1）对电子控制自动变速器进行故障自诊断，根据故障代码查找原因，处理故障。

（2）测量节气门位置传感器、测量车速传感器。若这些传感器出现异常，便予以更换。

（3）检查控制系统电路各条接地线的接地状态，检查各个换挡电磁阀线束接头的连接，检查控制系统计算机各接线脚的工作电压，发现异常，及时处理。

二、故障诊断与维修案例

（一）故障案例 1

1. 故障现象

一辆帕萨特小汽车的自动变速器型号是 09G 型 6 挡。该车在行驶中一直高温，在采取更换润滑油、阀体、变速器变矩器等措施后，依然无法解决问题。在变速器温度达到大约 117 °C 时，变速器的控制单元会记录故障码，显示变速器的超温功能受到限制，此时发动出现动力不足，无法发动油门等故障。

2. 故障分析

车辆进场后用户描述汽车出现的故障是发动机无法加速，变速器不能换挡。在检测后发现，变速器的电控系统出现了故障码“00453”，代表超温功能受到限制。这一故障码表明，变速器的控制单元在变速器温度过高时启动了保护模式，给发动机的控制单元下达了减扭矩的指令，因此出现发动机无法加速，无法启动油门的问题。针对这一故障，进行了如下尝试性诊断。

（1）更换变速器的润滑油、油底垫和滤清器，在试车时一开始表现良好，但一段时候后又出现变速器高温问题。

（2）更换带油温型传感器线束，依然无法解决问题。

（3）在试车后排除变速器没有高速挡，个别挡位出现打滑的故障。

（4）更换自动变速器内部的独立冷却器，在更换后初期未出现整车故障，也未出现故障码，但变速器的油温依然偏高。在使用该车不到一个星期后，再次出现变速器高温故障。

（5）怀疑变矩器 TCC 闭锁不良，更换变矩器总成，依然无法排除变速器高温故障。

（6）更换阀体，故障依然存在。

（7）对变速器的冷却系统进行仔细检查，发现发动机水箱冷却液的管路中有一个节温器损坏，关闭了发动机的冷却液通道，导致自动变速器的 ATF 润滑油没有充分冷却，因此变速器一直高温，变速器的冷却性能无法发挥作用。

3. 故障排除

在更换新的节温器之后，排除了变速器一直高温的故障。

（二）故障案例 2

1. 故障现象

一辆帕萨特小汽车的变速箱是 01N 型，用户反映无法升挡，在发动机转速达到 3 000 r/min 时，车速仅能达到 30 km/h。

2. 故障分析

对这辆小汽车的故障进行诊断。

（1）借助 X431 故障诊断仪对变速箱、发动机故障码进行读取，都没有出现故障码。

（2）在试车之后发现，这辆汽车在强制降挡、升降挡和起步时都没有出现异常现象。

（3）在咨询车主之后了解到，变速箱中油温和水温都比较高。针对故障现象，分析可能是由以下原因导致：其一，水箱中的散热器发生堵塞；其二，变速器中的锁止离合器发生打滑；其三，变速箱的温度传感器发生损坏等。

3. 故障排除

试车时读取车辆行驶的数据流，分析数据流发现汽车的发动机没有发生故障，变速箱的变矩器锁止也没有出现异常。不过第五组油温偏高，并且呈现上升趋势，代表散热性能不佳。为此，建议更换新的水箱散热器，在完成散热器的更换后，加满油进行试车，变速箱的油温保持在 110 °C 左右，在正常温度范围之内，排除了该汽车出现的故障。

（三）故障案例 3

1. 故障现象

有一辆速腾小汽车 09G 型自动变速箱，将该车挂 D 挡，起步加速时一挡升二挡过程中车身耸动，换挡冲击大，且每次从 D 挡起步时均发生此现象。三、四、五挡之间换挡过程均正常。经检查故障原因是与 N283 电磁阀相连的机械阀弹簧断裂，造成一挡升二挡时车身耸动，换挡冲击大。

2. 故障分析

（1）使用 VAS5051 故障诊断仪进入系统网关安装列表查询未发现有故障码，进入 02 自动变速箱系统测量数据块显示正常，自动变速箱控制单元编码正确。

（2）自动变速箱失速试验，发动机转速在 2 000 r/min 左右，证明自动变速箱内部离合器与制动器等摩擦元件正常；检查 ATF 油位和油质正常，无明显的色泽变化（正常是暗红色）且无烧焦气味。

（3）09G 型自动变速箱在一挡升二挡过程中，自动变速箱一二挡切换时参与工作的执行元件有 K_1 和 B_1，相应的控制电磁阀是 N92 与 N283。用万用表测量电磁阀 N92 与 N283 线路，无短路和开路现象。根据原理图，测量 N92 与 N283 电阻值正常（5.8 Ω），14 针的线束接插件无松脱现象。

（4）检查 N283 电磁阀工作性能（是否堵塞，卡滞）正常。在拆检与 N283 电磁阀相连的机械阀时发现机械阀的弹簧断成两段。

3. 故障排除

该车自动变速箱滑阀箱中，与 N283 电磁阀相连的机械阀弹簧在正常使用一段时间后断成两段，存在质量问题。N283 电磁阀本身是电动调压阀，无占空比信号通过电磁阀时，油道的压力最大，弹簧被机械阀压缩；当电磁阀通占空比信号后，泄压时弹簧推动机械阀移动进行油道切换。弹簧断成两段后总弹簧力小于原来值，在 N283 电磁阀通占空比信号后弹簧不能迅速推动机械阀移动，进行油道切换出现迟滞现象，导致 B_1 制动器的活塞不能迅速移动、结合迟缓，造成一挡升二挡时车身耸动，换挡冲击大。更换新的 09G 型自动变速箱滑阀箱后，问题解决。

思考练习

1. 自动变速器的优点有哪些？
2. 自动变速器是由哪些部分组成的？工作原理是什么？
3. 自动变速器有哪些挡位？其含义是什么？
4. 试根据 01M 型变速器的动力传递路线，描述、绘制其动力传递路线图。

任务二　电控双离合器自动变速器故障诊断与维修

学习目标

（1）掌握双离合器自动变速器的基本工作原理。
（2）掌握双离合器自动变速器的结构组成和工作原理。
（3）熟悉双离合器自动变速器常见维修项目和方法。

知识链接

一、双离合器自动变速器概述

手动变速器的优点是传动效率高，动力性、经济性好，缺点是换挡时的劳动强度大；自动变速器的优点是舒适性好、换挡平稳、无动力中断，缺点是传动效率低、经济性差；大众公司开发的全新一代双离合器自动变速器有效地解决了上述问题。

双离合器自动变速器（Dual Clutch Transmission，DCT），也叫直接换挡变速器（Direct Shift Gearbox，DSG）双离合。双离合器自动变速器是基于手动变速器发展而来的，并且综合了手动变速器与自动变速器的优点。

（一）工作原理

双离合器自动变速器的工作原理如图 1-29 所示，它是通过将变速器挡位按奇偶数分开布置，形成两个彼此独立的传动机构。每个传动机构的结构与手动变速器相同，每个传动机构都配有湿式多片离合器，传动机构 1 通过湿式多片离合器 K_1 来选择一、三、五挡和倒挡，传动机构 2 通过湿式多片离合器 K_2 来选择二、四、六挡，因此，只需通过切换两个离合器的工作状态就可以完成换挡操作。

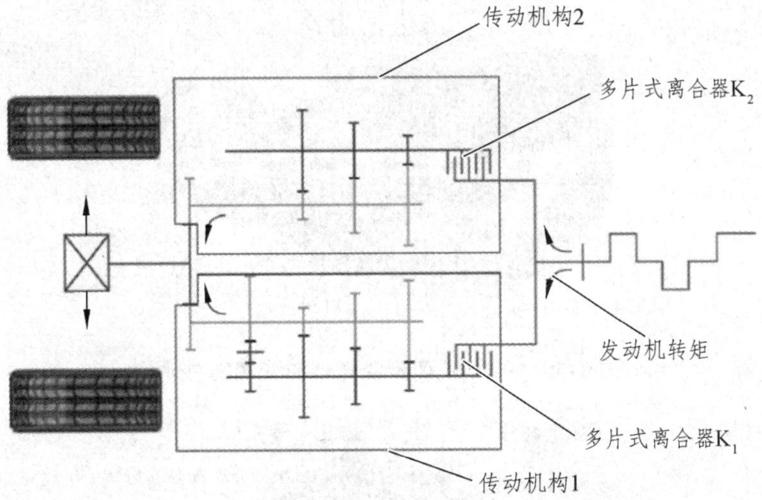

图 1-29　双离合器自动变速器的工作原理

（二）结构特点

双离合器自动变速器具有以下结构特点：

（1）有两根输入轴，挡位按奇偶数分开布置在两根输入轴上。

（2）换挡方式与换挡齿轮基本结构与手动变速器一样。

（3）有两个离合器进行换挡控制。

（4）离合器的切换和挡位变换由控制单元和执行机构进行自动控制。

（三）双离合器自动变速器的优点

（1）传动效率高，油耗低。

（2）换挡时没有动力中断，换挡平稳。

（3）能跳过一个挡。

（4）具有良好的驾驶舒适性、动力性和操控性。

二、双离合器自动变速器结构组成和工作原理

以一汽大众公司的02E型双离合器自动变速器为例，介绍其主要结构特点和工作原理。02E型双离合器自动变速器的外形如图1-30所示，其内部结构如图1-31所示。双离合器自动变速器主要由机械传动机构、电控系统、液压控制机构等几部分组成。

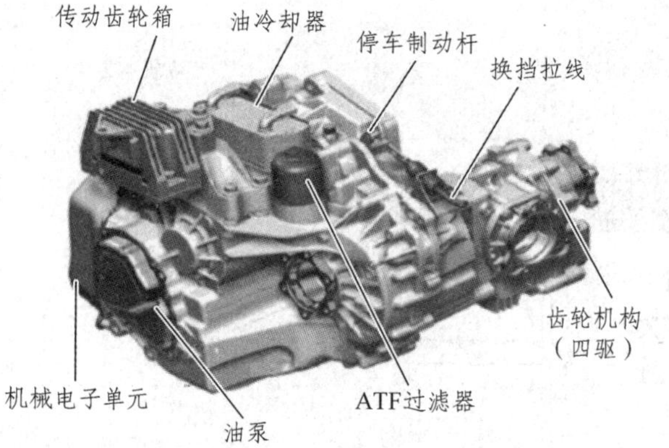

图1-30　02E型双离合器自动变速器外形

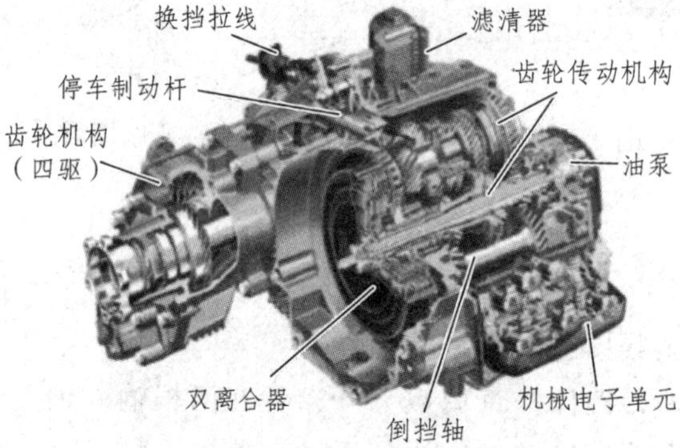

图1-31　02E型双离合器自动变速器内部结构

（一）机械传动机构

机械传动机构的组成如图1-32所示，主要由双质量飞轮、两个多片离合器、输入轴及齿轮、输出轴及齿轮等组成。

1. 双质量飞轮

双质量飞轮的结构如图1-33所示，因为在DSG中没有使用液力变矩器等可以吸收系统振动的元件，所以需要采用扭转减振器来吸收系统的扭转振动，采用这种带有双质量飞轮式的扭转减振器，可以非常有效地控制汽车动力传动系的扭转振动及噪声，提高整车的舒适性。双质量飞轮有两个质量，即初级质量和次级质量，初

级质量与发动机曲轴相连，起到原来普通飞轮的作用，次级质量与变速器相连，用于提高变速器的扭转惯量，初级质量与次级质量之间通过扭转减振器相连。双质量飞轮内有两个内花键，外侧内花键与离合器外花键毂相连，内侧内花键与油泵驱动轴相连。

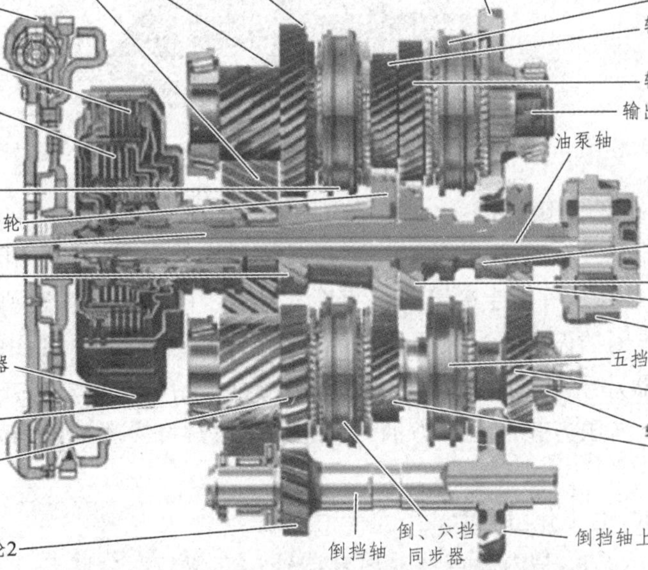

图 1-32 02E 型变速器机械传动机构的组成

图 1-33 双质量飞轮的结构

2. 多片离合器

双离合器自动变速器采用的湿式多片离合器，其内部组成结构如图 1-34 所示。离合器的外花键毂与双质量飞轮的内花键相连，两个离合器的外片支架与离合器的花键毂相连，内片支架与输入轴 1 和输入轴 2 相连，当离合器接合时，便可将发动机的动力传递给变速器输入轴。

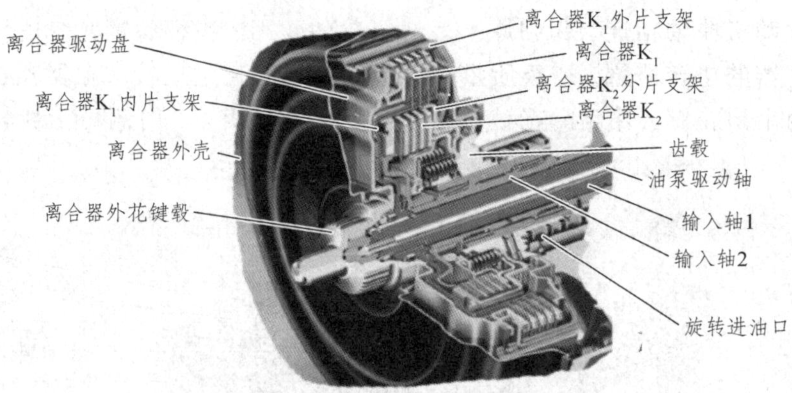

图 1-34　多片离合器结构

（1）离合器 K_1 的工作过程。

如图 1-35 所示，K_1 是外离合器，离合器外片支架与离合器外花键毂连接，内片支架装在输入轴 1 上，用于连接发动机与输入轴 1，可将转矩传递到与输入轴 1 相连的一、三、五挡和倒挡齿轮。当液压油进入离合器的压力腔时，离合器的 K_1 活塞沿轴向移动，使离合器片组压在一起，发动机转矩便可传给输入轴 1，并且带动一、三、五挡和倒挡齿轮，当压力腔没有压力油时，由膜片弹簧将活塞推回到离合器分离位置，使离合器分离。

（2）离合器 K_2 的工作过程。

如图 1-36 所示，K_2 是内离合器，离合器外片支架与离合器 K_1 外片支架相连，离合器内片支架安装在输入轴 2 上，用于连接发动机与输入轴 2，可将转矩传递到与输入轴 2 相连的二、四、六挡齿轮。当液压油进入到离合器的工作缸时，离合器的 K_2 活塞沿轴向移动，使离合器片组压在一起，发动机转矩便可传给输入轴 2，并且带动二、四、六挡齿轮，当压力腔没有压力油时，由螺旋复位弹簧将活塞推回到离合器分离位置，使离合器分离。

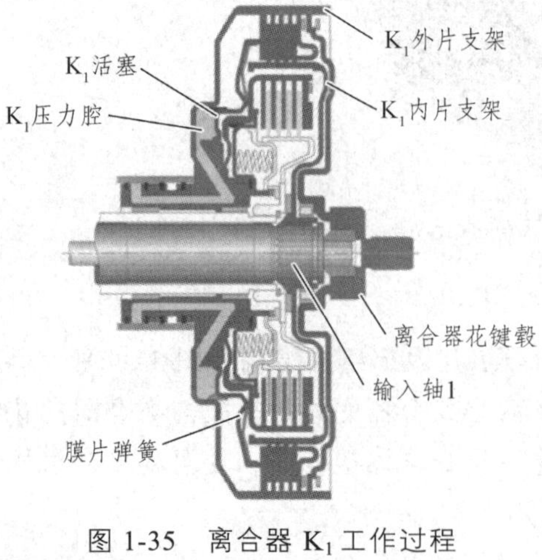

图 1-35　离合器 K_1 工作过程

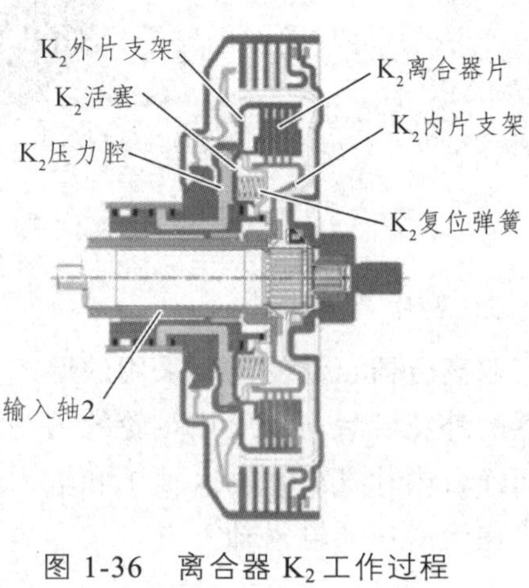

图 1-36　离合器 K_2 工作过程

3. 输入轴及齿轮

输入轴及齿轮结构如图 1-37 所示。输入轴 1 与离合器 K_1 的内片支架相连，在输入轴 1 上有一挡和倒车挡公用斜齿轮、三挡斜齿轮、五挡斜齿轮，输入轴 1 转数传感器信号转子。输入轴 2 与离合器 K_2 的内片支架相连，在输入轴 2 上有二挡斜齿轮，四、六挡共用斜齿轮，输入轴 2 转数传感器信号转子。

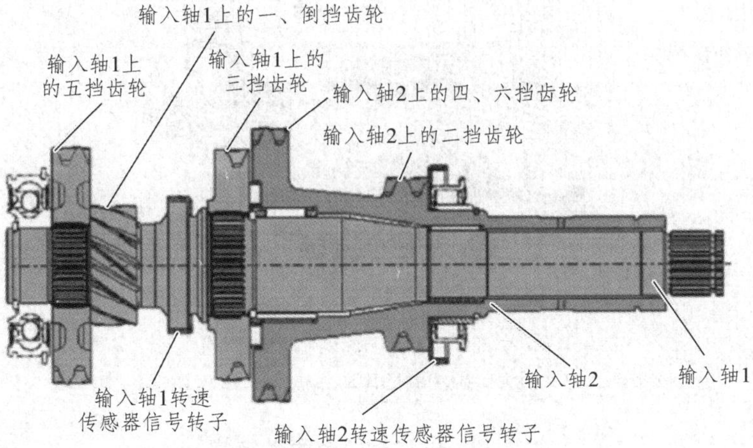

图 1-37　输入轴及齿轮结构

4. 输出轴及齿轮

（1）输出轴 1 及齿轮。

如图 1-38 所示，输出轴 1 上有一、二、三、四挡换挡齿轮和各挡同步器组件，还有与差速器相连的输出齿轮。其中一、二、三挡使用三件式同步器，四挡使用单件式同步器。

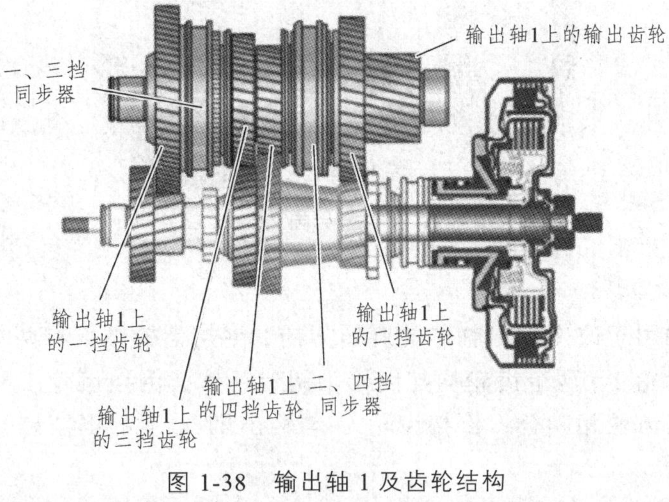

图 1-38　输出轴 1 及齿轮结构

（2）输出轴 2 及齿轮。

如图 1-39 示，输出轴 2 上有五挡、六挡和倒挡换挡齿轮，与差速器相连的输出齿轮，变速器输出转速传感器信号转子。其中五、六挡使用单件式同步器，倒挡使用三件式同步器。

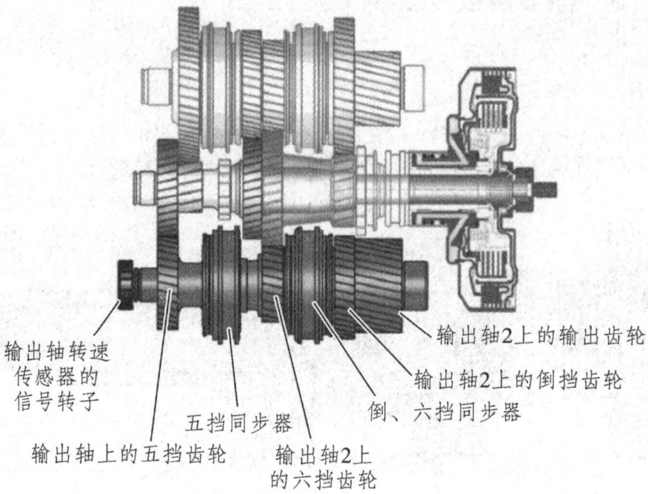

图 1-39　输出轴 2 及齿轮结构

（3）三件式同步器。

如图 1-40 所示，带有涂层的黄铜同步环是转速同步的基础。三件式同步器与单件式同步器相比，所提供的摩擦面积要大得多，可提高同步效率。

图 1-40　三件式同步器结构

5. 倒挡轴及齿轮

倒挡齿轮轴用于改变输出轴 2 的旋转方向，倒挡齿轮轴上有两个齿轮，即倒挡齿轮 1 和倒挡齿轮 2，两个齿轮均与倒挡轴制成一体，倒挡齿轮 1 与输入轴 1 上的一挡、倒挡共用齿轮相啮合，倒挡齿轮 2 与输出轴 2 上的倒挡齿轮相啮合，如图 1-41 所示。

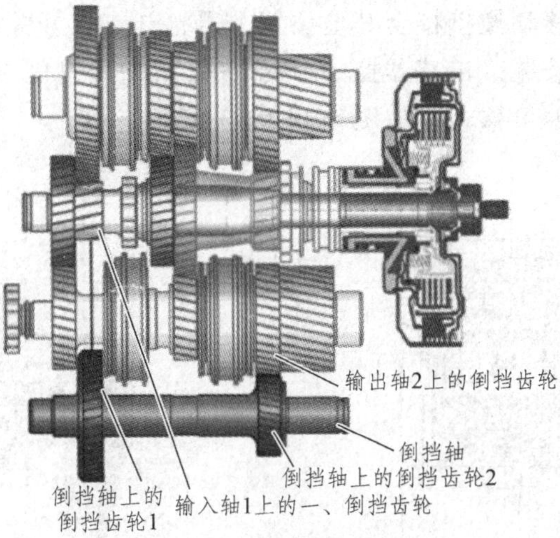

图 1-41 倒挡轴及齿轮结构

6. 换挡机构

换挡杆外形如图 1-42 所示，内部结构如图 1-43 所示。

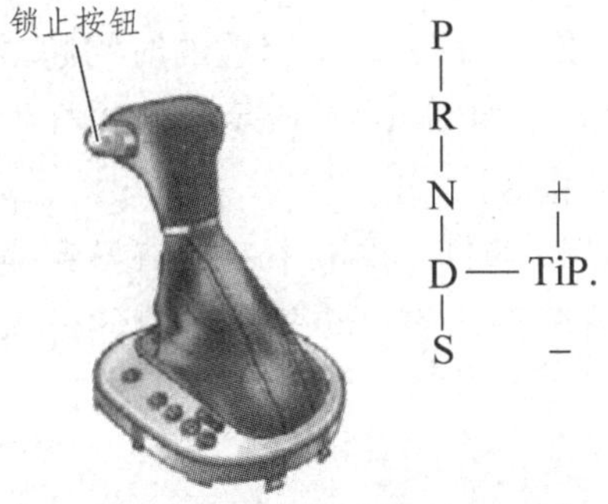

图 1-42 换挡杆外形

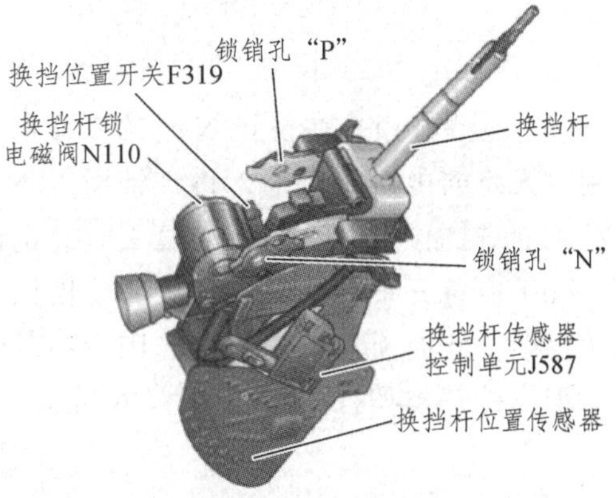

图 1-43 内部结构

（1）换挡杆传感器控制单元 J587。换挡杆固定架内的霍尔传感器探测换挡杆位置，并通过 CAN 总线将这些位置传输给换挡杆传感器控制单元 J587，并通过此信号来控制换挡杆锁电磁阀工作。

（2）换挡杆锁电磁阀 N110。电磁阀用于将换挡杆保持在 P 和 N 位，电磁阀由传感器控制单元 J587 控制工作。

（3）换挡杆 P 位置锁止开关 F319。如果换挡杆位于 P，换挡杆 P 位置锁止开关 F319 则向控制单元 J587 发送一个信号，J587 利用这个信号控制点火钥匙是否允许拔出点火开关。

（4）换挡杆锁止在位置 P 时的工作情况。当换挡杆在 P 位时，锁销插在 P 位锁销孔内，从而将挡杆锁止在 P 位，可避免换挡杆被随意移动到其他位置。如图 1-44（a）

所示。此时，如果想移动换挡杆至其他位置，需打开点火开关，踩下了制动踏板，并按下换挡杆上的锁止按钮，传感器控制单元 J587 将向电磁阀 N110 供电，将锁销从锁销孔中拔出，换挡杆便可移动，如图 1-44（b）所示。

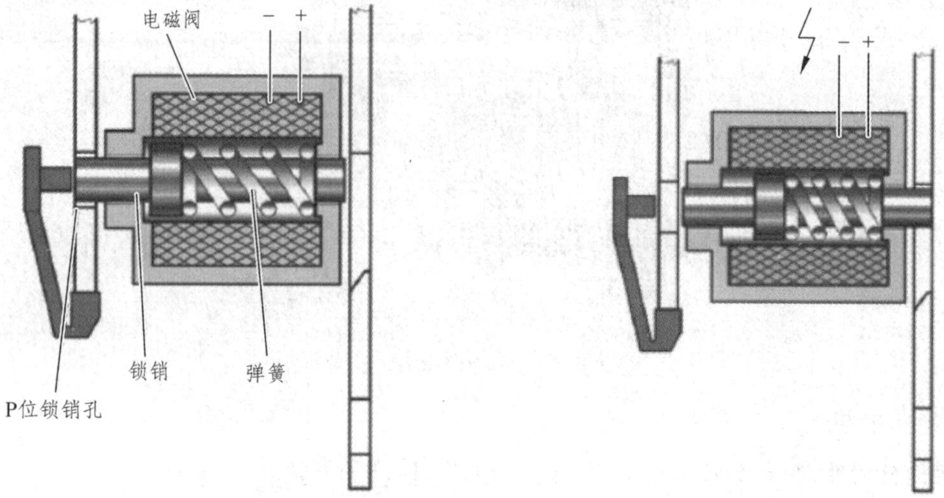

（a）锁止　　（b）解锁

图 1-44　换挡杆在 P 位置

（5）换挡杆锁止在位置 N 时的工作情况。如果换挡杆位于 N 位置的时间超过 2 s，控制单元将向电磁阀供电，将锁销插入 N 位锁孔内，如图 1-45 所示，换挡杆无法被移动到前进挡位置，踩下制动踏板时锁销便会自动松开。

（6）应急开锁。如果出现故障使换挡杆锁电磁阀 N110 供电中断，将导致换挡杆无法移动，此时换挡杆锁保持启用状态。在紧急情况下，将一个较薄的物体压入锁销内，即可松开换挡杆锁，如图 1-46 所示。

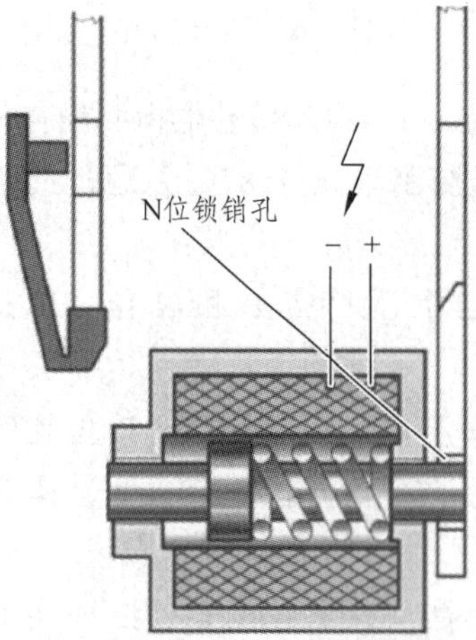

图 1-45　换挡杆在 N 位置锁止与解锁

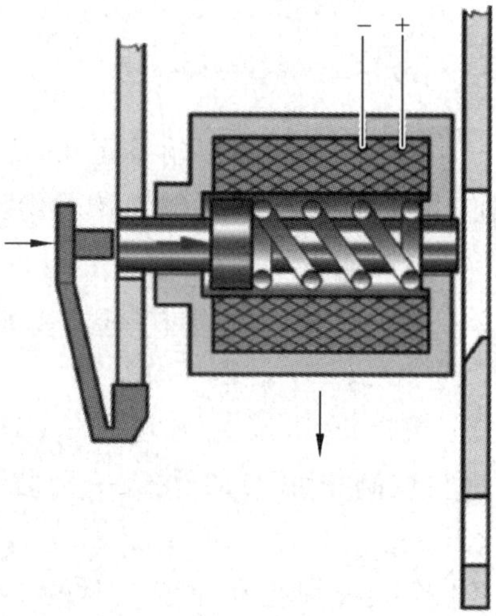

图 1-46　应急开锁

7. 点火钥匙防拔出锁

点火钥匙防拔出锁可以防止驻车锁未锁止时，点火钥匙转到拔出位置。该锁采用电控机械原理，由转向柱控制单元 J527 控制。当换挡杆位于 P 位置，点火开关已关闭，换挡杆位置开关 F319 打开，J527 探测到此信号，则停止向电磁阀 N376 供电，电磁阀内的弹簧将锁销推到开锁位置，如图 1-47 所示。

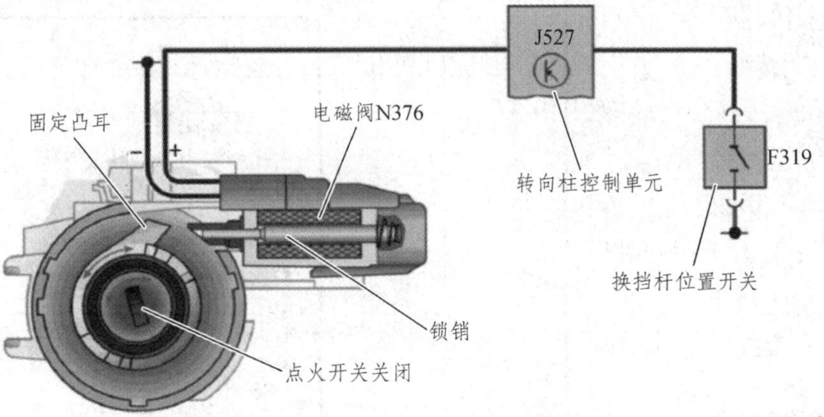

图 1-47　点火钥匙防拔出锁开锁工作原理

点火开关打开，F319 闭合，控制单元 J527 向电磁阀 N376 供电。电磁阀克服弹簧力将锁销推到锁止位置，此时锁销可以防止点火钥匙转回和拔下，如图 1-48 所示。

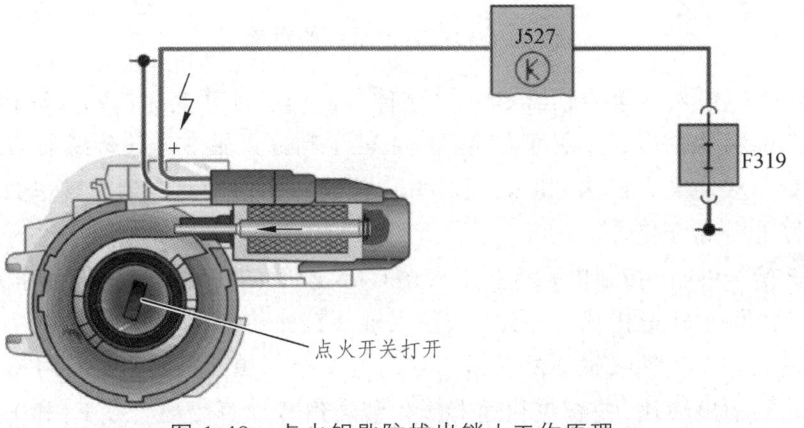

图 1-48　点火钥匙防拔出锁止工作原理

三、双离合自动变速器电子控制系统

电控系统的组成如图 1-49 所示，主要由输入装置（传感器和开关信号）电子控制单和执行机构组成。

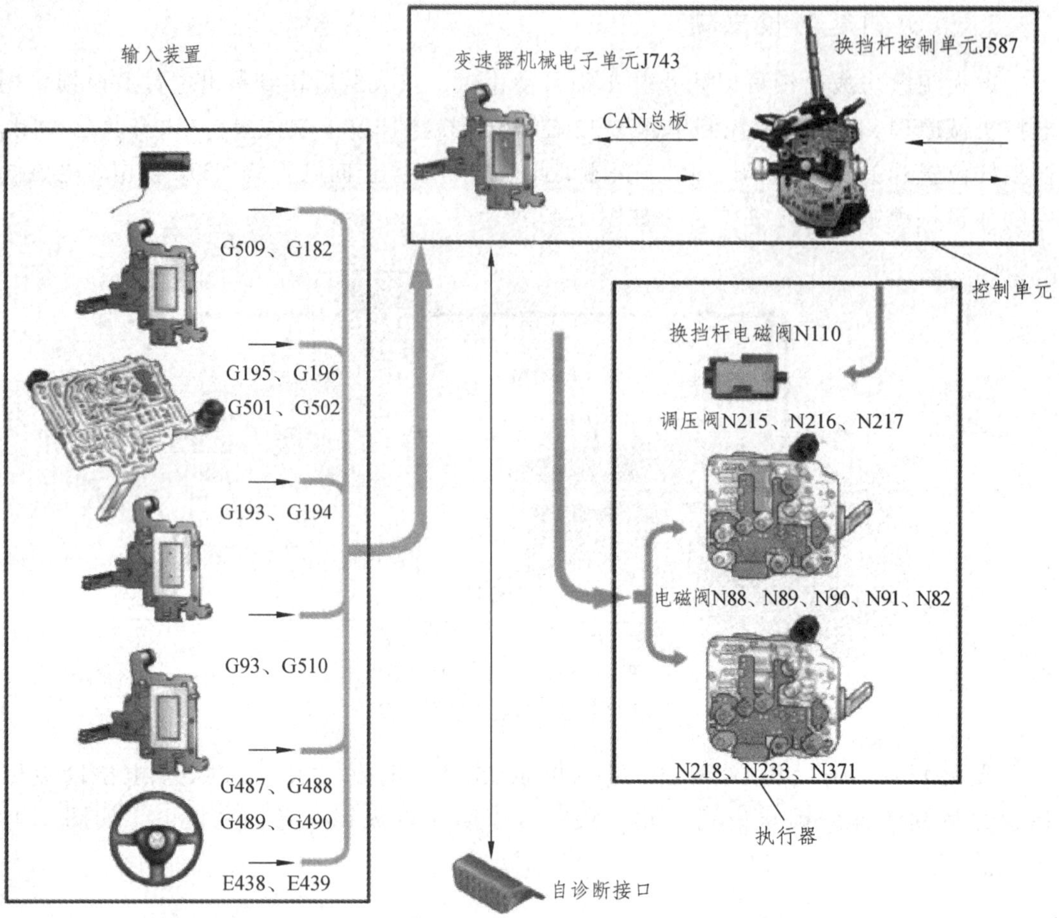

图 1-49　电控系统的组成

（1）变速器输入转速传感器 G182，该传感器用于计算变速器输入轴转速信号。电子控制单元通过此信号，并根据变速器输入轴 1 和输入轴 2 转速传感器 G501 和 G502 的信号计算出多片离合器 K_1 和 K_2 滑转率。控制单元借助离合器滑转率数据更精确地控制离合器的分离和接合。

如果该信号中断，控制单元将利用来自 CAN 总线的发动机转速信号作为替代信号。

（2）输入轴 1 转速传感器 G501 和输入轴 2 转速传感器 G502。这两个传感器分别用于计算输入轴 1 和输入轴 2 的转速信号，电子控制单元可通过此信号确定多片离合器 K_1 和 K_2 的输出转速，并根据变速器输入转速信号计算出离合器 K_1 和 K_2 的滑转率。根据滑转率，电子控制单元可识别离合器的接合和分离的状况，可对其实现精确控制。另外，控制单元可根据此信号和变速器输出转速信号判定是否已挂入正确挡位。

如果该信号中断，变速器的相应部分被切断。如果 G501 损坏，汽车只能以二挡行驶；G502 损坏，汽车只能以一挡和三挡行驶。

（3）变速器输出轴传感器 G195 和 G196。这两个传感器都装在电子装置上，与控制单元始终连接在一起，用来检测输出轴的转速，根据此信号，控制单元可以识别车速和行驶方向。两个传感器错开安装在一个壳体内，由一个信号转子驱动，如果改变行驶方向，信号以相反顺序到达控制单元。

如果该信号中断，控制单元将利用来自ABS控制单元的车速信号和转速信号作为替代信号。

（4）液压压力传感器 G193 和 G194。这两个传感器分别用于检测多片离合器 K_1 和 K_2 的液压压力，电子控制单元可通过此信号得知离合器 K_1 和 K_2 处的液压压力，以实现对离合器 K_1 和 K_2 压力的精确调节。

如果信号中断或无压力时，相关变速器部分将从整个系统中脱开，车辆只能以一挡和三挡或者二挡行驶。

（5）多片离合器油温度传感器 G509。该传感器装在变速器输入转速传感器 G182 的壳体里，用于快速精确地检测离合器出口处的自动变速器油的温度，其工作温度范围为 −55 °C ~ +180 °C。电子控制单元通过此信号调节离合器冷却油的流量并采取其他措施来保护变速器。

如果该信号中断，控制单元将利用 G93 和 G510 的信号作为替代信号。

故障检修

一、故障案例 1

1. 故障现象

一辆 2015 年产的一汽大众迈腾 2.0 TSI 轿车，搭载 02E 型 6 挡直接换挡变速器，行驶里程 30 000 km。用户反映该车冷车行驶一切正常，但行驶 2 km 后，车辆会突然失去动力，同时仪表板上挡位显示区变成红屏。

2. 故障诊断

维修人员用故障诊断仪读取故障码，故障码提示，变速器油温传感器 G509 监测到高温。02E 型变速器设有 3 个温度传感器。其中 1 个是多片湿式双离合器工作温度传感器 G509，它的作用是通过监测离合器外缘处变速器油液的温度，来防止离合器出现过热。它与变速器输入转速传感器 G182 集成在一起，如图 1-50 所示。

检测到的油温超过 160 °C，变速器会进入应急模式，这时发动机会自动降低输出扭矩，同时变速器控制单元令离合器分离，此时车辆便会失去动力。

另外两个温度传感器是 G93 和 G510，如图 1-51 所示，它们分别用于检测变速器油液温度和变速器控制单元温度，如果两个传感器中的任何一个检测到温度超过 145 °C，变速器也会进入应急模式。

图 1-50　离合器温度传感器

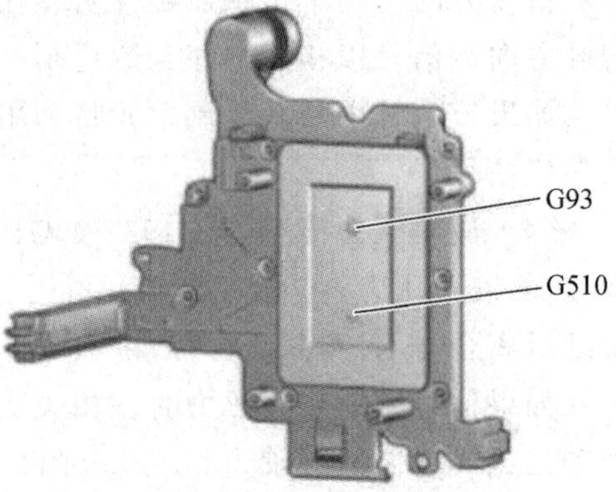

图 1-51　变速器油温度传感器

路试中当故障出现时，读取变速器的数据流，从 19 组数据第 3 区可以看到，G509 给出的温度数据为 165 °C，超过了限值，而其他两个传感器的温度仅为 50 °C。这一结果很不正常，一是路试距离较短，其间从未有过激烈驾驶；是变速器也未出现过明显的打滑现象。并且，G509 是直接测量变速器油液温度的，油液在变速器内部循环，按照热传导的规律 G509 与 G93 处的油液温度不应该有如此大的温差。由此推测 G509 输出信号出错的可能性较大。

3. 故障排除

更换集成了 G509 和 G182 的传感器总成，故障排除。

二、故障案例 2

1. 故障现象

一辆 2015 年款一汽大众迈腾轿车，搭载 2.0 L 发动机，配备使用 02E DQ250 型 6 挡手/自一体式 DSG 双离合器控制变速器。该车偶发性没有倒挡，并且前进挡也不是很正常，同时车辆仪表内挡位显示灯会点亮并不停地闪烁，如图 1-52 所示，关闭发动机再次重新起动后故障现象消失，而且不是经常出现。

2. 故障诊断

首先，连接诊断仪读取其故障存储器，结果读出 P2271 故障码，表示机械性脱挡故障。清除故障码后故障很难重现。但在后来相关试验中的确掌握到故障出现的规律，不过系统记录的故障码有所变化。

真实的故障现象有，入前进挡接合时有点轻微延迟；由 D/N 退挡后换挡拨叉不能迅速回位，连续 4 次才完全退到 N 位置（响声很大）。一旦发生第二种情况，故障灯就会亮起并存储故障内容。

故障存储器记录的故障码是 P2271 机械性脱挡故障—19143 齿轮机械脱离无信号/通信，见图 1-53 所示。

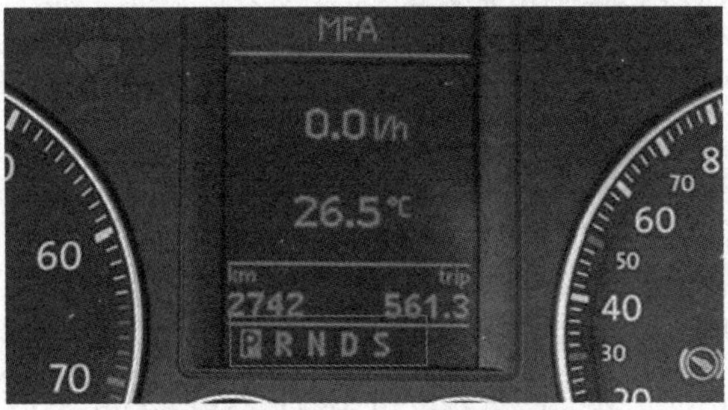

图 1-52　车辆仪表内挡位显示灯

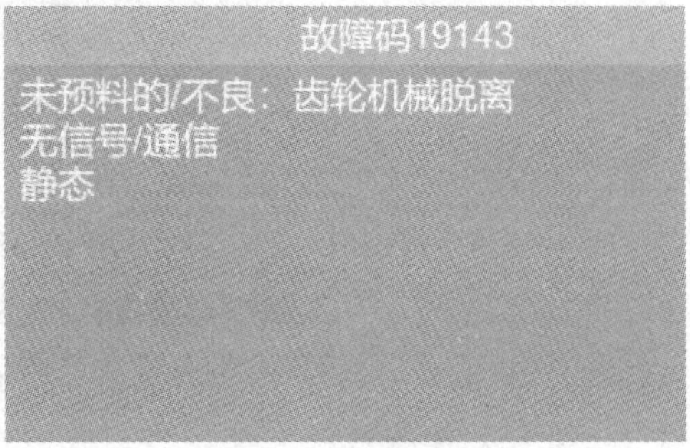

图 1-53　机械性脱挡故障 19143

再次利用诊断仪来读取相关动态数据信息，以确定故障发生时的不正常数据，并确定故障原因所在。

读取动态数据，要有针对性地结合实际故障现象的体现特征，注重观察关键数据信息的波动来锁定故障部位。这样，在众多动态数据中把目标锁在 02-08-006 组数据，因为这组数据流内容中体现了非常关键的 K_1 离合器控制电磁阀 N215 的控制电流，K_1 离合器安全保护控制电磁阀 N233 的动作情况以及最重要的该变速器主油压调节控制电磁阀 N217 的控制电流。

首先把正常时的标准数据记录下来，如图 1-54 所示。

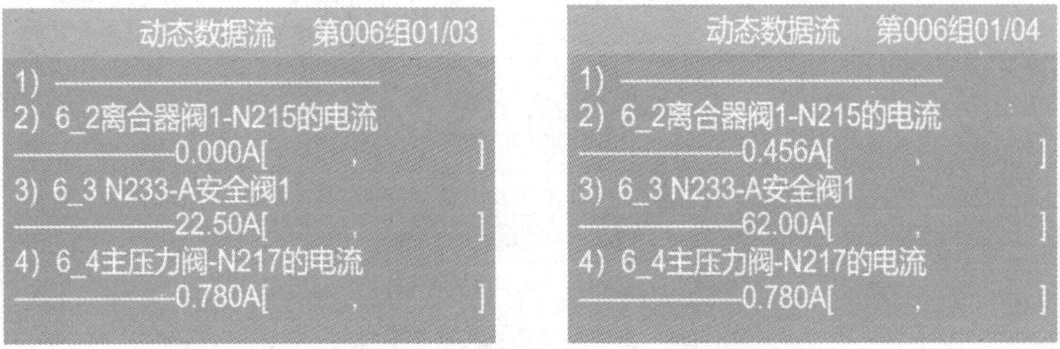

（a）P/N 挡位置正常数据　　（b）D 挡位置正常数据

图 1-54　换挡正常时的标准数据

紧接着又把故障发生时的故障数据也记录下来，如图 1-55 所示。一旦故障出现，变速器进入故障模式，此时倒挡不能行驶且仪表中的挡位指示灯又再亮起并闪烁，通过数据的对比，同时结合故障现象（D/N 的退挡过程），就不难看出问题并不是出在离合器的控制功能上，而是出在换挡拨叉切换控制上。

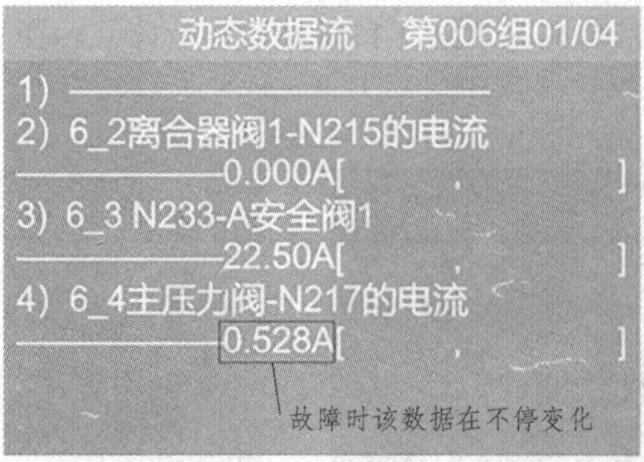

图 1-55　故障发生时的动态故障数据

再次进行故障分析，通过 006 组数据流中各项数据的变化可以看出，当换挡杆由 D 挡/N 切换后，控制单元通过 N215 电磁阀将发动机动力流切断，离合器完全断开（即便此时变速器内部形成两个挡位也是没有任何问题的）。N233 安全保护电磁阀只是根据控制单元通过 G193 离合器压力传感器，适时监控 K_1 离合器真实压力的变化来及时做好安全切断准备工作，而此时由 N217 所实现控制的系统压力是不变的，但同时换挡杆由 D 挡/N 挡后变速器内部的 1 挡/3 挡同步器的换挡拨叉要动作，它要切换到空挡位置。

由于这款变速器换挡拨叉的切换控制比较特殊，如图 1-56 所示。

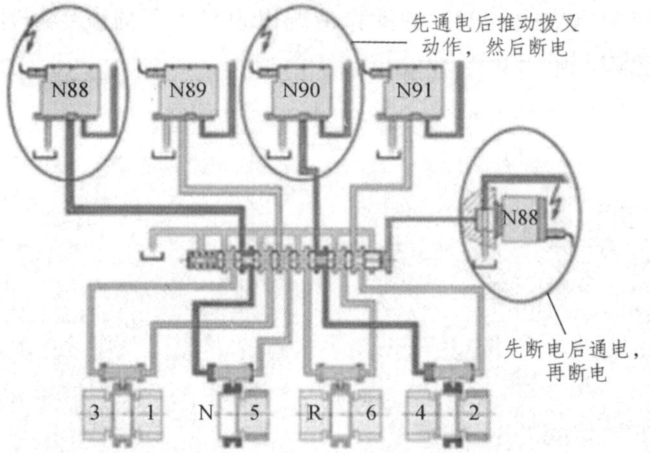

图 1-56　变速器换挡拨叉的切换控制

例如，通过换挡杆由 N 挡/D 挡后，除了前端 K_1 离合器准备好动力传递工作外，变速器内部的换挡拨叉动作是在总的多路换挡电磁阀 N92 未通电情况下，由 N88 电磁阀瞬间通电后将 1 挡/3 挡同步器拨叉切换到 1 挡侧，然后 N88 又切换到无电状态，紧接着 N92 电磁阀再由断电状态切换到通电状态。同时，N90 电磁阀也由原来的断电状态切换到通电状态，目的是把 2 挡/4 挡同步器拨叉切换到 2 挡侧。然后，N92 和 N90 又切换到无电状态，此时两个同步器拨叉是靠机械钢球锁定在相应挡位上的。此时，变速器内部形成两个挡位（两个挡位分别由两个离合器来控制），1 挡作为起步挡，而

2 挡则作为预备挡。这样，通过故障现象及换挡同步器的动作原理，就清晰地知道故障响声的出现是由 1 挡/3 挡同步器往 N 位移动所带来的。控制单元是借助其内部位移传感器，通过换挡拨叉上面的电磁铁的感应来确定换挡同步器（拨叉）准确位置的，如果在规定的时间内 1 挡/3 挡同步器并没有被液压切换到其真正的位置，此时控制单元就会设置故障码，同时也启动安全保护控制。

3. 故障排除

发现离合器控制引起的故障可能性后，再根据以上分析，说明 1 挡/3 挡换挡拨叉的归位不准是故障的主要原因。一般来讲，换挡同步器自身卡滞的可能性极低，极有可能是系统压力问题导致换挡拨叉动作发生了问题。因此，更换电子液压控制单元即可解决该问题。最后更换全新电子液压控制单元，并进行相关匹配，故障被彻底排除。

思考练习

1. 简述双离合器自动变速器的工作原理。
2. 简述双离合器自动变速器的特点。
3. 简述双离合器自动变速器的组成。

任务三　电控无级变速器故障诊断与维修

学习目标

（1）掌握无级变速器的变速原理。
（2）掌握无级变速器的结构组成和工作原理。
（3）熟悉无级变速器常见维修项目和方法。

知识链接

一、无级变速器概述

（一）原理介绍

无级变速器（Continuously Variable Transmission，CVT）是传动比可以在一定范围内连续变化的变速器。它采用传动带和工作直径可变的主、从动轮相配合来传递动力，可以实现传动比的连续改变，从而得到传动系与发动机工况的最佳匹配，最大限度地利用发动机的特性，提高汽车的动力性和燃油经济性。目前，无级变速器在汽车上的应用越来越多，常见的无级变速器是金属带式无级变速器（VDT-CVT）。图 1-57 所示为金属带式无级变速器的变速原理。变速部分由主动带轮、金属传动带和从动带轮所组成。每个带轮都是由两个带有斜面的半个带轮组合而成，其中一个半轮是固定的，另一个半轮可以通过液压控制系统控制其轴向移动，两个带轮之间的中心距是固定的，由于两个带轮的直径可以连续无级变化，所以形成的传动比也是连续无级变化的。

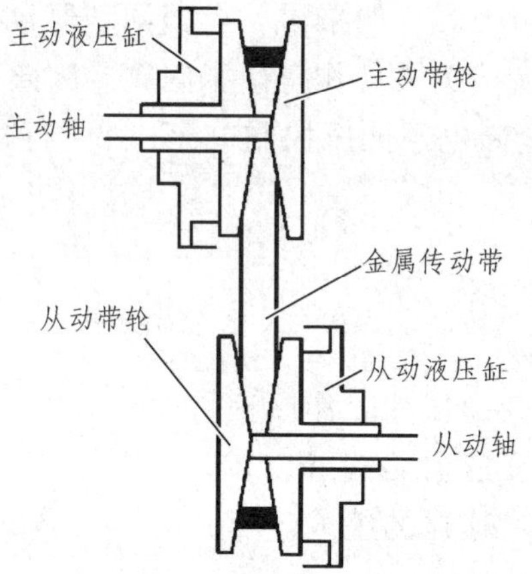

图 1-57　金属带式无级变速器的变速原理

（二）应用车型

目前，采用了无级变速器的常见车型有奥迪 A6、派力奥（西耶那、周末风）飞度、旗云等。

1. 奥迪 A6 的 Multitronic 无级/手动一体变速器

奥迪的 Multitronic 变速器是在原有无级变速器的基础上安装了一种称为多片式链带的传动组件，这种组件大大拓展了无级变速器的使用范围，能够传递和控制峰值高达 280 N · m 的动力输出，其传动比超过了以前各种自动变速器的极限值。Multitronic 还采用了全新的电子控制系统，以克服原有无级变速器的不足。例如，在上下坡时，系统能自动探测坡度，并通过调整速比增加动力输出或加大发动机的制动转矩来协助车辆行驶。

2. 派力奥 Speedgear

派力奥 Speedgear 是一种手/自一体式电控无级变速器（ECVT），南京菲亚特公司率先把它应用在小型车上。它提供两种换挡模式：电控无级自动变速模式和 6 挡顺序手动变速模式，驾驶人可以根据喜好选择不同的换挡方法。Speedgear 由液力变矩器、两个可变直径钢带轮和一根传动金属带（一定数量的钢片和两根 9 层钢带）组成，具有更宽的传动比，同时保持了无级变速器结构简单、体积紧凑的特点。

3. 飞度 CVT

飞度的 CVT 无级变速器是专门为小型车设计的，属于新一代钢带无级自动变速器，可允许两个带轮之间进行高转矩传递，运转平稳、传动效率高。飞度的 CVT 变速器还带有 S 挡（运动模式），既追求流畅换挡、低油耗，又不乏驾驶乐趣。

4. 旗云 CVT

旗云 CVT 采用了德国 ZF 公司生产的 VT1F 无级变速器，该无级变速器有无级变速、自动巡航、运动模式和六挡手动 4 种驾驶模式，与电子油门配合以后更接近智能化控制。

（三）无级变速器的优点

CVT 技术真正应用在汽车上不过十几年的时间，但它与传统的手动变速器和自动变速器相比有显而易见的优势。

（1）结构简单、体积小，大批量生产后的成本低于当前液力式自动变速器的成本。

（2）工作速比范围宽，容易与发动机形成理想的匹配，从而改善燃烧过程，降低油耗和排放。

（3）具有较高的传动效率，功率损失少，经济性高。

二、无级变速器的基本组成和工作原理

以奥迪 Multitronic CVT 为例进行介绍，该无级变速器的内部编号为 01J。

（一）奥迪 01J CVT 的基本组成

奥迪 01J CVT 主要由飞轮减振装置、前进挡离合器/倒挡制动器及行星齿轮装置、速比变换器、液压控制单元和电控单元等组成，如图 1-58 所示。

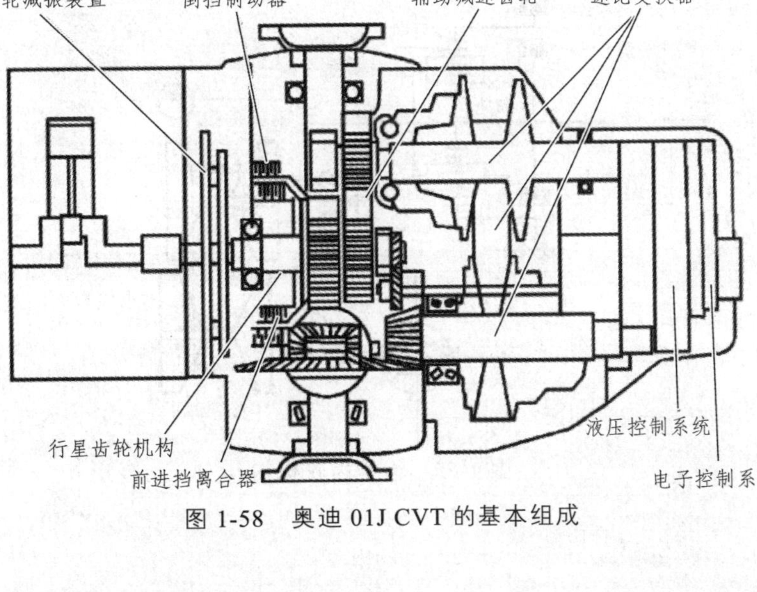

图 1-58 奥迪 01J CVT 的基本组成

发动机输出转矩通过飞轮减振装置或双质量飞轮传递给变速器，前进挡离合器和倒挡制动器都是湿式摩擦元件，两者均为起动装置。倒挡的旋转方向是通过行星齿轮机构改变获得的。发动机的转矩通过辅助减速齿轮传到速比变换器，并由此传到主减速器、差速器。液压控制系统和电子控制系统集成一体，位于变速器内部。

（二）前进挡离合器/倒挡制动器及行星齿轮机构

1. 前进挡离合器和倒挡制动器

奥迪 01J CVT 的起动装置是前进挡离合器和倒挡制动器，并与行星齿轮机构一起实现前进挡和倒挡。它们只作起动装置，并不改变传动比，这与在自动变速器中的离合器和制动器的功用是不同的。

奥迪 01J CVT 的前进挡离合器和倒挡制动器均是采用湿式多片式结构，这与前述的自动变速器中的离合器和制动器的结构是相同的，这里不做过多叙述。

2. 行星齿轮机构

行星齿轮机构的结构如图 1-59 所示，由齿圈、两个行星齿轮、行星架、太阳轮组成。当太阳轮顺时针转动时，驱动行星齿轮 1 逆时针转动，再驱动行星齿轮 2 顺时针转动，最后驱动齿圈也顺时针转动。

作为输入元件的太阳轮与输入轴和前进挡离合器钢片相连接，作为输出元件的行星架与辅助减速齿轮的主动齿轮和前进挡离合器的摩擦片相连接，齿圈和倒挡制动器摩擦片相连接，倒挡制动器钢片和变速器壳体相连接。行星齿轮机构如图 1-60 所示。

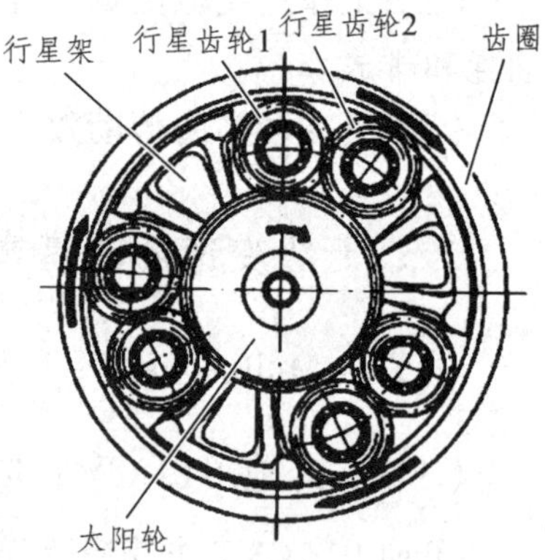

图 1-59　行星齿轮机构的结构

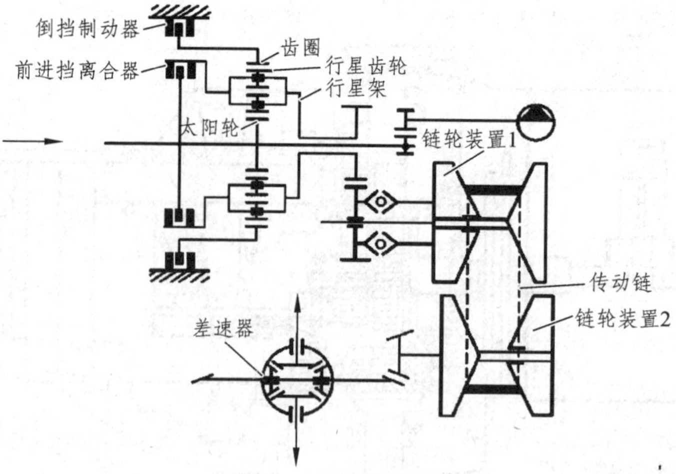

图 1-60　行星齿轮机构

（三）动力传递路线

1. P/N 挡的动力传动路线

换挡杆处于 P 或 N 位时，前进挡离合器和倒挡制动器都不工作。发动机的转矩通过输入轴相连接的太阳轮传到行星齿轮机构并驱动行星齿轮 1，行星齿轮 1 再驱动行星齿轮 2，行星齿轮 2 与齿圈相啮合。车辆尚未行驶时，作为辅助减速齿轮输入部分的行星架（行星齿轮机构的输出部分）的阻力很大，处于静止状态，齿圈以发动机转速一半的速度怠速运转，旋转方向与发动机相同。

2. 前进挡的动力传动路线

换挡杆处于 D 位时，前进挡离合器工作。由于前进挡离合器钢片与太阳轮连接，摩擦片与行星架相连接，此时太阳轮（变速器输入轴）与行星架（输出部分）连接，行星齿轮机构被锁死成为，并与发动机运转方向相同，传动比为 1∶1。

3. 倒挡的动力传动路线

换挡杆处于 R 位时，倒挡制动器工作。由于倒挡制动器摩擦片与齿圈相连接，钢片与变速器壳体相连接，此时齿圈被固定，太阳轮（输入轴）主动，转矩传递到行星架，由于是双行星齿轮（其中一个为惰轮），所以行星架就会以与发动机旋转方向相反的方向运转，车辆向后行驶。

由行星架输出的动力辅助减速齿轮传递到速比变换器，如图 1-61 所示。

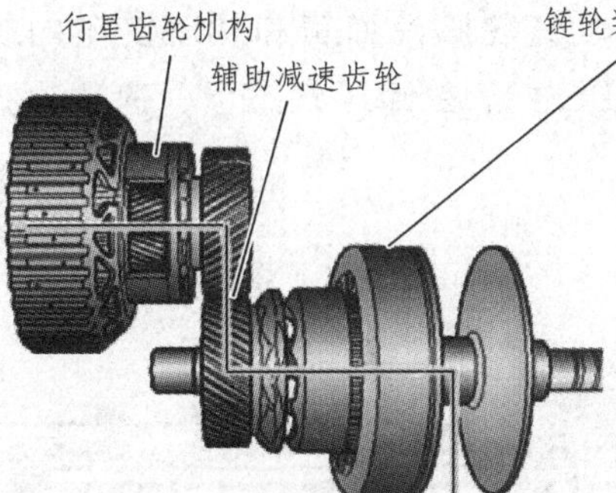

图 1-61　辅助减速齿轮

（四）速比变换器

速比变换器是 CVT 最重要的装置，其功用是实现无级变速传动。

速比变换器由两组滑动锥面链轮和专用链条组成，如图 1-62 所示。主动链轮由发动机通过辅助减速齿轮驱动，发动机转矩由传动链传递到从动链轮装置，并由此传给主减速器，每组链轮装置中的其中一个链轮，可沿轴向移动以调整传动链的跨度尺寸，从而连续地改变传动比。两组链轮装置必须同步进行，这样，才能保证传动链始终处于张紧状态，且具有足够的传动链和链轮之间的接触压力。

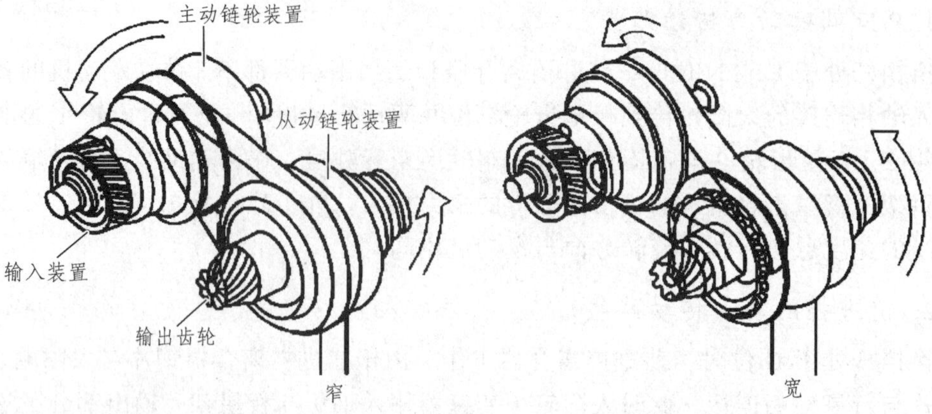

（a）低速（传动比大）　　（b）高速（传动比小）

图 1-62　速比变换器基本组成和原理

速比变换器的组成，如图 1-63 所示。该速比变换器的工作模式是基于双活塞工作原理，其特点是利用少量的压力油就可以很快地进行换挡，这可以保证在相对低压时，锥面链轮与传动链之间有足够的接触压力。主动链轮 1 和从动链轮 2 上各有一个保证链轮和传动链之间正常接触压力的压力缸和用于调整变速比的分离缸。为了有效地传递发动机转矩，锥面链轮和传动链之间需要很高的接触压力，接触压力通过调节压力缸内的油压产生。压力缸表面积很大，能够在低压时提供所需的接触压力。液压系统泄压时，主动链轮膜片弹簧和从动链轮的螺旋弹簧产生一个额定的传动链条基础张紧力（接触压力）。在卸压状态下，速比变换器起动传动比由从动链轮的螺旋弹簧弹力调整。

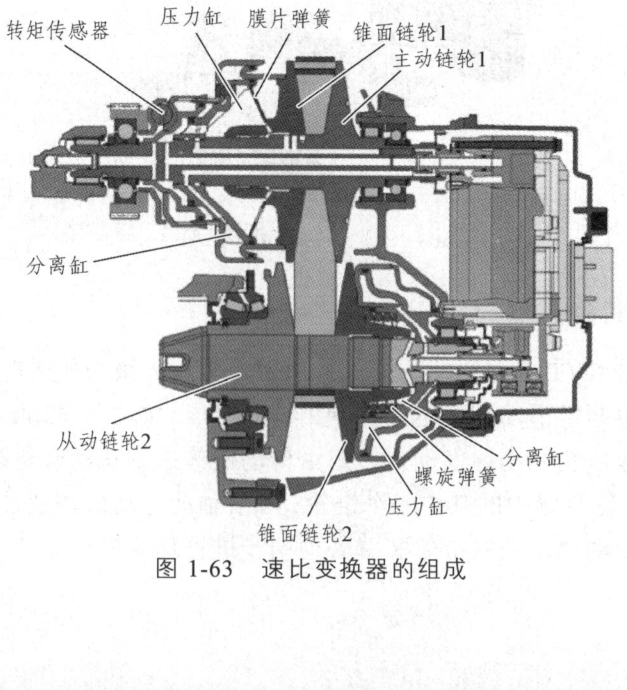

图 1-63　速比变换器的组成

1. 换挡控制

电子控制部分。奥迪 01J CVT 的电子控制单元有一段动态控制程序（DRP），用于计算额定的变速器输入转速。为了在每个驾驶状态下获得最佳传动比，驾驶人输入信息和车辆实际工作状态要被计算在内。根据边界条件动态控制程序（DRP），计算出变速器额定输入转速。变速器输入转速传感器 G182 监测主动链轮 1 所处的实际转速。电子控制单元会根据实际值与设定值进行比较，并计算出压力调节电磁阀 N216 的控制电流，这样 N216 就会产生液压换挡阀的控制压力，该压力与控制电流几乎是成正比的。控制单元通过检查来自变速器输入转速传感器 G182 和变速器输出转速传感器 G195 及发动机转速信号来实现对换挡的监控。

液力换挡控制（增速与降速）。液压控制单元中的输导控制阀（VSTV）向换挡压力调节电磁阀 N216 提供约 0.5 MPa 的常压。N216 根据电子控制单元计算的控制电流产生控制压力，该压力的大小会影响减压阀 UV 的位置。

根据控制压力，减压阀 UV 将调节出来的压力传递到主动链轮和从动链轮的分离缸。当调节压力在 0.18～0.2 MPa 时，减压阀 UV 处于关闭状态。当控制压力低于 0.18 MPa 时，调节压力通过减压阀 UV 传递到主动链轮 1 的分离缸，同时从动链轮的分离缸与油底壳接通，速比变换器朝增速的方向进行变速，如图 1-64 所示。当调节压力高于 0.22 MPa 时，调节压力通过减压阀传递到从动链轮 2 的分离缸，同时主动链轮 1 的分离缸与油底壳相通，速比变换器朝减速的方向变速，如图 1-65 所示。

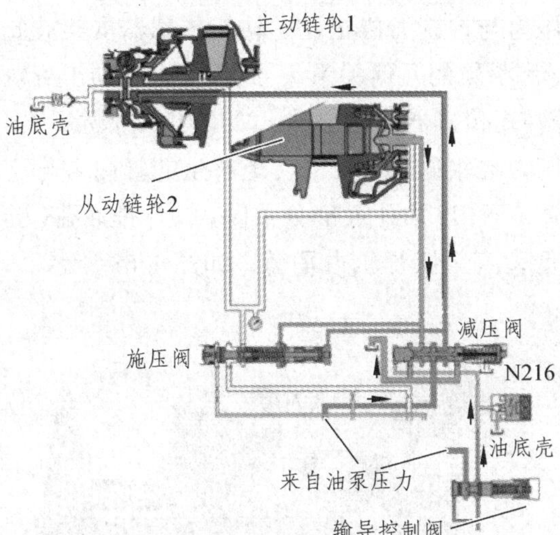

图 1-64 速比变换器的增速控制

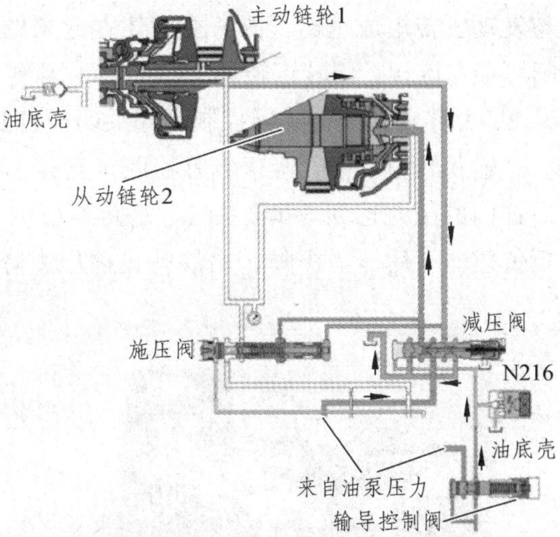

图 1-65 速比变换器的减速控制

2. 接触压力控制

压力缸中合适的油压最终产生锥面链轮与链条之间的接触压力，若接触压力过高，会降低传动效率；相反，若接触压力过低，传动链会打滑，这会损坏传动链和链轮。转矩传感器的目的就是根据要求建立起尽可能精确、安全的接触压力。

转矩传感器集成于主动链轮内，它可以静态和动态高精确度地监控传递到压力缸的实际转矩，并建立压力缸的正确油压。转矩传感器主要部件为 2 个滑轨架，每个支架有 7 个滑轨，滑轨中装有 7 个滚子，如图 1-66 所示。

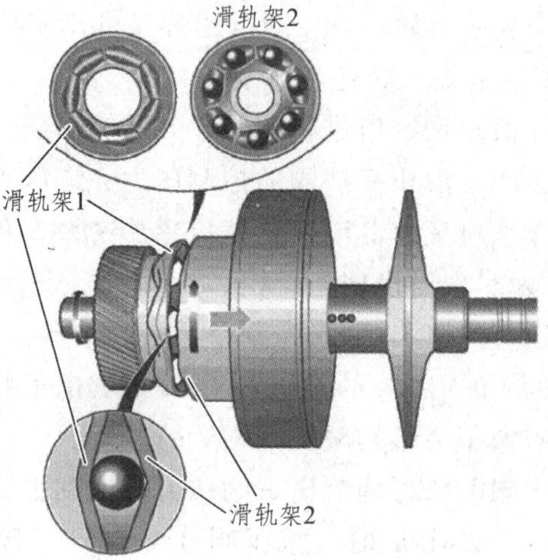

图 1-66　转矩传感器的组成

滑轨架 1 装在主动链轮的输出齿轮中（辅助减速输出齿轮），滑轨架 2 通过内花键与主动链轮连接，并可以横向移动且由转矩传感器活塞支撑。转矩传感器活塞调整接触压力，并形成两个压力腔：转矩传感器腔 1 和腔 2。转矩传感器产生的轴向力作为控制力，与发动机转矩成正比，压力缸中建立起来的压力与控制力成正比。转矩传感器支架彼此间可径向旋转，将转矩转化为轴向力（因滚子和滑轨的几何关系），此轴向力施加于滑轨架 2，并移动转矩传感器控制凸缘关闭或打开转矩传感器腔输出端，如图 1-67 所示。

输入转矩低时，转矩传感器腔 1 直接与压力缸相通。发动机转矩产生的轴向力与压力缸内的压力达到平衡。在汽车稳定运行的情况下，出油孔仅部分关闭，打开排油孔（转矩传感器）后压力下降，出油孔进油压力降低，直至恢复压力平衡，如图 1-68 所示。

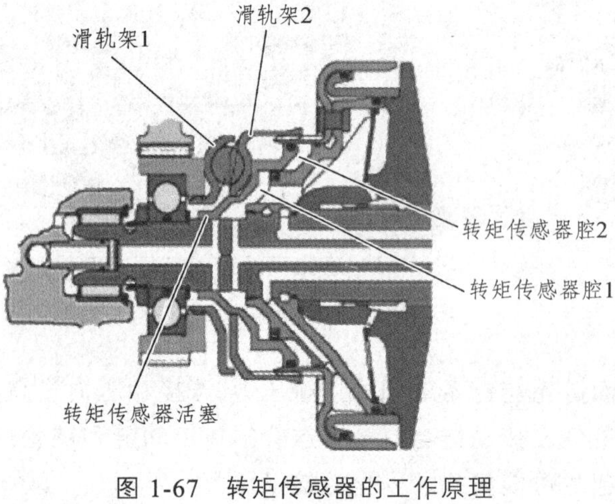

图 1-67　转矩传感器的工作原理

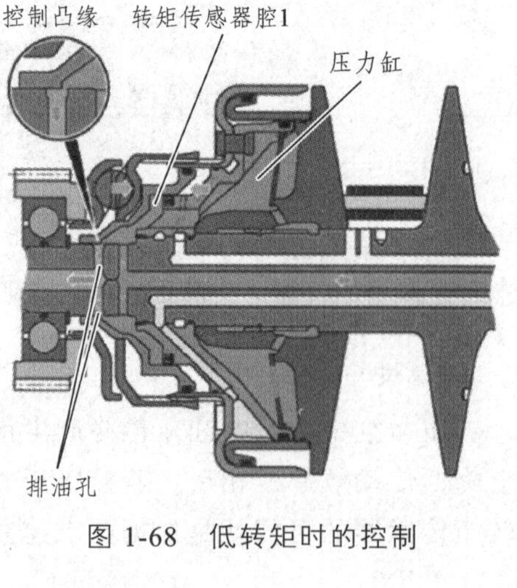

图 1-68　低转矩时的控制

转矩达到峰值时，控制凸缘完全关闭出油孔。若转矩传感器进一步移动，将会起到油泵的作用，此时被排出的油使压力缸内的压力迅速上升，这样就会毫无延迟地调整接触压力。锥面链轮产生的接触压力不仅取决于输入转矩，还取决于传动链跨度半径，此两者确定了速比变换器的实际传动比，如图 1-69 所示。

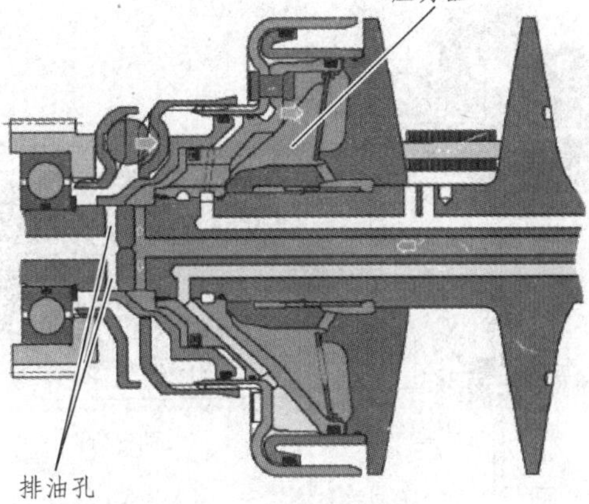

图 1-69 高转矩时的控制

（五）液压控制系统

CVT 的液压控制系统也像自动变速器的液压控制系统一样，起到系统油压的控制、油路的转换控制、用油元件的供油以及冷却控制等作用。

1. 供油装置

奥迪 O1J CVT 的供油装置采用的是带月牙形密封的内啮合齿轮泵，直接装在液压控制单元上，形成一个整体，减少了压力损失。

2. 液压控制单元

液压控制单元由手动换挡阀、9 个液压阀和 3 个电磁控制阀组成。液压控制单元中的电子控制单元直接插接在一起。液压控制单元的功能如下。

（1）控制前进挡离合器/倒挡制动器的工作状态。

（2）调节离合器压力。

（3）冷却离合器。

（4）为接触压力控制提供压力油。

（5）传动控制。

（6）飞溅润滑油罩盖供油。

液压控制系统油路如图 1-70 所示。为防止系统工作压力过高，限压阀将油泵产生的最高压力限制在 0.82 MPa，并通过输导控制阀向 3 个压力调节电磁阀提供恒定的 0.5 MPa 的输导控制压力。压力阀防止起动时油泵吸入空气，当油泵输出功率高时，压力阀打开，允许 ATF 从回油管流到油泵吸入侧，提高油泵效率。施压阀控制系统压力，在各种工况下都始终能够提供足够的油压。电磁阀 N88、N215 和 N216 在设计上称为压力控制阀，它们将控制电流转变为相应的液压控制压力。

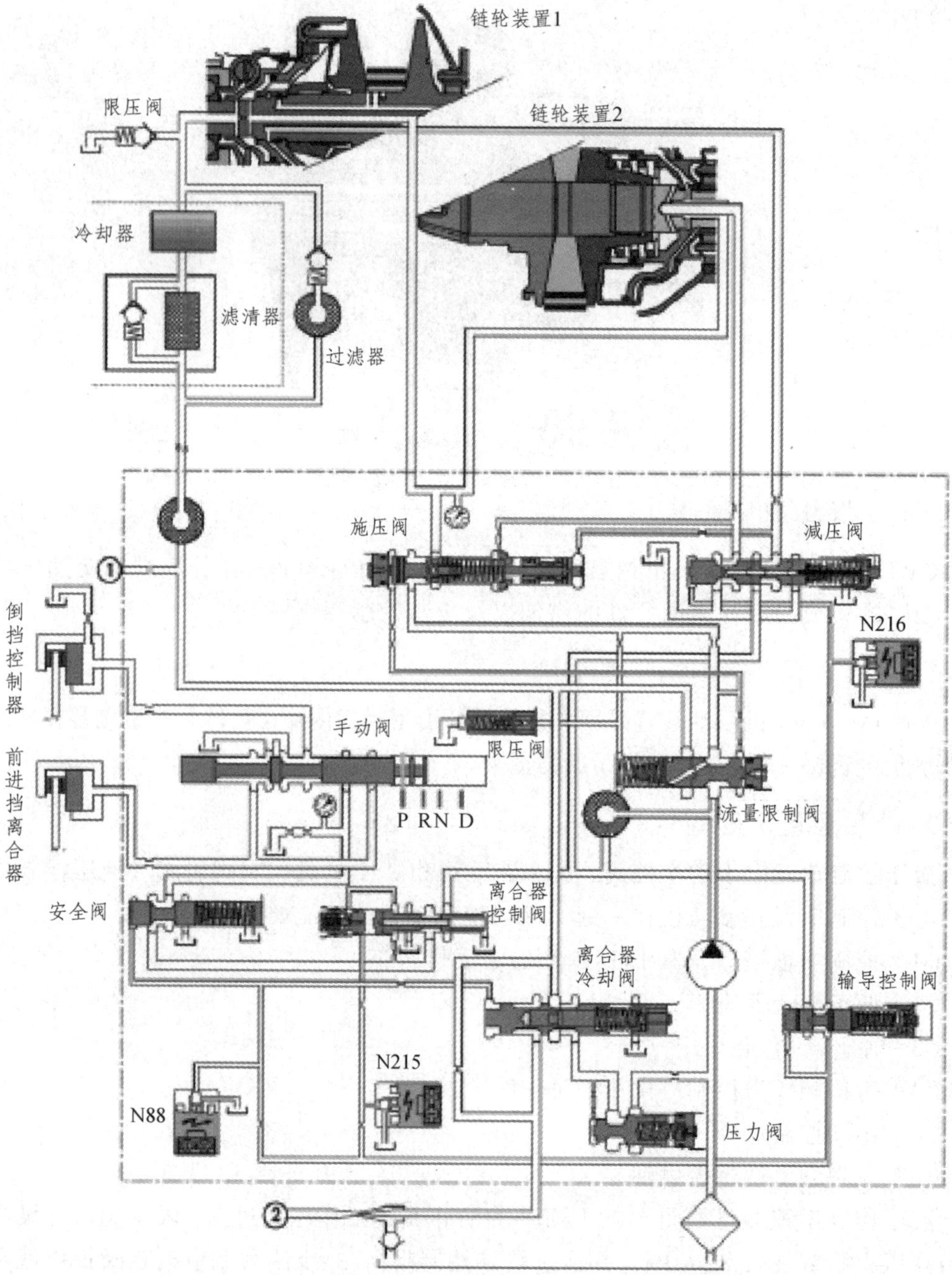

图 1-70　液压控制系统油路

（六）电子控制系统

奥迪 01J CVT 的电子控制系统由电子控制单元、输入装置（传感器、开关）和输出装置（电磁阀）3 部分组成。其特点是电子控制单元集成在速比变换器内，控制单元直接用螺栓紧固在液压控制单元上。

3 个压力调节阀与控制单元间直接通过坚固的插头连接（S 形接头），没有连接线，控制单元用一个 25 针脚的小型插头与汽车相连。电控系统更具特点的是集成在控制单元内的传感器技术：电器部件的底座为一个坚硬的铝板，壳体材料为塑料，并用铆钉紧固到底座上，壳体容纳全部的传感器，因此不再需要线束和插头。这种结构大大提高了工作效率和可靠性。另外，将发动机转速传感器和多功能开关设计成霍尔传感器，霍尔传感器没有机械磨损，信号不受电磁干扰，这使其可靠性进一步提高。传感器为控制单元的集成部件，若某个传感器损坏，必须更换电控制单元。图 1-71 所示为电子控制系统的组成。

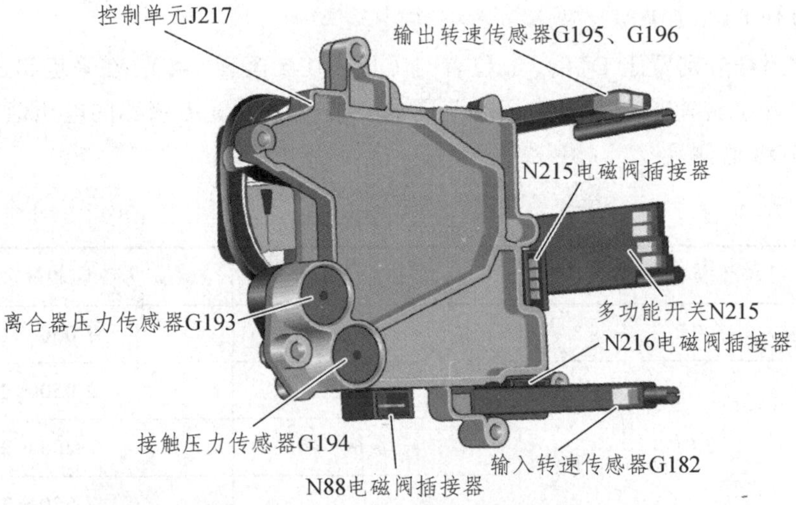

图 1-71　电子控制系统的组成

三、无级变速器的测试

（一）器材准备

（1）车辆：广州本田飞度小轿车（装备无级变速器）。

（2）普通工具：组合扳手、螺丝刀、钳子、扭力扳手、举升器。

（3）专用工具：A/T 机油压力表装置（07406-0020004）A/T 低压表（07406-0070001）。

（4）检测工具：本田 PGM 检测仪或本田诊断系统（HDS）数字万用表、转速表。

（5）其他：木块、清洁剂或化油器清洁剂、转向盘护套、换挡杆手柄套、座位套、脚垫。

（二）准备工作

（1）在汽车进入工位前，将工位清理干净，准备好相关的器材。

（2）汽车进入工位后，套上转向盘护套、换挡杆手柄套和座位套，铺设脚垫。

（三）操作步骤

1. 路　试

（1）将发动机热机到正常工作温度（散热器风扇转动）。

（2）拉起驻车制动杆，并塞住两个后轮。启动发动机，踩下制动踏板，切换至 D 位置。踩下加速器踏板，然后突然释放，发动机应该失速。

（3）换挡杆在 P 位置进行测试：将车辆停在一个大约 16°的斜坡上，拉起驻车制动器，换挡杆至 P 位置。释放驻车制动器，车辆不应该移动。

（4）将本田 PGM 测试仪或 HDS（本田诊断系统）连接到 D（数据传输插接器）上，然后转到 CVT（无级变速器）数据列表。

（5）换挡杆分别置于 D、S、L 位置时（见表 1-2 至表 1-4），在平坦路面上进行试车，检查发动机转速是否在表中标准范围内，节气门位置传感器的电压值借助 PGM 测试仪或 HDS 监测。

表 1-2　D 位置路试

节气门位置传感器电压/V	车速/（km/h）	发动机转速/（r/min）
0.75	40	1 050 ~ 1 450
2.0	40	2 050 ~ 2 650
	60	2 200 ~ 2 800
	100	2 650 ~ 3 250
4.5	40	4 000 ~ 4 600
	60	4 300 ~ 4 900
	100	4 750 ~ 5 350

表 1-3　S 位置路试

节气门位置传感器电压/V	车速/（km/h）	发动机转速/（r/min）
0.75	40	1 550 ~ 1 950
	60	1 900 ~ 2 500
	100	2 800 ~ 3 400

续表

节气门位置传感器电压/V	车速/（km/h）	发动机转速/（r/min）
2.0	40	2 650 ~ 3 250
	60	2 850 ~ 3 450
	100	3 350 ~ 3 950
4.5	40	4 450 ~ 5 050
	60	4 800 ~ 5 400
	100	5 200 ~ 5 800

表 1-4　L 位置路试

节气门位置传感器电压/V	车速/（km/h）	发动机转速/（r/min）
0.75	40	2 700 ~ 3 300
	60	3 400 ~ 4 000
	100	4 100 ~ 4 700
2.0	40	3 450 ~ 4 050
	60	4 050 ~ 4 650
	100	4 650 ~ 5 250
4.5	40	4 450 ~ 5 050
	60	4 800 ~ 5 400
	100	5 200 ~ 5 800

2. 失速测试

（1）拉起驻车制动杆，并塞住前轮。

（2）将转速表连接到发动机上，启动发动机。

（3）确认 A/C（空调）开关置于 OFF 位置。

（4）在发动机加热到正常工作温度（散热器风扇转动）后，换挡至 D 位置。

（5）将制动踏板和加速器踏板完全踩下，持续 6 ~ 8 s，读取发动机转速。

注意：在提高发动机转速时，千万不要移动换挡杆。

（6）发动机冷却 2 min，然后在 S、L 和 R 位置重复测试。

注意：一次失速测试千万不要超过 10 s，进行失速测试应当只用于诊断目的。D、S、L 和 R 位置的失速应该相同。安装 A/T 压力表后，不要测试失速。

① 在 D 和 R 位置失速转速，技术要求为 2 500 r/min，维修极限 2 350 ~ 2 650 r/min。

② 在S和L位置失速转速，技术要求为3 000 r/min，维修极限2 800 ~ 3 100 r/min。

（7）如果测量结果不符合维修极限，则故障和引起故障的可能原因见表1-5。

表1-5 失速转速不合格的故障原因

故 障	故障原因
在D、S、L和R位置时，失速转速过高	1. 油位过低或ATF油泵输出过低； 2. ATF滤清器堵塞； 3. PH调节阀卡滞； 4. 前进挡离合器故障； 5. 起步离合器故障
在R位置时，失速转速过高	1. 倒挡离合器打滑； 2. 起步离合器故障
在D、S、L和R位置时，失速转速过低	1. 发动机输出过低； 2. 起步离合器故障； 3. CVT主动或从动带轮控制阀卡滞

3. 压力测试

（1）在进行测试前，确认变速器油已加注到合适位置。

（2）举升车辆前部，确认车辆支撑可靠。

（3）拉起驻车制动杆，并可靠地塞住后轮。

（4）拆下挡泥板。

（5）让前轮能够自由转动。

（6）发动机热机（散热器风扇转动），然后停止，接上转速表。

（7）将专用工具A/T机油压力表装置（07406-0020004）（见图1-72）连接到前进挡离合器压力检查孔、倒挡制动器检查孔、主动带轮压力检查孔和从动带轮压力检查孔上，如图1-73所示。

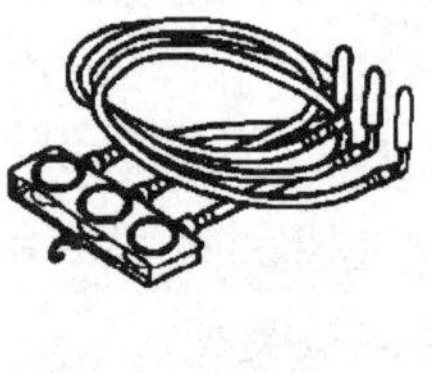

图1-72 A/T机油压力表装置（07406-0020004）

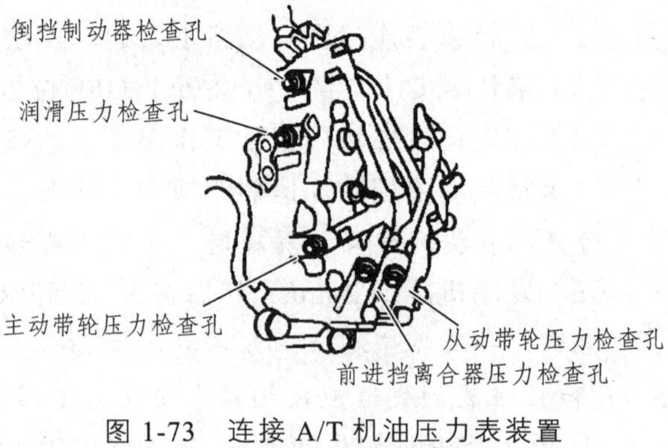

图1-73 连接A/T机油压力表装置

（8）将专用工具 A/T 低压表（07406-0070001）（见图 1-74）连接到润滑压力检查孔，如图 1-73 所示。

（9）启动发动机。将挡位切换至 D 位置，测量 1 700 r/min 时前进挡离合器的压力；挡位切换至 R 位置，测量 1 700 r/min 时倒挡制动器的压力；将挡位换至 N 位置，测量 1 700 r/min 时主动带轮的压力和从动带轮的压力；测量 2 500 r/min 时润滑压力，应符合表 1-6 要求。

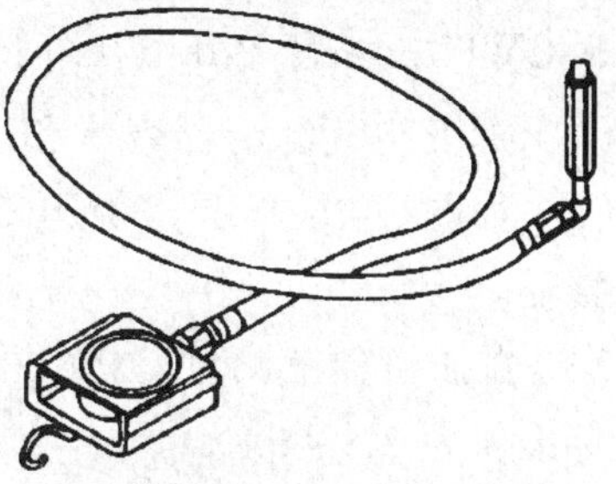

图 1-74　A/T 低压表（07406-0070001）

表 1-6　变速器油压力

部　件	维修极限/MPa	部　件	维修极限/MPa
前进挡离合器	1.44 ~ 1.71	从动带轮	0.43 ~ 0.91
倒挡制动器	1.44 ~ 1.71	润滑压力检查孔	0.27 ~ 0.40
主动带轮	0.31 ~ 0.58		

（10）压力测试完毕后，拆下专用工具。

（11）安装密封螺栓时，使用新的密封垫圈，螺栓拧紧力矩为 18 N・m。

注意：千万不要重新使用旧的密封垫圈。

4. 起步离合器压力控制阀的测试

（1）拆下空气滤清器壳体和进气导管。

（2）如图 1-75 所示，断开起步离合器压力控制阀插接器。

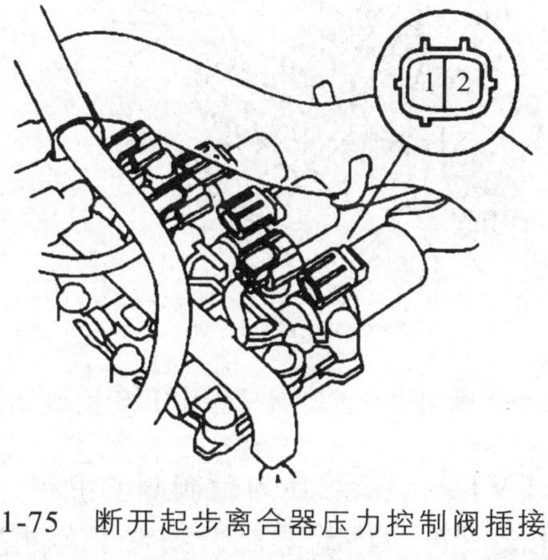

图 1-75　断开起步离合器压力控制阀插接器

（3）在插接器上测量起步离合器压力控制阀的电阻，标准值为 3.8 ~ 6.8 Ω。

（4）如果电阻与标准值不符，将蓄电池正极端子与起步离合器压力控制阀插接器的 1 号端子相连接，将蓄电池负极端子与 2 号端子相连接，此时应该听到“咔嗒”声。

若听不到任何声音，则拆下控制阀，用清洁剂彻底清洗相关的零件，然后重新检查。

5. CVT 主动带轮压力控制阀的测试

（1）拆下空气滤清器壳体和进气导管。

（2）如图 1-76 所示，断开 CVT 主动带轮压力控制阀插接器。

（3）在插接器上测量 CVT 主动带轮压力控制阀的电阻，标准值为 3.8 ~ 6.8 Ω。

（4）如果电阻与标准值不符，将蓄电池正极端子与 CVT 主动带轮压力控制阀插接器的 1 号端子相连接，将蓄电池负极端子与 2 号端子相连接，此时应该听到“咔嗒”声。若听不到任何声音，则拆下控制阀，用清洁剂彻底清洗相关的零件，然后重新检查.

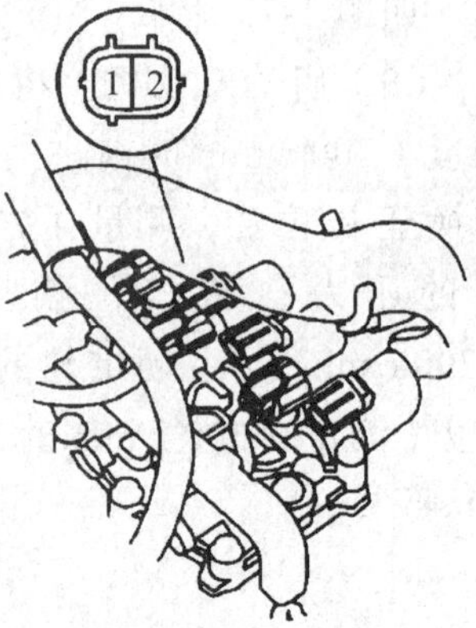

图 1-76　断开主动带轮压力控制阀插接器

6. CVT 从动带轮压力控制阀的测试

（1）拆下空气滤清器壳体和进气导管。

（2）如图 1-77 所示，断开 CVT 从动带轮压力控制阀插接器。

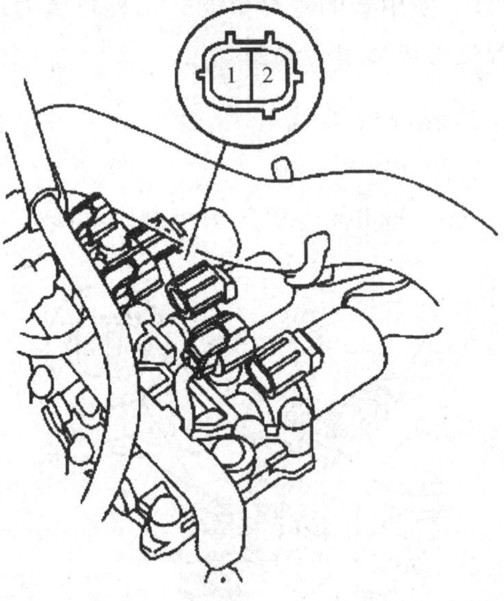

图 1-77　断开 CVT 从动带轮压力控制阀插接器

（3）在插接器上测量 CVT 从动带轮压力控制阀的电阻，标准值为 3.8 ~ 6.8 Ω。

（4）如果电阻与标准值不符，将蓄电池正极端子与 CVT 从动带轮压力控制阀插接器的 1 号端子相连接，将蓄电池负极端子与 2 号端子相连接，此时应该听到“咔嗒”声。若听不到任何声音，则拆下控制阀，用清洁剂彻底清洗相关的零件，然后重新检查。

故障检修

一、故障案例 1

1. 故障现象

一辆 2010 款东风日产天籁轿车，搭载 2.0 L 发动机和日本捷特科公司生产的型号为 RE0F10 A 型钢带式无级变速箱（CVT），行驶里程为 140 005 km。客户反映该车无法加速，在 N 挡时车辆爬行，R 挡时无爬行但有运动干涉，且加大油门才能行使，发动机故障灯点亮，如图 1-78 所示。

图 1-78　发动机故障指示灯点亮

2. 故障诊断与排除

首先连接诊断仪读取故障码，在发动机和变速箱系统均读到“P1777——步进马达故障”，如图 1-79 所示。

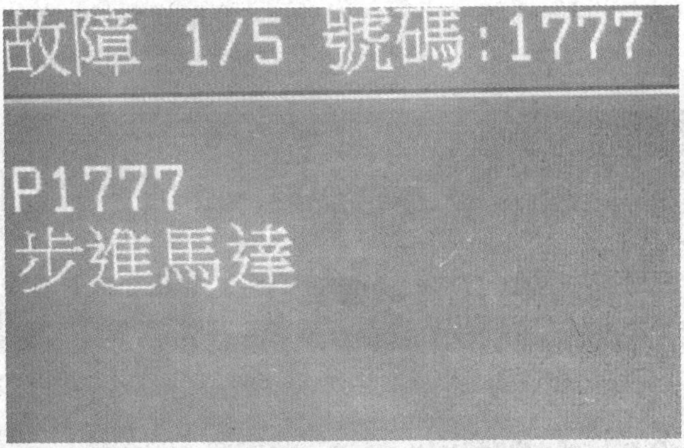

图 1-79　检测到的故障代码

步进马达是用来实现传动变化的驱动元件，如果损坏必将导致变速箱无法改变传动比，从而使车辆无法加速。鉴于此，读取数据流进一步进行确认，发现步进马达的步数在 77 步固定不动，而正常应为 5 ~ 15 步，如图 1-80 所示。由此分析极有可能是步进马达故障，于是将其更换之后再读取数据流，此时显示为 9 步，正常，如图 1-81 所示。

图 1-80　步进马达故障状态时的数据

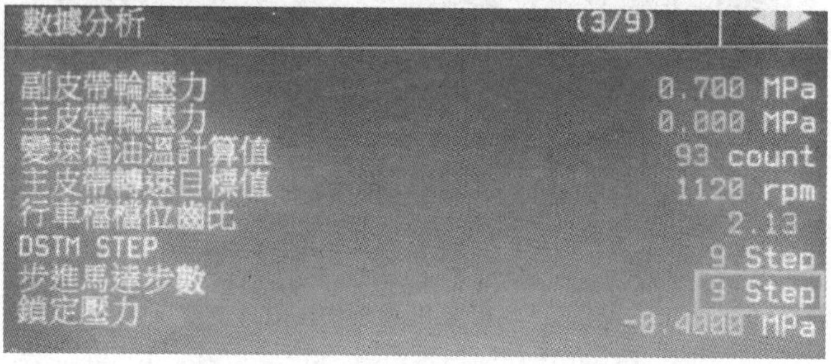

图 1-81　更换全新步进马达后的数据

因为在更换步进马达时并未发现 CVT 润滑油有严重的变质情况，同时油底壳也未发现金属粉末，所以基本断定钢带和带轮未磨损。装车重新进行路试，此时加速基本正常，但 N 挡时有爬行和倒挡时无爬行仍未解决。连接诊断仪，之前的故障码也消失。重点试验 N 挡，逐渐踩油门踏板，车速也随之有所提高，如图 1-82 所示。

图 1-82　车辆在 N 挡位行驶信息

分析此车变速箱结构原理和动力传递路线可知，当变速箱在N挡时前进挡离合器和倒挡制动器均应该处于不工作状态，此时输入轴只能带动行星齿轮机构中的齿圈自由空转，不会形成动力传递。如果N挡能够使车辆爬行，说明挂入N挡后前进挡离合器接合工作，进一步分析其原因，可能为① 前进挡离合器在油压作用下不正常接合；② 前进挡离合器因为烧蚀而黏着在一起；③ 齿圈（输入）和太阳轮锁在一起。

根据以上的分析原因，决定先测试系统油压。分别在N挡和前进挡时读取油压表指针数值，结果N挡为0 bar（0 kPa），前进挡为10 bar（100 kPa）左右，均正常。

将变速箱抬下进行解体检查。变速箱进行分解后，首先检查带有输入轴的前进挡离合器总成。左手握住太阳轮，右手旋转齿圈（输入轴），正常情况下应该是自由旋转。但是实际却发现齿圈和太阳轮已经锁为一体，仔细观察发现离合器烧蚀，导致太阳轮卡在工作端不回位，也就等同于前进挡离合器处于接合状态。

前进挡离合器的摩擦片烧蚀而使太阳轮位置发生改变，在N挡时齿圈（输入轴）直接驱动太阳轮输出。而倒挡时无爬行也是因为太阳轮具有向前输出的力，倒挡制动器工作后固定行星架，此时太阳轮应该反向输出，但是因为有两个作用力而形成运动干涉而导致倒挡无爬行。如果加大油门，前进挡离合器的摩擦片就会强行被分开，这时倒挡才能行驶。

3. 经验总结

该车有两个故障，一个为步进马达故障，此问题比较容易解决。另外一个故障就需要进行认真细致地分析。如果摩擦片烧蚀情况并不严重，而故障现象已经出现，其短时间内不一定会使CVTF质量发生急剧变化。所以此时仅凭观察CVTF状态是较难辨别其故障的。这时，就需要技术人员熟悉动力传递简图，把造成N挡行驶的可能原因分析透彻，然后结合油压测试环节，最终确定故障点，按照规范的检修流程进行操作，从而实现快速排除故障。

二、故障案例2

1. 故障现象

一辆2019年产广汽本田凌派轿车，车型代码为FS1，行驶里程3 000 km。该车因为事故进行维修，但是修复完毕后，维修人员反映该车在换入R挡和D挡时，车辆有严重的闯车现象。

2. 故障诊断

维修人员对之前的维修过程进行了全面的检查，维修和安装步骤完全按照工作流程进行，并没有漏项或违规操作。该车因为事故更换了蒸发箱冷凝器、中冷器、发动机线束和挡位开关，发动机并未进行拆装。起动车辆后，仪表盘没有故障灯提示，使用诊断仪检查车辆也没有故障码存在。查看变速器数据流时，发现数据流存在异常。

于是仔细查看维修项目，发现 CVT 主动带轮传感器和变矩器涡轮转速传感器并不是在本店进行维修的。维修人员结合数据流信息和维修项目，主要对这 2 个传感器进行重点检查。拔下这 2 个传感器的插接器，并与线路图进行对比后发现，变矩器涡轮转速传感器插接器的线束与线路图相同，但是 CVT 主动带轮传感器插接器的线束却与线路图不同。查看 CVT 主动带轮传感器线束未维修部分的线束颜色，却与线路图相同，因此怀疑是维修插接器时，安装出现了错误。仔细查看插接器，发现插接器有防插错措施不可能插错，这样就只可能是线束或者端子装反了。

3. 故障排除

正确安装 CVT 主动带轮传感器线束插接器端子后试车，故障排除。

思考练习

1. 请比较 AT、AMT、CVT、DSG、MT 各自的性能特点。

2. 查阅相关资料，试回答：自动变速器的液压控制系统由哪些系统组成？如何拆卸液压控制阀板？如何清洗液力变矩器？液力变矩器常见故障有哪些？

3. 自动变速器油常见型号有哪些？针对某些车型查阅其使用的 ATF 型号、更换里程及更换方法。

4. 汽车自动变速器常见故障有哪些？请针对执行元件表分析某一执行元件故障对汽车性能的影响。

项目二

制动防抱死系统（ABS）/驱动防滑系统（ASR）/电子稳定系统（ESP）故障诊断与维修

任务一　防抱死系统（ABS）故障诊断与维修

学习目标

（1）熟悉电控防抱死制动系统的基本组成与工作原理。

（2）熟悉电控防抱死制动系统主要部件的结构、工作过程和检修方法。

（3）掌握电控防抱死制动系统的检查方法、电控防抱死制动系统的正确使用与维护方法。

（4）熟悉电控防抱死制动系统常见故障的检修方法。

知识链接

一、防抱死系统（ABS）基本知识

汽车防抱死制动系统（Anti-locked Braking System，ABS）是一种安全控制制动系统，目前已经成为轿车的标准配置。ABS 既有普通制动系统的制动功能，又能防止车轮制动抱死，保证汽车制动时的方向稳定性，防止产生侧滑和跑偏，使车辆可以获得良好的制动性能、操纵性能和稳定性能，是汽车安全控制的一项重要内容。直线行驶的车辆，如果有 ABS，则制动时车轮不抱死，车辆的方向稳定性好，能够躲开障碍物，图 2-1（a）所示；若没有 ABS，则制动时车轮抱死，车辆出现制动跑偏或甩尾侧滑的现象，会碰到障碍物，如图 2-1（b）所示。

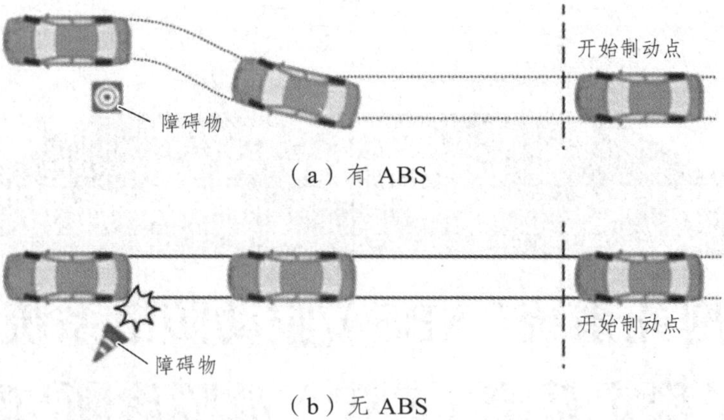

图 2-1　ABS 工作原理

（一）汽车制动性能

制动性能是汽车的主要性能之一。评价制动性能的指标主要有制动效能和制动稳定性。

1. 制动效能

制动效能，即制动距离、制动时间和制动减速度。由汽车理论可知，制动效能主要取决于制动力的大小和车轮与地面的纵向附着力。

2. 制动稳定性

制动时汽车的方向稳定性是指汽车在制动时仍能按指定方向的轨迹行驶，即不发生跑偏、侧滑或失去转向能力。汽车制动时的方向稳定性主要受车轮和地面间的横向附着力制约。

（二）制动时车轮的受力

汽车受到与行驶方向相反的外力时，才能从一定的速度制动到较小的车速或停车。这个外力只能由地面和空气提供，但由于空气阻力相对较小，所以实际上外力主要是由地面提供的，称之为地面制动力。地面制动力越大，地面制动减速度越大，制动距离也越短，所以地面制动力对汽车制动性具有决定性的影响。制动时汽车的受力如图 2-2 所示。

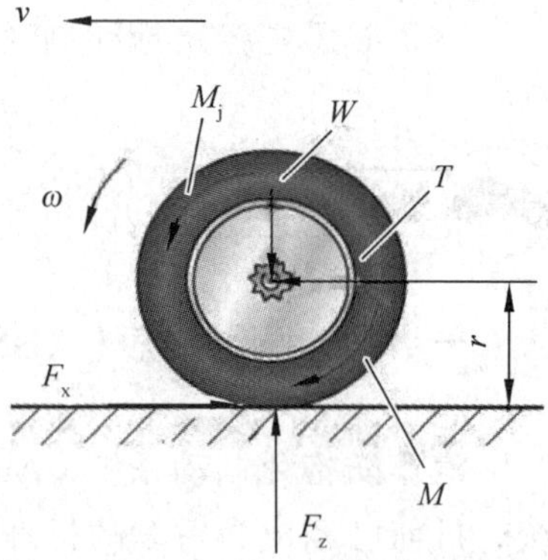

图 2-2　制动时汽车的受力分析

在制动过程中，车轮的运动只有减速滚动和抱死滑移两种状态。当制动摩擦力矩较小时，车轮只做减速滚动，随着摩擦力矩的增加，制动器制动力和地面制动力也随之增长，且在车轮未抱死时地面制动力始终等于制动器的制动力，即制动器制动力全部转化为地面制动力。地面制动力不可能超过地面附着力，当地面制动力达到附着力时，即地面制动力达到最大值。此时，车轮开始抱死不转而出现滑动现象。当再加大制动器摩擦力矩时，制动器制动力仍按线性关系继续上升，但是，地面制动力已不再随制动器制动力的增加而增加，车轮出现纯滑移状态。要想获得良好的制动效果，必须同时具备两个条件，即汽车具有足够的制动器制动力，同时又要有附着系数较高的路面提供足够的地面制动力。

（三）滑移率

1. 滑移率的定义

滑移率是指在制动过程中车速与车轮速度之差与车速的比值，用百分比来表示。

$$S=\frac{v-\omega r}{v}\times 100\%$$

式中 S——车轮的滑移率；

r——车轮的滚动半径；

ω——车轮的转动角速度；

v——车轮中心的纵向速度。

由上式可知，当车轮为纯滚动时，汽车的实际车速与车轮滚动时的圆周速度相等，滑移率为零，如图 2-3 所示；当车轮边滚动边滑动时，滑移率为 0～100%，如图 2-4 所示；当车轮处于抱死状态，而车身又具有一定的速度时，则滑移率为 100%，如图 2-5 所示。

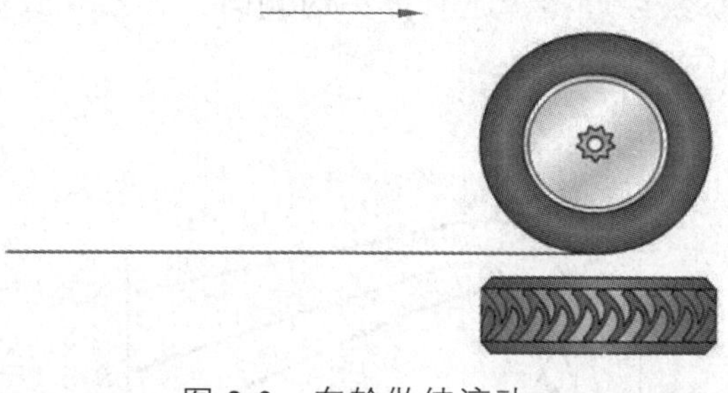

图 2-3 车轮做纯滚动

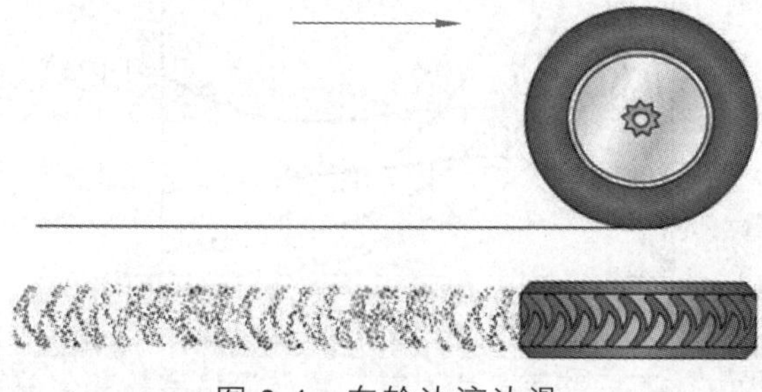

图 2-4 车轮边滚边滑

图 2-5　车轮抱死拖滑

2. 附着系数和滑移率的关系

车轮滑移率的大小对车轮与地面间附着系数有很大影响。附着系数随路面性质不同呈大幅度变化。一般说来，干燥路面附着系数大，潮湿路面附着系数小，冰雪路面附着系数更小。图 2-6 所示为不同路面条件时，附着系数与滑移率的变化关系。在不同路面上，附着系数都随滑移率的变化而变化，各曲线的趋势大致相同，只有积雪路面的滑移率在靠近 100%时会上升。为了方便说明附着系数和滑移率的关系，以典型的干燥、硬实路面上附着系数和滑移率的关系进行介绍，如图 2-7 所示。由图可知：在滑移率为 S_{opt}（20%左右）时纵向附着系数最大，制动时能获得的地面制动力也最大，汽车的制动效能最高。$0 \leqslant S \leqslant S_{opt}$ 称为稳定区域，$S_{opt} < S < 100\%$ 称为非稳定区域，S_{opt} 称为稳定界限。此外，随着滑移率的增加，横向附着系数减小，当车轮抱死时滑移率为 100%，横向附着系数接近零，此时很小的侧向力即会导致后轮侧滑或使前轮失去转向能力。

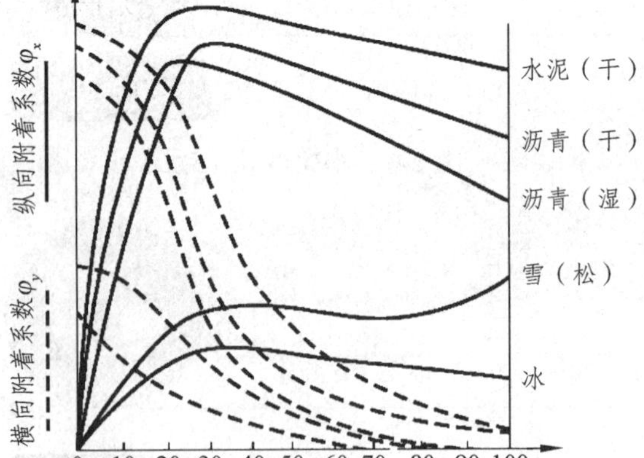

图 2-6　不同路面条件附着系数与滑移率的变化关系

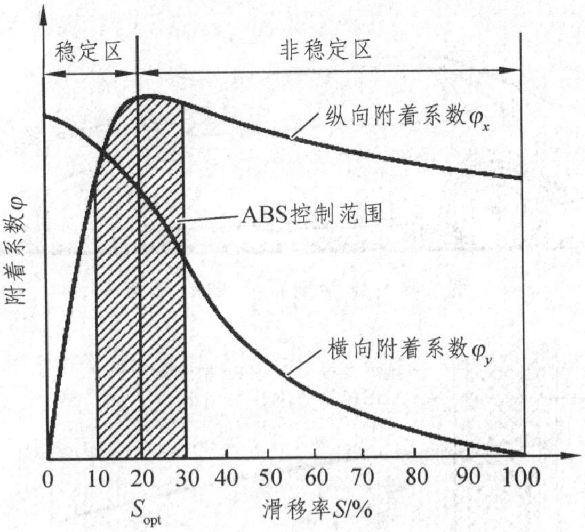

图 2-7 附着系数与滑移率的关系曲线

（四）防抱死系统（ABS）的特点

1. ABS 的优点

缩短制动距离。ABS 可以将滑移率控制在最大附着系数范围内，从而可获得最大的纵向制动力，使制动距离缩短。

延长轮胎的使用寿命。ABS 可以防止车轮抱死，从而避免了因制动车轮抱死造成的轮胎局部异常磨损，改善了轮胎的磨损状况，延长了轮胎的使用寿命。

提高汽车制动时的安全稳定性。ABS 可防止车轮在制动时完全抱死，能将车轮侧向附着系数控制在较大的范围内，使车轮具有较强的承受侧向力的能力，增强了转向控制能力，提高了汽车制动时的安全稳定性。

使用方便、工作可靠。ABS 的运用与常规制动系统的运用几乎没有区别，制动时驾驶员踩下制动踏板，ABS 就根据车轮的实际转速自动工作，使车轮保持在最佳工作状态。

2. ABS 的缺点

ABS 的缺点主要体现在以下两种特殊路面的情况下，ABS 不能提供最短的制动距离。

在松散的砾石路面、松土路面或积雪很深的路面上制动时，车轮抱死将更有利于汽车制动。因为在这些路面上，车轮抱死时将在汽车轮胎前形成楔形物，有助于汽车的制动，如图 2-8 所示。而 ABS 则会阻止这种楔形物的形成。

在平滑的干路面上制动。在平滑的干路面上，熟练驾驶员会比 ABS 更能使轮胎在逐步接近理想的滑移率范围内进行制动，如图 2-9 所示。但对于一般的驾驶员，或在不太理想的路况下，ABS 总是能使汽车在较短的距离内进行制动。

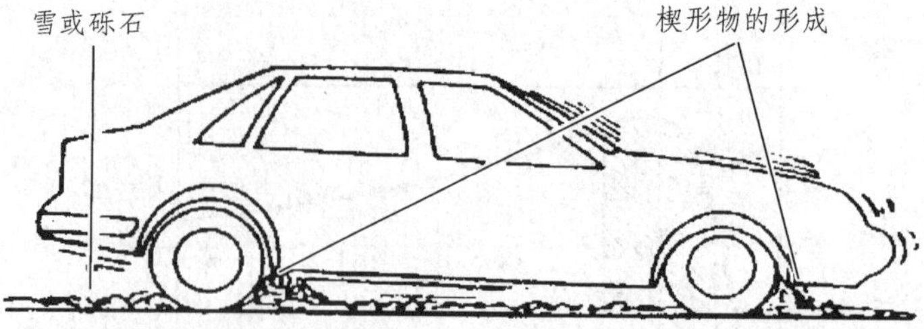

图 2-8　轮胎前楔形物的形成

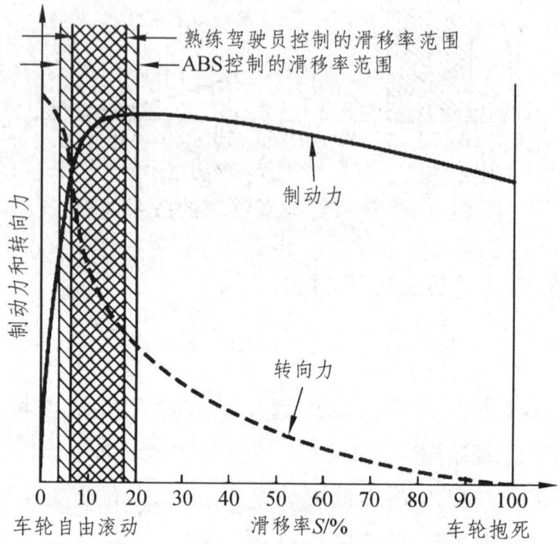

图 2-9　熟练驾驶员与 ABS 控制的滑移率范围的比较

二、防抱死系统（ABS）的基本组成与基本工作原理

（一）防抱死系统（ABS）的基本组成

如图 2-10 所示，ABS 系统通常由轮速传感器、制动压力调节器、电子控制单元（ABS ECU）和指示灯等组成。

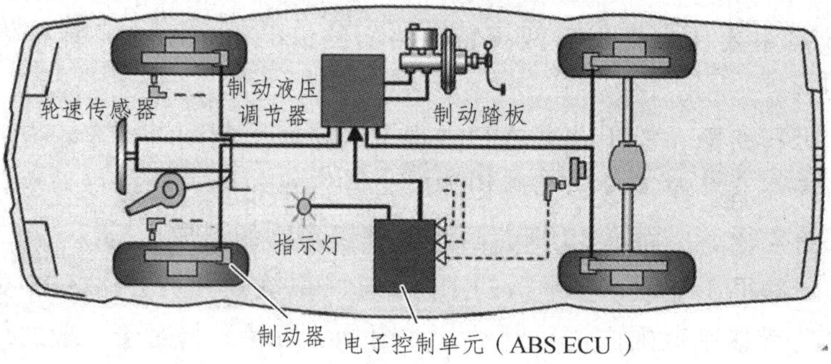

图 2-10　防抱死制动系统的组成

1. 传感器

ABS 采用的传感器包括轮速传感器、车速传感器和汽车减速度传感器。在各种控制方式的 ABS 系统中均有轮速传感器，它利用电磁感应原理（或霍尔原理）检测车轮速度，并把轮速信号转换成脉冲信号送至 ABS-EUC。一般轮速传感器般都安装在车轮上。有些后轮驱动的车辆，检测后轮速度的传感器安装在差速器内，通过后轴转速来检测，故又称之为轴速传感器。轮速传感器如图 2-11 所示，轮速传感器安装位置如图 2-12 所示。

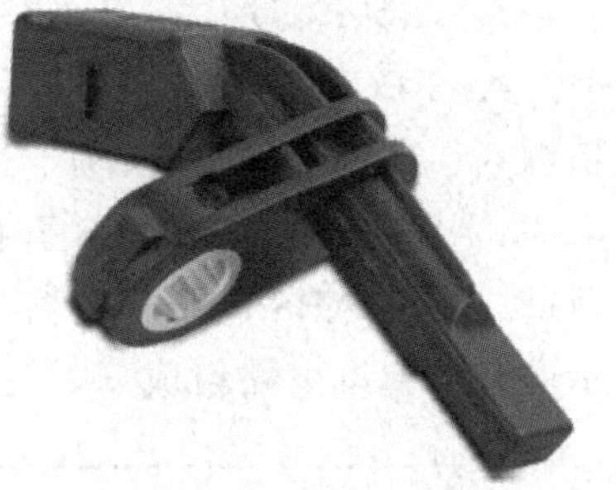

图 2-11　轮速传感器

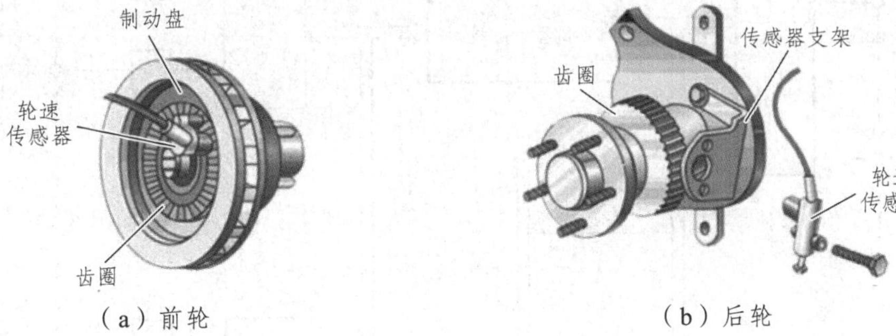

图 2-12　轮速传感器安装位置

2. 执行机构

ABS 执行机构主要指制动压力调节器，如图 2-13 所示。制动压力调节器根据 ABS ECU 指令来调节各车轮制动器的制动压力。不同制动系统的 ABS 所采用的制动压力调节器也不同，根据动力来源可分为气压式（一般用于大型的货车或客车）液压式（目前被广泛使用）；根据结构关系可分为整体式（制动压力调节器与制动主缸结合为一个整体）和分离式（调节器与主缸分别是独立的总成）；根据调压方式分为循环式（通过电磁阀直接控制轮缸制动压力）和可变容积式（通过一套液压装置来控制轮缸制动压力的增减）。制动压力调节器由多种部件组合而成。由于制动压力调节器的种类较多，其结构各不相同，但其中的主要组成部件的结构和工作原理基本相同。

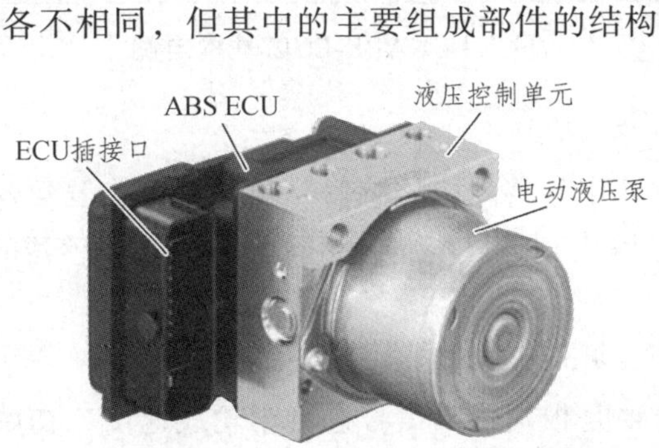

图 2-13　制动压力调节器

3. ABS-ECU

ABS-ECU 接收传感器信号，比较各轮转速和汽车行驶速度，在判断各车轮的滑移情况后，向 ABS 执行机构下达指令来调节各车轮制动器的制动压力。当 ABS 出现故障时，ABS-ECU 点亮 ABS 警报灯，同时切断通往执行机构的电源，使 ABS 停止工作。目前，各种 ABS 电子控制器的内部电路及控制程序并不相同，但大致都由图 2-14 所示的几个基本电路组成。

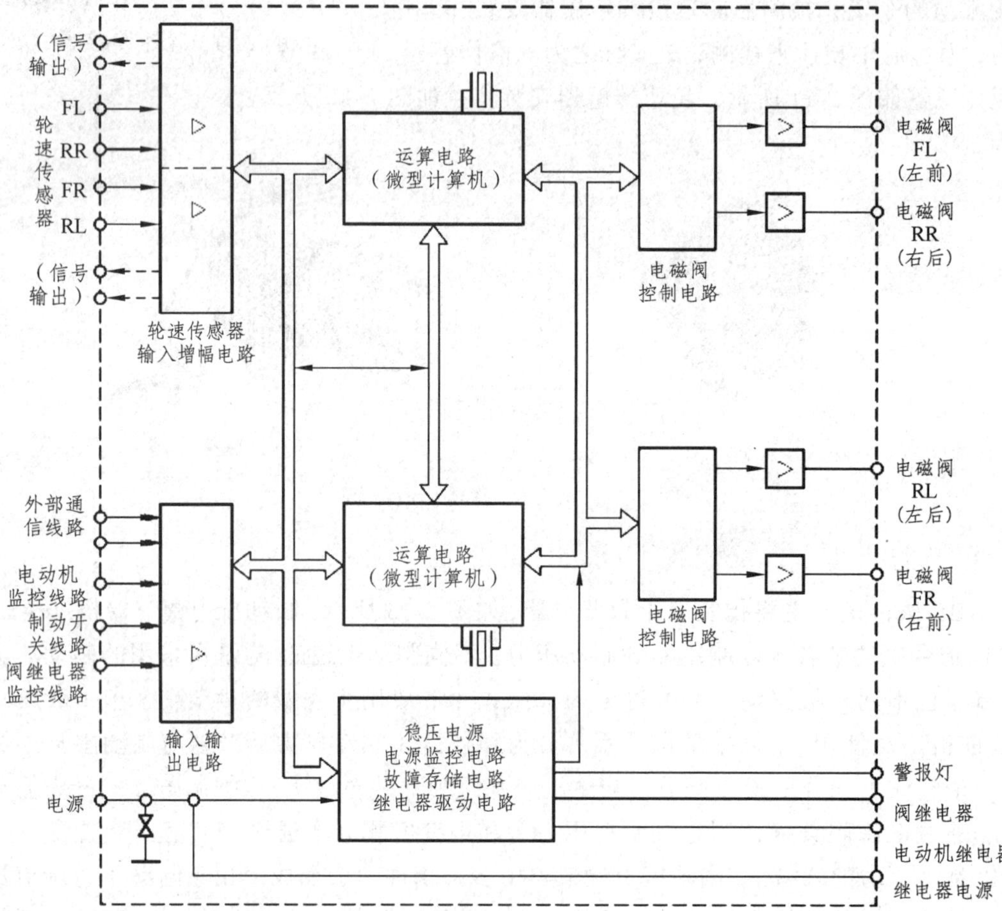

图 2-14　ABS-ECU 基本电路

（1）传感器输入电路。

传感器输入电路的功用是将轮速传感器、减速度传感器及各种开关信号进行预处理和模/数转换等，然后输入到运算电路。不同的 ABS，传感器的数量不同，输入级放大电路的个数也不同。

（2）运算电路。

运算电路的功用主要是根据输入信号进行车轮线速度、初始速度、滑移率、加速度和减速度，以及调节电磁阀控制参数和监控运算。

ECU中一般设有2套运算电路，这2套运算电路同时进行运算和数据传递，利用各自的运算结果相互比较、相互监视，确保可靠性。

（3）电磁阀控制电路。

电磁阀控制电路的功用是接收运算电路输入的电磁阀控制参数信号，通过控制大功率三极管，向电磁阀提供控制电流。

（4）安全保护电路。

安全保护电路包括稳压电源、电源监控电路、故障反馈电路和继电器驱动电路等。其主要作用是将汽车电源提供的12 V电压变为ECU内部所需的5 V标准稳定电压，监控12 V和5 V电压是否在规定范围内，并对输入电路、运算电路和电磁阀控制电路的反馈信号进行监视。当监测到ABS出现故障时，关闭各电磁阀，停止ABS工作，返回常规制动状态，同时点亮仪表板上的ABS警告灯，提醒驾驶员注意ABS的故障，并将故障信息以故障码的形式储存在存储器中，以便诊断时调取。

4. 故障指示灯

ABS系统带有两个故障指示灯，一个是红色制动故障指示灯，另一个是琥珀色（黄色）ABS故障指示灯（见图2-15）。两个故障指示灯正常闪亮的情况如下：当点火开关打开时，红色制动灯与琥珀色ABS灯几乎同时亮，制动灯亮的时间较短，ABS灯会亮的长一些（约3 s）；起动汽车发动机后，蓄压器要建立系统压力，此时这两个灯会再亮一次，时间可达十几秒甚至几十秒钟。红色制动灯在停车驻车制动时也应亮。如果在上述情况下灯不亮，就说明故障指示灯本身及线路有故障。红色制动故障指示灯常亮，说明制动液不足或蓄压器中的压力下降（低于14 MPa），此时普通制动系统与ABS均不能正常工作，要查明故障原因并及时排除。琥珀色ABS故障指示灯常亮，说明电控单元发现ABS系统中有问题，要及时检修。

图2-15 ABS故障灯

（二）防抱死系统（ABS）的基本工作原理

汽车在制动过程中，车轮转速传感器不断把各个车轮的转速信号及时输送给ABS电子控制单元（ECU），ABS ECU根据设定的控制逻辑对4个转速传感器输入的信号进行处理，计算汽车的参考车速、各车轮速度和减速度，确定各车轮的滑移率。如果某个车轮的滑移率超过设定值，ABS ECU就发出指令控制液压控制单元，使该车轮制动缸中的制动压力减小；如果某个车轮的滑移率还没达到设定值，ABS ECU就控制液压单元，使该车轮的制动压力增大；如果某个车轮的滑移率接近设定值，ABS ECU就控制液压控制单元，使该车轮制动压力保持一定。从而使各个车轮的滑移率保持在理想的范围之内，防止4个车轮完全抱死。在制动过程中，如果车轮没有抱死趋势，ABS系统将不参与制动压力控制，此时制动过程与常规制动系统相同。如果ABS出现故障，电子控制单元将不再对液压单元进行控制，并将仪表板上的ABS故障警告灯点亮，向驾驶员发出警告信号，此时ABS不起作用，制动过程将与没有ABS的常规制动系统的工作相同。这种形式的ABS是在汽车原有的制动管路中串联电磁阀，直接控制压力的增减。下面就调节器的工作过程做说明。

1. 循环式调节器工作过程

（1）常规制动过程。

常规制动时电磁阀不通电，柱塞处于图2-16所示的位置，主缸和轮缸是相通的，主缸可随时控制制动压力的增减。这时，液压泵不需要工作。

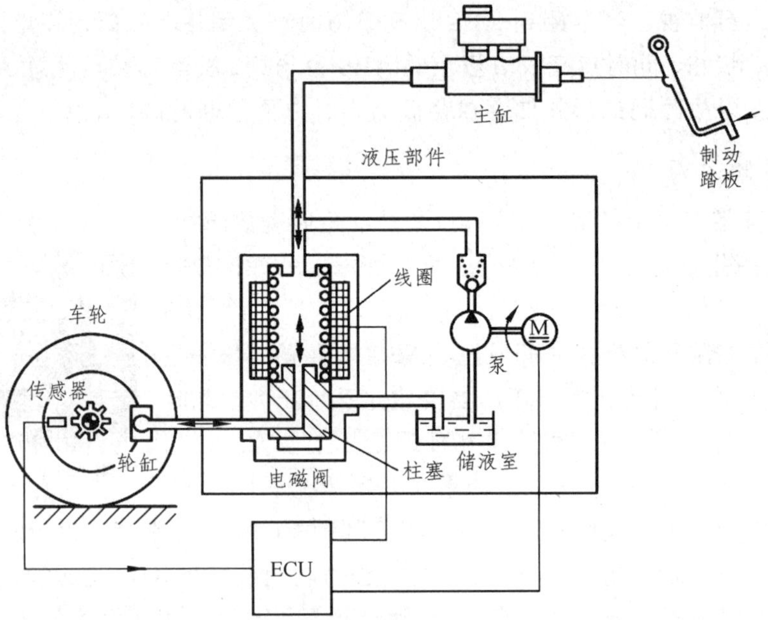

图2-16　常规制动过程

（2）减压过程。

当电磁阀通入较大的电流时，柱塞移至上端，主缸和轮缸的通路被截断，轮缸和液压油箱接通，轮缸的制动液流入液压油箱，制动压力降低。与此同时，驱动电动机启动，带动液压泵工作，把流回液压油箱的制动液加压后输送到主缸，为下一个制动周期做好准备，如图2-17所示。

这种液压泵叫再循环泵。它的作用把减压过程中由轮缸流回的制动液送回高压端，这样可以防止ABS工作时制动踏板行程发生变化。因此，在ABS工作过程中液压泵必须常开。

（3）保压过程。

给电磁阀通入较小的电流时，柱塞移至图2-18所示的位置，所有的通道都被截断，所以能保持制动压力。

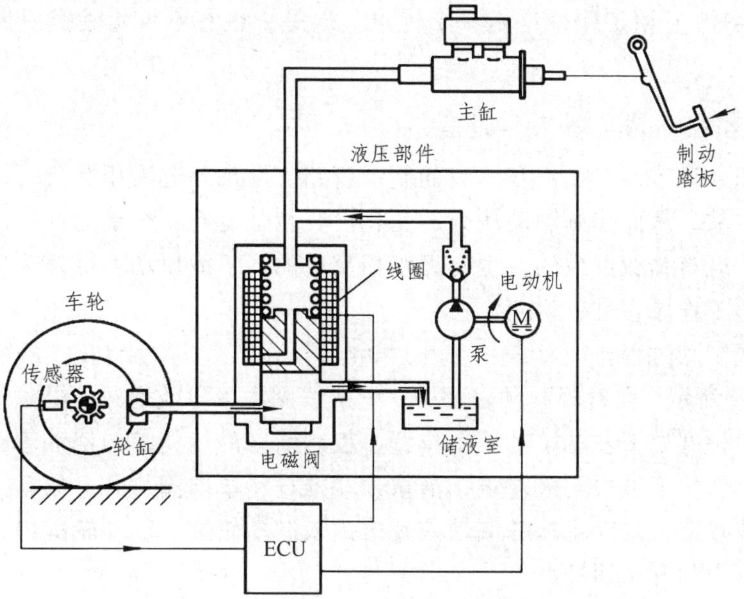

图 2-17　减压过程

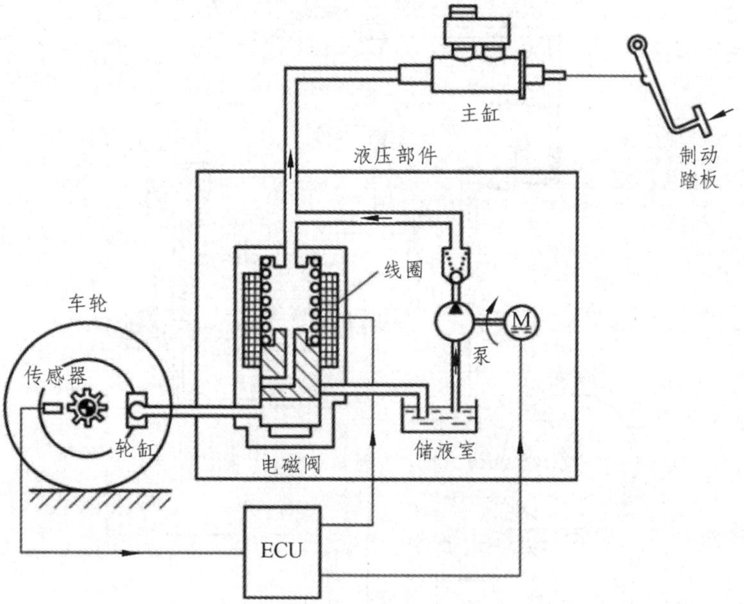

图 2-18　保压过程

（4）增压过程。

电磁阀断电后，柱塞又回到图 2-16 所示的初始位置。主缸和轮缸再次相通，主缸端的高压制动液（包括液压泵输出的制动液）再次进入轮缸，增加了制动压力。增压和减压速度可以直接通过电磁阀的进出油口来控制。

直接控制式液压装置结构简单、灵敏性好，高压制动液返回主缸时，或增压过程制动液从主缸流回瞬间，制动踏板行程均会发生变化（踏板反应）。这种反应能让驾驶员知道 ABS 开始工作，这是一个优点。但是，也有不少驾驶员对踏板反应有不舒适感。

2. 可变容积式调节器工作过程

可变容积式调节器是在汽车原有的制动管路上增加一套液压装置，用它控制制动管路容积的增减，从而控制制动压力的变化。其特征是有一个动力活塞。这种方式随结构的不同，既有踏板反应的，也有无踏板反应的。下面以动力活塞为主，对可变容积式调节器的工作原理进行说明。

（1）常规制动过程。

如图 2-19 所示，在常规制动过程中，电磁线圈中无电流通过，电磁阀柱塞在复位弹簧作用下使柱塞处于左端（升压）位置，控制活塞的工作腔与回油管路接通，控制活塞在弹簧的作用下被推至最左端，活塞顶端推杆将单向阀打开，制动主缸与制动轮缸的制动管路接通，制动主缸的制动液直接进入制动轮缸，制动轮缸内制动液的压力随制动主缸压力的升高而升高。

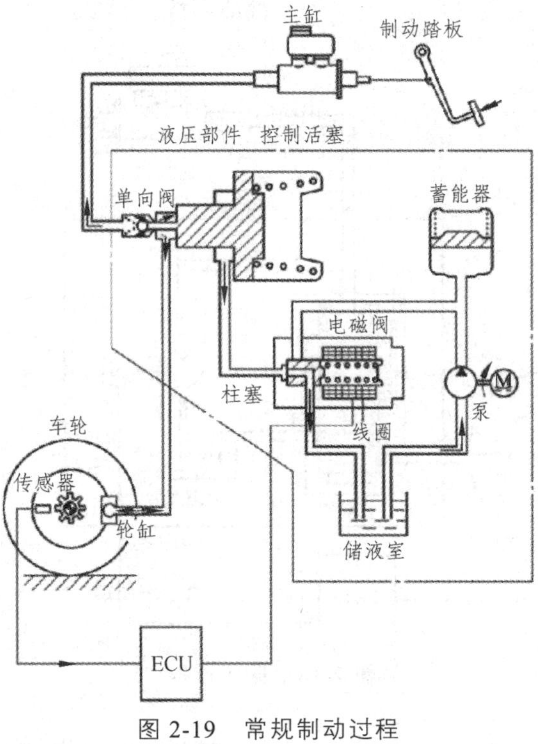

图 2-19　常规制动过程

（2）减压过程。

减压过程如图 2-20 所示，动力活塞右移，单向阀关闭，主缸和轮缸之间的通路被切断。当电磁阀通入较大的电流时，电磁阀内的柱塞移到右边，储能器中储存的高压液体通过管路作用在动力活塞的左侧，产生一个与弹簧力方向相反的作用力。图中 V_1

是轮缸侧的管路容积，与图 2-19 相比，因动力活塞右移而使轮缸侧容积增加了 V_2，制动压力的减少量决定于轮缸侧管路容积的增加量。

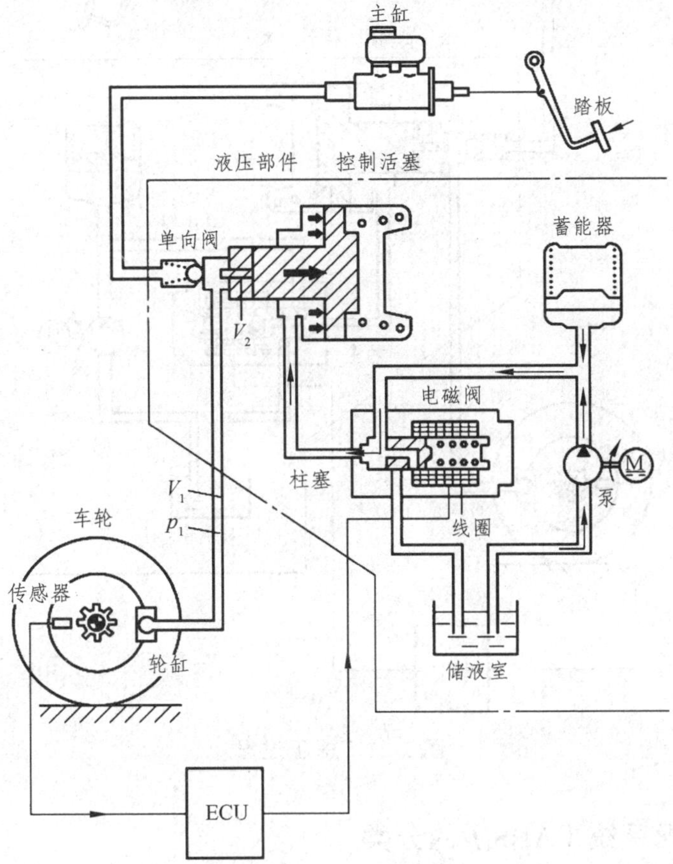

图 2-20　减压过程

（3）保压过程。

如图 2-21 所示，给电磁阀通入较小的电流，电磁阀柱塞移到左边，作用在活塞左侧的液压得以保持，动力活塞两端承受的作用力相等。因此动力活塞静止不动，管路容积也不发生变化，能够保持制动压力。

（4）增压过程。

需要增压时，ECU 切断电磁线圈中的电流，使控制活塞工作腔与回油管路接通，控制活塞左侧控制油压解除，控制活塞在弹簧弹力的作用下左移，轮缸侧容积减小，压力升高。当控制活塞移至最左端时，单向阀被打开，制动轮缸与制动主缸油路接通，制动轮缸内的制动液压力将随制动主缸压力的增加而增大。

这种方式的特点是通过改变电磁阀柱塞的位置来控制动力活塞的移动，改变缸侧管路容积，利用这种变化间接地控制制动压力的增减。其制动压力的增减速度取决于动力活塞的移动速度。

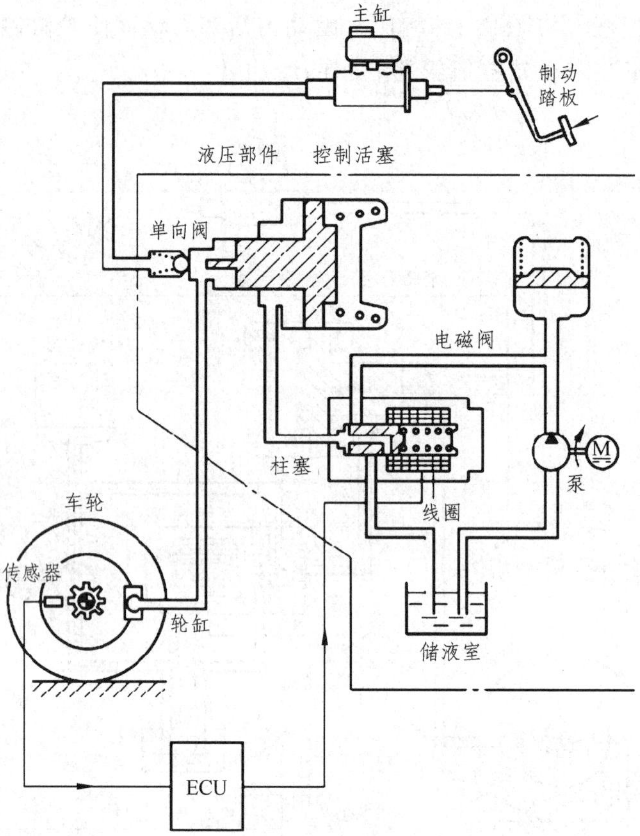

图 2-21 保压过程

三、防抱死系统（ABS）的分类

德国博世公司早在20世纪70年代末就将自己研究生产的博世ABS系统应用在梅赛德斯·奔驰系列车上；并于80年代末90年代初广泛应用于通用公司生产的各种系列车型上。尽管不同公司产生的ABS系统的类型不同，但它们都有相同的基本组成和基本工作原理，区别在于电子控制单元及控制线路不同。

控制方式主要是指控制通道的控制方式和传感器数目。控制通道是指能够独立进行制动压力调节的制动管路。如果1个车轮的制动压力占用1个控制通道，可以进行单独调节，称为独立控制；如果2个车轮的制动压力是一同调节的，称为一同控制。2个车轮一同控制时有2种方式：一种是低选原则一同控制，即按照保证附着系数较小，车轮不发生抱死为原则进行制动压力调节控制；另一种是高选原则一同控制，即按照保证附着系数较大，车轮不发生抱死为原则进行制动压力调节控制。按低选原则一同控制较常见。

ABS根据控制通道的控制方式和传感器数目的不同会有多种组合类型，主要有四传感器四通道/四轮独立控制、四传感器四通道/前轮独立-后轮选择控制、四传感器三通道/前轮独立-后轮低选择控制、三传感器三通道/前轮独立-后轮低选择控制、四传感器二通道/前轮独立控制、四传感器二通道/前轮独立-后轮低选择控制、一传感器一通道/后轮近似低选择控制等类型。

（一）四传感器四通道/前轮独立-后轮选择控制方式

四传感器四通道/前轮独立-后轮选择控制方式如图 2-22 所示，该系统前轮独立控制，而后轮选择控制，一般采用低选择控制，即以易抱死车轮为标准。给两后轮施加相等的制动压力控制车轮转动。此种控制方式用于 X 形制动管路的 ABS 控制系统，因为左右后轮不是同一制动管路，因此需要采用 4 个通道。此种形式的操纵性、稳定性较好，但制动效能稍差。

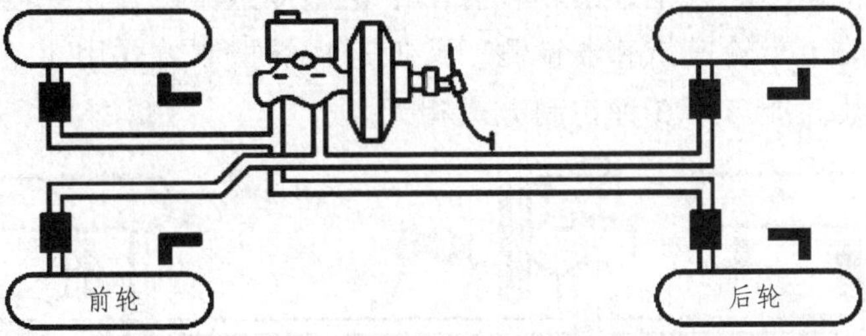

图 2-22　四传感器四通道/前轮独立-后轮选择控制

（二）四传感器四通道/四轮独立控制方式

四传感器四通道/四轮独立控制方式如图 2-23 所示。此控制方式是通过各轮速传感器的信号分别对各车轮制动压力进行单独控制，制动距离和操纵性最好，但在附着系数不对称路面上制动时的方向稳定性较差，其原因是此时同一轴上左右车轮的制动力不同，使汽车产生较大偏转力矩而产生制动跑偏。

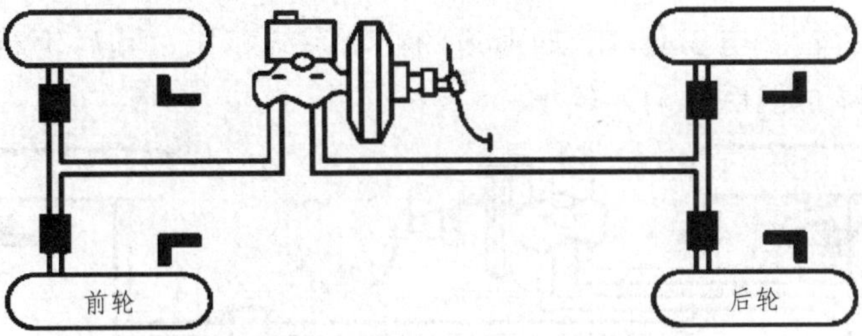

图 2-23　四传感器四通道/四轮独立控制

（三）四传感器三通道/前轮独立-后轮低选择控制方式

四传感器三通道/前轮独立-后轮低选择控制方式如图 2-24 所示，该系统用于制动管路前后布置形式的后轮驱动汽车。由于采用 4 个轮速传感器，检测左右后驱动轮的轮速，实现低选择控制方式，因此其性能与第 1 种控制方式相同，操纵性、稳定性较好，但制动性能稍差。

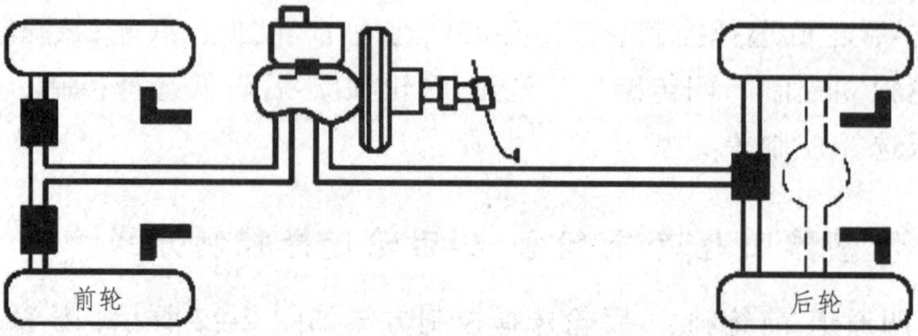

图 2-24　四传感器四通道/四轮独立控制

（四）三传感器三通道/前轮独立-后轮低选择控制方式

三传感器三通道/前轮独立-后轮低选择控制方式如图 2-25 所示。该系统用于制动管路前后布置后轮驱动的汽车，前轮各有 1 个轮速传感器，独立控制。而后轮轮速则由装于差速器上的 1 个轮速传感器检测，按低选择的控制方式用 1 条制动管路对后轮进行制动控制，其性能与第 3 种控制方式相近。

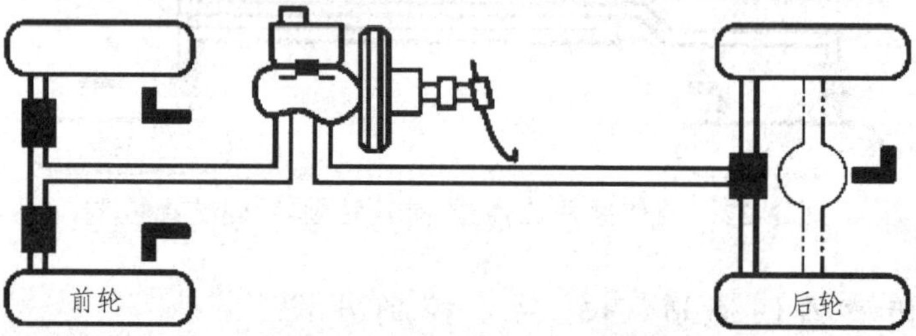

图 2-25　四传感器四通道/四轮独立控制

（五）四传感器二通道/前轮独立控制方式

四传感器二通道/前轮独立控制方式如图 2-26 所示，该控制方式多用于 X 形制动管路汽车的简易控制系统。前轮独立控制，制动液通过比例阀（PV 阀）按一定比例减压后传至对角后轮。与三通道、四通道的控制系统相比，其后轮制动力稍有降低，制动效能稍有下降，但后轮侧滑较小。

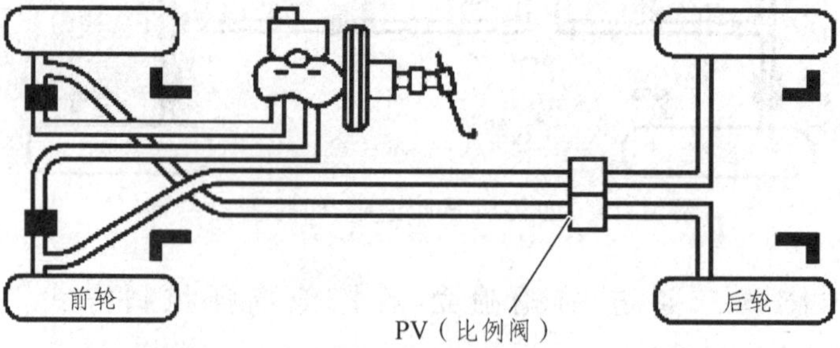

图 2-26　四传感器二通道/前轮独立控制系统

（六）四传感器二通道/前轮独立-后轮低选择控制方式

四传感器二通道/前轮独立-后轮低选择控制方式如图 2-27 所示，该系统在通往后轮的两通道上增设一个低选择阀（SLV 阀）。此种控制方式更接近三通道或四通道的控制效果。

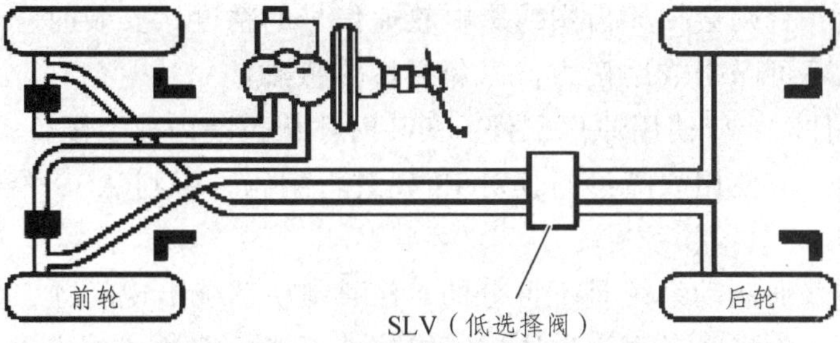

图 2-27　四传感器四通道/四轮独立控制

（七）一传感器一通道/后轮近似低选择控制方式

一传感器一通道/后轮近似低选择控制方式如图 2-28 所示，该控制方式用于制动管路前后布置的汽车，只对后轮进行控制。1 个传感器装于后桥差速器上，只对后轮采用近似低选择的控制方式。由于前轮无控制，故易抱死，转向操纵性差，制动距离较长。

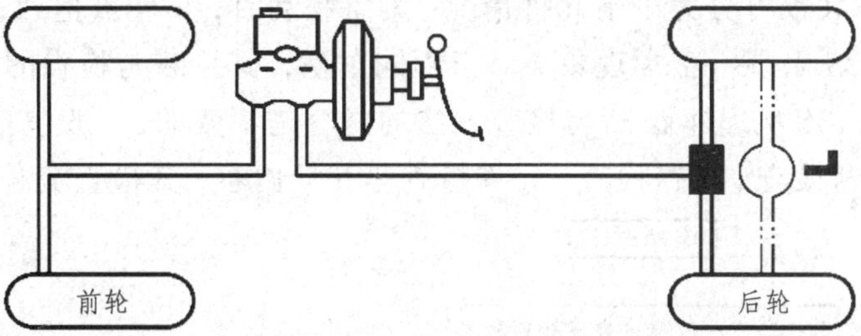

图 2-28　一传感器一通道/后轮近似低选择控制

故障检修

一、防抱死系统（ABS）检修注意事项

（1）ABS ECU 对过电压、静电非常敏感，维修中稍有不慎就会损坏 ECU 中的芯片，造成整个 ABS 的损坏。因此，在点火开关接通时，不要插拔 ABS 的连接器；插拔 ECU 上的连接器应做好防静电措施；一定要先断开 ECU 连接器，再在车上进行焊接操作。

（2）维修 ABS 液压控制装置（如制动压力调节器的各部件、制动分泵、蓄能器、电动液压泵、制动液管路等）时，一定要按规定程序释放 ABS 的压力（蓄能器可能存储了高达 18 MPa 的压力），然后再按规定进行修理，以免高压制动液喷出伤人。

卸压的方法：关闭点火开关，然后反复踩制动踏板 20 次以上，直到感觉踩制动踏板力明显增加（无液压助力）时为止。

（3）液压制动系统维修作业完成后，应使用专用制动液充放机和故障诊断仪配合，对系统进行加液和排气。

（4）拆卸时注意不要碰伤传感器头，不允许敲击轮速传感器的齿圈，不要将传感器齿圈当作撬面，否则会损坏齿圈或影响轮速信号的精度。安装时应先涂覆防锈油，并且只能压装，不可敲击或用蛮力，以免损坏传感器。

（5）更换元件时，应使用原厂配件，安装时才从包装内取出配件。更换 ECU 或制动压力调节器后，应使用故障诊断仪对 ECU 进行编码，否则 ABS 警告灯将点亮，系统不能正常工作。

（6）ABS 与普通制动系统是不可分的，普通制动系统出现问题，ABS 系统就不能正常工作。因此，要将两者视为整体进行维修，不能只把注意力集中于传感器、ECU 和液压调节器上。

（7）在进行 ABS 诊断、检查时，只要能正确使用检测仪等专业工具，按照维修手册中给出的故障诊断图表准确地找出故障点即可，可不必拘于检查的形式和步骤。

二、ABS 检修的基本方法

ABS 的故障大致可分为以下几种情况：紧急制动时，车轮被抱死；制动效果不良；警告灯亮起；ABS 出现不正常现象。对于不同车型，其诊断与检查的方法和程序都会有所不同，但是 ABS 的基本诊断与检查方法的内容是不变的，一般包括听取用户反馈、初步检查、自诊断检查、线路检查、元件检查等几项内容，其检查流程如图 2-29 所示。

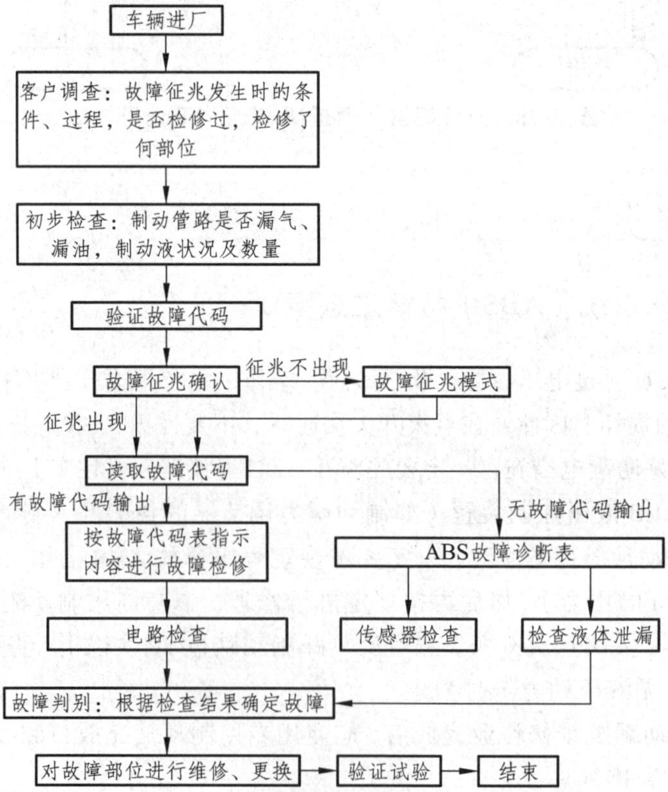

图 2-29　ABS 故障检查与诊断流程

（一）听取用户反馈

通过用户的反馈意见，可以了解防抱死制动系统是否真的存在故障、在什么情况下发生故障、故障发生的现象等与故障相关的重要信息，以帮助了解、分析和判断故障的部位，确定诊断从哪里开始。防抱死制动系统是较新的汽车电控技术，有时用户的反馈可能属于正常的工作情况，如紧急制动时踏板颤动，在制动或者启动 ABS 自检系统时发出声音等。

（二）初步检查

在听取用户的反馈后，应对系统进行初步检查。初步检查是对容易出现的故障且检查方法又很简单的部位先行检查，确定无异常后，再做系统检查，对迅速排除故障有利。

（1）检查储液室是否液面过低、液压装置是否外部泄漏及制动主缸工作是否正常。

（2）检查驻车制动器是否完全放松以及驻车开关功能是否正常，视具体情况进行维修或调整。

（3）检查 ABS 熔断丝是否熔断，找出熔断丝烧坏的原因，并更换熔断丝。

（4）检查导线及连接器是否有破损或连接器松动现象，若有则更换导线和插好各连接器。

（5）检查所有的继电器、熔断器是否完好，插接是否牢固。

（6）检查蓄电池电压是否在规定的范围内，检查蓄电池正、负极导线的连接是否牢靠，连接处是否清洁。

（7）检查 ABS 控制单元、液压控制装置等的搭铁端是否接触良好。

（8）检查车轮胎面纹槽的深度是否符合规定。

（三）自诊断检查

如果通过初步检查不能确定故障位置，就可转入故障自诊断进行故障检查。在进行自诊断前，可通过初步路试来判断是常规制动系统故障还是 ABS 故障。其方法如下：拆下 ABS 继电器线束插接器或 ABS 制动压力调节器电磁阀线束插接器，使 ABS 制动压力调节器电磁阀不能通电工作，让汽车以普通制动器工作方式制动，如果故障现象消失，则说明是 ABS 电子控制系统有故障；否则，为 ABS 机械部分的故障。

（1）ABS 的自检。当点火开关接通，ABS ECU 就会对电源电压、控制电压和电磁阀线圈、轮速传感器、ECU 编码等外部电路和项目进行自检。如果上述自检过程中发现 ABS 工作异常，ECU 就停止使用 ABS。这时，制动警告灯亮起，并储存故障码。汽车仪表板上有两个制动警告灯，其中一个是黄色灯，称为 ABS 灯，另一个为红色制动警告灯。制动警告灯由制动液压力开关和液面开关及手制动灯开关控制。当红色制动警告灯亮起时，可能是制动液不足、蓄能器的制动液压过低或是驻车制动器开关有问题等。这时，ABS 和普通制动系统均不能正常工作，应停车检查故障原因，及时排除故障。如果只是黄色 ABS 灯常亮，则说明 ABS ECU 发现 ABS 有故障，汽车制动时将无防抱死功能，因此也要及时检修。正常情况下，点火开关打开，ABS 故障警告灯和制动警告灯应闪亮约 2 s，一旦发动机运转起来，驻车制动杆在释放位置，两个警告灯应熄灭，否则说明 ABS 有故障。可利用两灯的闪亮规律，初步判断出系统发生故障的部位。ABS 系统常见故障诊断见表 2-1。

表 2-1　ABS 系统常见故障诊断表

故障类型	检查内容及顺序	故障位置及检查调整
紧急制动时，车轮被抱死	ABS 故障指示灯点亮	按故障代码处理
	拉起手制动杆，ABS 故障指示灯不亮	检查：（1）手制动开关；（2）制动开关；（3）ABS 故障指示灯灯泡
	查看故障代码显示器，有代码显示	ECU 的 PL 端子和 ABS 故障指示灯之间断路
	打开点火开关，3 s 后，检查电磁控制阀是否有响声（检查时不可踩下制动踏板）	检查 ECU 的+B 端子和车身之间是否有电压，没有电压则为电路故障，否则查看 ECU 的 E1 端子是否搭铁
	在正、负极之间电压低于 12 V	蓄电池故障，更换或充电
	踩下制动踏板后，在 ECU 的 STR 和 E 端子之间没有 8～14 V 电压	检查：（1）ABS 故障指示灯开关；（2）ABS 故障指示灯开关线路
	检查速度传感器和电磁控制阀	如有不正常搭铁，查清修理
	检查电磁控制阀是否正常	不正常，则拆下修理
行驶过程或放开手制动，ABS 故障指示灯亮	停车时 ABS 故障指示灯不亮	电磁阀故障，检查电磁阀
	检查制动液量	制动液不足时，重新加足
	检查停车灯	工作不正常时，检查线路，更换灯泡
	放开手制动器，踩下制动踏板，ABS 故障指示灯不灭	查看故障代码，如果没有则是 ECU 故障
	将 ECU 同系统断开，ABS 故障指示灯仍不熄灭	检查：（1）手制动器开关；（2）制动液量开关；（3）ABS 故障指示灯线路；（4）传感器是否失效
	在 ECU 的 B 和 E 端子之间的电压不足 10 V	检查电路和蓄电池
	点火开关置于“ON”时，ABS 故障指示灯在 3 s 内点亮	检查：（1）ABS 故障指示灯开关；（2）ABS 故障指示灯线路；（3）电磁控制阀
制动效果不佳，防抱死操作不正常	检查轮胎尺寸，胎压及磨损状况	不正常则应修理或更换
	检查蓄电池的电压	电压如果不足 12 V，则应充电
	检查制动管路	不正常时，修理或更换
	未踩下制动踏板时，检查 ECU 的 STR 端子和车身之间是否有电压	如果有电压，则查看 ABS 故障指示灯开关及其线路是否正常
	检查车速传感器和传动齿轮	不正常时，修理或更换
	检查车速传感器和制动轮毂的齿面	不正常时，修理或更换

（2）故障码诊断。ABS系统用某种符号记录故障并将其存入电控单元中的存储器中，这种符号通常是阿拉伯数字或英语字母或它们的组合，即故障代码。故障代码的含义随车型的不同而异，修理技术人员可在维修手册中查寻。例如，用元征431读取大众ABS的故障码是由字母p和数字组成，详尽的故障码内容给其自身的维修带来了很大的方便。车型不同，故障码的显示方式也不同，可通过ABS故障警告灯或ABS ECU上的发光二极管（LED）闪烁显示故障码；也可采用专用的故障检测仪器读取故障码，目前多采用后一种方法。

（3）故障码的读取与清除。将故障诊断仪与车辆上的故障自诊断插接口相连，根据提示操作故障诊断仪，通过显示屏来读取故障码。故障码能够显示故障的性质和范围，维修人员可根据故障码的提示，迅速、准确地确定故障的性质和部位，有针对性地检查有关部位、元件和线路，将故障排除。表2-2所示为某轿车ABS部分故障码的内容。

表2-2　某轿车ABS故障码

显示屏显示	可能的故障原因	故障排除方法
00668 汽车30号线终端电压信号超差	电压供应线路、连接插头、熔断丝故障	检查ECU供电线路、熔断丝和连接插头
01276 ABS液压泵（V64）信号超差	电动机与ECU连接线路对正极或对地短路、断路；液压泵电动机故障	检查线路，进行执行元件诊断
65535 ECU	ECU故障	更换ECU

（四）快速检查

快速检查法是用数字万用表和一些相应设备在ABS电路规定的地方进行连续的检测，以查找故障的方法。在自诊断过程中，如果发现有故障代码读出，这时就可进一步用快速检查法，迅速明确故障的性质，为故障的排除打下基础。快速检查法可用接线盒与ABS导线相连。如果对系统很熟悉，可在电控单元插头拔下后连接导线的一端直接测量。为了能快速判断故障位置，可以参照维修手册中的测量图表（见表2-3，它实质是快速检查表）。此表使用比较简单，如检查右后轮（表中是RR）传感器电阻时，用数字万用表测量接线盒上6和23两点，如果测量的数据在800～1 400 Ω（具体数据以实车维修手册为准），说明传感器正常，否则说明传感器有问题，可对传感器做进一步检查。注意，快速检查方法不能测量出系统间歇出现的故障。

表 2-3　快速检查表

检查内容		点火开关状态	测量单位	说明与数据
蓄电池		ON	V	正常电压①10 min 不变
主电源继电器		OFF	Ω	40～105 Ω
		ON	V	正常电压①10 min 不变
从主电源继电器到电源		ON	V	正常电压①10 min 不变
主电源电路		OFF	是否导通	导通
车轮速度传感器电阻	（RR）	OFF	kΩ	800～1 400 kΩ
	（LF）	OFF	kΩ	800～1 400 kΩ
	（LR）	OFF	kΩ	800～1 400 kΩ
	（RF）	OFF	kΩ	800～1 400 kΩ
主控制阀电阻		OFF	Ω	2～5.5 Ω
输入或输出电磁阀		OFF	是否导通	导通
		OFF	Ω	5～8 Ω
		OFF	Ω	5～8 Ω
		OFF	Ω	5～8 Ω
		OFF	Ω	3～6 Ω
		OFF	Ω	3～6 Ω
		OFF	Ω	3～6 Ω
制动液缺少警告（浮子在油箱底部）		ON	Ω	<5 Ω
		OFF	Ω	∞
车轮速度传感器电缆线与外部的屏蔽线	（RR）	OFF		不通
	（LF）	OFF	是否导通	不通
	（LR）	OFF	是否导通	不通
	（RF）	OFF	是否导通	不通
车轮速度传感器电压	（RR）	OFF②	交流 mV 挡	50～700 mV
	（LF）	OFF②	交流 mV 挡	50～700 mV
	（RF）	OFF②	交流 mV 挡	50～700 mV
	（RF）	OFF②	交流 mV 挡	50～700 mV

注：① 正常电压是 12 V；

② 更准确的测量应是车轮以 7.2～8 km/h 的速度旋转。

三、常规检查与故障诊断维修案例

（一）ABS 常规检查

1. 轮速传感器检查

轮速传感器可能出现的故障有：感应线圈短路、断路或接触不良等；齿圈脏污或损坏；信号探头部分安装不牢或磁极与齿圈之间有脏污等。具体检查方法如下。

（1）检测信号电压及波形。顶起前轮，松开驻车制动器，拆下 ABS 电线束，在线束插接器处测量。当车轮转动时，用电压表交流电压挡测量其信号电压值，电压值应随车轮转速的增加而升高，一般情况下，应在 2 V 以上。用示波器检测传感器输出信号电压的波形，正常的信号电压波形应是均匀稳定的正弦电压波形。如果信号电压及波形有异常，应拆下传感器做进一步检查。

（2）检查传感器感应线圈的电阻值。用万用表 20 kΩ 挡检查传感器电阻值，一般为 1.0 ~ 1.3 kΩ。如果电阻过大或过小，均说明传感器不良，应更换。

（3）检查传感器外观及间隙。检查传感器导线及插接器有无松脱，探头及齿圈有无损坏及脏污，如果有应进行固定、更换或清理。在齿圈上取 4 点检查齿圈与轮速传感器信号探头之间的间隙，标准值为前轮 1.10 ~ 1.97 mm，后轮 0.42 ~ 0.80 mm。如果间隙不符合标准，检查传感器探头、齿圈是否松动，车轮轴承是否损坏。

2. ABS 制动压力调节器检查

制动压力调节器可能的故障有制动压力调节器电磁阀线圈不良、制动压力调节器中的阀有泄漏、电动液压泵损坏等，具体的检查方法如下。

（1）电磁阀的检查。用万用表检测电磁阀线圈的电阻，如果电阻无穷大或过小，均说明其电磁阀有故障。将制动压力调节器电磁阀加上工作电压，检查电磁阀能否正常动作，如果不能正常动作，则说明电磁阀损坏，应更换制动压力调节器。

（2）电动液压泵和液压循环检查。如果怀疑是制动压力调节器内部液压循环有问题，则应在制动压力调节器内无高压制动液时，仔细拆开调节器进行检查；也可通过故障诊断仪的“03-执行元件测试”功能检查电动液压泵的工作情况。

3. ABS 继电器检查

继电器的常见故障有触点接触不良、继电器线圈损坏等，其检查方法如下。

（1）继电器电阻检查。用万用表电阻挡检测继电器线圈的电阻，电阻值应在正常范围之内，如果过大或过小，均应更换继电器。

（2）继电器触点检查。对继电器施加其正常的工作电压，看继电器能否正常动作。若能正常动作，则用万用表检测继电器触点间的电阻，正常情况下触点闭合时的电阻应小于 0.1 Ω；若电阻较大，则说明触点接触不良，应更换继电器。

4. ABS ECU 检查

ABS ECU 常见的故障有线束插接器松动、插口损坏，操作不当等造成 ECU 的内部损坏，具体检查方法如下。

（1）ABS ECU 外部线束检查。先检查 ABS ECU 线束插接器有无松动，插口有无损坏，如果线束松动，则进行紧固，如果插口损坏，则更换 ECU。

（2）ABS ECU 自身的检查。如果 ECU 内部损坏，多数可通过其自诊断功能读取到相应的故障码，如果对故障码进行确认后，则更换 ECU；如果没有提示相应的故障码，检查传感器、继电器、电磁阀及其线路均无故障，但怀疑 ABS ECU 可能有故障时，可以用新的 ECU 替代，如果故障现象消失，则说明 ECU 损坏。

5. 路　试

故障检修完成后，应对车辆进行路试，检查故障是否被彻底排除。路试的内容与方法如下。

（1）检查制动踏板行程和阻力是否适宜。

（2）检查 ABS 故障警告灯和制动故障警告灯的指示情况是否正常。

（3）检查 ABS 工作是否正常，在大于 40 km/h 的初始速度下紧急制动，若感觉到制动踏板有轻微的颤动，轮胎与地面基本上无拖痕，说明 ABS 工作正常，否则，说明 ABS 存在故障，ABS 不起作用。

（4）检查制动时有没有一些其他不正常的现象，如果路试后一切正常，则说明故障被彻底排除。

6. 制动液的更换

制动液具有较强的吸湿性，当制动液中含有水分后，其沸点下降，制动时容易产生气阻，使制动性能下降，同进其对管路的腐蚀性增大。因此，一般要求每 1 ~ 2 年更换一次制动液。更换制动液的具体步骤如下。

（1）先将新制动液加至储液室的最高液位标记处。

（2）将点火开关置于 ON 位置，反复踩下和放松制动踏板，直到电动泵开始运转为止。

（3）待电动泵停止运转后，再对储液室中的液位进行检查。

（4）如果储液室中的制动液液位在最高液位标记以上，先不要泄放过多的制动液，而应重复步骤（3）和步骤（4）。

（5）如果储液室中的制动液液位在最高液位标记以下，应向储液室再次补充新的制动液，使储液室中的制动液液位达到最高标记处，但切不可将制动液加注到超过储液室的最高标记，否则，当蓄能器中的制动液排出时，制动液可能会溢出储液室。

7. ABS 的手动排气

ABS 中的气体是极其有害的，它会破坏系统对制动压力的正常调节，严重时会导致制动力不足，甚至制动失灵。因此，在打开制动管路后或是制动踏板发软及制动效果变差时，必须对 ABS 系统进行排气。在进行排气操作之前，应检查液压制动系统中的管路及其接头是否破裂或松动；检查储液室的液位是否符合要求。ABS 的排气有手动排气和仪器排气 2 种方法，应根据不同的车型和条件进行选择。不同形式的 ABS 及排气设备，其排气程序可能会不同，应参照相应的维护保养手册进行排气操作。

（1）准备必要的工具、制动液容器、抹布和软管等，仔细阅读对应车型的维修手册中的相关内容。

（2）将排气软管装到右后轮排气阀上，将软管的另一端放在装有制动液的清洁容器中。踩下制动踏板并保持一定的踏板力，缓慢拧开排气阀 1/2 ~ 3/4 圈，直到制动液开始流出。关闭该阀后松开制动踏板。重复进行以上步骤，直到流出的制动液内没有气泡为止。

（3）拧下储液室盖，检查储液室中的液面高度，不足时，加注到正确液面高度。

（4）按规定的排气顺序，对其他车轮进行排气。排气顺序为右后轮→左后轮→右前轮→左前轮。

8. ABS 的仪器排气

（1）将车辆停放在水平地面上，抵住车轮前后，将自动变速器的换挡杆置于 P 位。

（2）松开驻车制动器。

（3）安装 ABS 检测仪（具有排气的控制功能）或专用排气仪器的接线端子。

（4）将储液室内制动液加注到最高液位标记处。

（5）启动发动机并以怠速运转几分钟。

（6）稳稳地踩下制动踏板，使检测仪器进入排气程序，并且感到制动踏板有反冲力。

（7）按规定顺序打开放气螺钉，直至排净空气，在此过程中需要边排气边向制动总泵储液室添加制动液。

（二）故障案例 1

1. 故障现象

一辆 2013 年款全新宝来轿车，装备 CLS 发动机，用户反映车辆在颠簸路面行驶时，突然出现电子节气门（EPC）和 ABS 指示灯常亮、车速表失效的故障。

2. 故障诊断

宝来轿车速表信号传输信号工作原理：经 ABS 轮速传感器将车轮转速信号传递给 ABS 控制单元，ABS 控制单元通过动力总线将轮速信号传递给仪表，因此 ABS 系统故障除造成自身不能正常工作之外，也将影响车速信号正常传输。维修人员使用故障诊断仪 VAS5052A 对车辆进行检测，网关安装列表显示：“03 制动电控系统无法达到”。检查发动机电控系统故障码如下：“49441 U0121 008——ABS 制动控制单元无通信，静态”“01281 P0501 004——车速信号 1 不可靠信号（静态）”“50197 U0415 008——制动器控制单元不可靠信号，静态”。对于控制单元无法到达的故障，通常原因为控制单元没有供电或搭铁，其次为控制单元本身损坏及总线故障，据此分析故障可能原因如下：ABS控制单元供电线路故障；ABS控制单元搭铁线路故障；ABS控制单元总线故障；ABS传感器故障；ABS控制单元故障。依据故障码内容分析，发动机系统故障是由于ABS系统故障引起的，发动机系统无须检查，需重点检查ABS系统。测量SC2、SA1和SB1供电均有12 V电压，测量ABS控制单元接地线信号正常。拔下SB1熔丝检查，发现熔丝插口部位有烧蚀痕迹，说明熔丝与插口处虚接。

3. 故障排除

处理SB1熔丝插口，故障排除。

4. 回顾总结

由于ABS控制单元30供电的SB1熔丝虚接，导致插口接触片部位烧蚀，造成ABS系统故障。此案例也可通过测量线路电压的方法查明线路或熔丝虚接故障。

（三）故障案例2

1. 故障现象

一辆2013年款迈腾轿车，装备CEA缸内直喷发动机，用户反映自动泊车功能无法正常工作。

2. 故障诊断

维修人员首先进行试车，故障现象如用户所述，自动泊车系统可以正常打开，然后自动寻找车位，但是找到车位换入R挡后，系统就自动结束泊车。维修人员连接故障诊断仪检查故障存储器，车辆系统一切正常。分析故障原因如下：自动泊车控制单元损坏；某个传感器信号问题；编码和匹配问题；线束和传感器装配问题；条件限制。

维修人员根据故障原因分析，与正常车辆对比传感器数据和编码，均未发现异常，于是尝试调换自动泊车控制单元。将故障车的控制单元安装在正常车辆上，系统正常，说明控制单元本身没有问题。动态读取各传感器信号未发现异常，与正常车辆调换传感器，故障依旧，因此确定传感器无故障。

此车辆可正常寻找车位，说明系统可以正常工作，但换入R挡后泊车自动结束，分析故障原因为系统有条件限制或其他原因。查询此车的维修记录，此车辆半年前因ABS指示灯偶尔点亮，到4S店更换过ABS泵，因此怀疑泊车系统失效为更换ABS泵引起。于是寻找同样配置的车辆对比ABS的编码和通道号，未发现异常。

再次读取动态数据流，对比故障车与正常车数据，发现当仪表显示自动泊车结束的时候，也就是转向机开始介入时，正常车转向助力请求为“是”，而故障车转向助力请求为“否”。随后又对比了“44-助力转向系统”的数据流和匹配通道，故障车转向扭矩曲线为“000”，而正常车转向扭矩曲线为“196”。据此分析此故障为功能故障，由于已排除自动泊车控制单元、线束传感器和编码问题，为了验证 ABS 是否有问题，与同配置车辆调换 ABS 泵，试车故障现象消失，自动泊车恢复正常。

根据上述情况，维修人员判断故障在 ABS 控制单元上。但是之前对比了数据和通道均未发现问题，于是又重新检查了需要登录码的通道号，重新对比通道发现：故障车 94 通道停车转向辅助数值为“0”，而正常车此处数值为“1”（“0”为未激活，“1”为激活）。据此故障判断故障原因为更换 ABS 泵后通道号未匹配，停车转向辅助未激活，导致自动泊车系统不起作用。

3. 故障排除

使用故障诊断仪激活停车转向辅助后，故障排除。具体操作方法如下：03—16 访问认可—输入登陆码 70605—012 匹配—094—将“0”改为“1”，激活停车转向辅助。

（四）故障案例 3

1. 故障现象

一辆 2013 年款大众 CC 轿车，装备 CGM 发动机，用户反应左后轮气压不足，但仪表上轮胎压力警告灯未报警点亮，同时 ABS 警报灯偶发性闪亮。

2. 故障诊断

测量两后轮胎压，左后轮的胎压比右后轮低 80 kPa，路试 10 km，轮胎压力未报警。在路试过程中用户反映，之前胎压报警能起作用，最近车辆进行过一次事故维修，之后出现故障。

连接 VAS6150A 诊断仪未查询到故障码，打开点火开关时，仪表板上没有出现胎压监测警告灯。正常车辆在打开点火开关时，仪表板上的胎压监测警告灯会亮几秒钟，自检后熄灭。操作此车胎压复位校准键时也没有复位成功提示，轮胎压力出现缺失。

根据轮胎压力监测原理，显示系统是一个不具备诊断地址的软件模块，安装于 ABS 控制单元 J104 中。防抱死制动系统的各种数据用于确定轮胎的滚动周长。然后，系统将轮胎的滚动周长与参考数据做比较，从细微的变化可察觉出胎压损失。根据上述原理，分析判断为 ABS 控制单元中的胎压监测功能没有开通。检查此车辆 ABS 控制单元编码为 227，与另一辆相同配置正常车辆进行比较，发现正常车辆编码为 83171。

3. 故障排除

对故障车辆重新进行在线编码，然后对车辆轮胎进行放气，在亏气状态下试车，轮胎压力出现报警，系统功能恢复正常，故障排除。

4. 回顾总结

该车之前事故维修时，车辆断电引起 ABS 控制单元的编码改变，而编码的变化导致系统功能的缺失，导致了此故障。

（五）故障案例 4

1. 故障现象

一辆 2013 年款迈腾轿车，装备 BYJ 缸内直喷发动机。用户反映轻踩制动踏板时 ABS 频繁工作，且 ABS 指示灯点亮。

2. 故障诊断

维修人员用 VAS5052A 故障诊断仪检测到制动系统和变速器系统故障码。清除故障码后进行试车，起步后轻踩制动踏板，ABS 工作，当车速达到 60 km/h 时，ABS 故障指示灯点亮。其间连接 VAS5052A 读取 4 个车轮的动态转速数据流，4 个车轮转速均匀上升，未见异常。2 个车轮同时出现问题的可能性很小，首先对左前轮进行了检查，未发现碰撞痕迹，插头线束无断路和短路故障。对左前轮传感器和靶轮进行清理，故障依旧。

用故障引导功能进行检查，发现变速器系统故障码异常。运用引导性故障查询及车载诊断检查故障存储器两种不同的检测方式，检测结果显示同样的故障码 01681 却有不同的中文解释，车载诊断结果显示为左前轮故障，而引导性故障查询结果显示为左后轮故障。因之前已检查左前轮无故障，于是对左后轮转速传感器和靶轮进行检查，发现靶轮严重脏污，找到故障原因。

3. 故障排除

对左后轮转速传感器和把轮进行清理，故障彻底排除。

4. 回顾总结

左后轮转速传感器和把轮脏污引起转速信号偶尔不可靠，VAS5052A 中的中文翻译存在错误，误导维修诊断思路，导致故障不易排查。

思考练习

1. 解释滑移率的概念，说明滑移率与路面附着系数的关系。
2. 说明 ABS 的功能和分类。
3. 与传统制动系统相比，采用 ABS 的制动系统有哪些特点？
4. 简述电控 ABS 的工作原理。
5. 简述 ABS 的基本组成部件和各部件的作用。

任务二　驱动防滑系统（ASR）故障诊断与维修

学习目标

（1）熟悉驱动防滑控制系统的基本组成与工作原理。

（2）熟悉驱动防滑控制系统主要部件的结构、工作过程和检修方法。

（3）掌握驱动防滑控制系统的检查方法、驱动防滑控制系统的正确使用与维护方法。

（4）熟悉驱动防滑控制系统常见故障的检修方法。

知识链接

一、驱动防滑系统（ASR）的基本知识

ABS 用于防止汽车制动过程中车轮抱死，将车轮的滑移率控制在理想滑移率附近，以缩短制动距离，提高汽车制动时的方向稳定性和转向控制能力。随着对汽车性能要求的不断提高，不仅要求在制动过程中防止车轮抱死，而且要求在驱动过程中（尤其是起步、加速和转弯过程中）防止驱动车轮滑转，以保持汽车驱动过程中的方向稳定性、转向控制能力和加速性能，因此采用了汽车驱动防滑转系统（Acceleration Slip Regulation，ASR）。由于驱动防滑转系统是通过调节驱动车轮的牵引力实现对驱动车轮滑转的控制，因此也称为牵引力（或驱动力）控制系统（Traction Control System，TCS），日本称之为 TRAC 或 TRC。ASR 是 ABS 功能的补充和完善，ASR 可独立设立，但大多数与 ABS 组合在一起，常用 ABS/ASR 表示，统称为防滑控制系统。

（一）ASR 的优点

有经验的驾驶员，为了避免汽车起步时驱动轮滑转，会尽力使用发动机保持低速运转并缓慢松开离合器踏板，以避免作用在驱动轮上的驱动力过大，防止驱动力超过附着力而导致滑转。但再有经验的驾驶员要想在各种情况下做到适时快速地控制，以达到防滑转的目的是十分困难的。ASR 能在驱动轮滑转时自动调节滑转率，充分利用驱动轮的最大附着力，具体优点如下。

（1）在汽车起步、行驶过程中提供最佳驱动力，从而提高汽车的动力性，尤其是在附着系数较小的路面上，起步、加速性能和爬坡能力良好。

（2）能保持汽车的方向稳定性和前轮驱动汽车的转向控制能力。

（3）减少轮胎磨损和降低发动机油耗。

（二）ASR 的使用

ASR 可以由驾驶员通过 ASR 关闭开关对其是否进入工作状态进行选择，在 ASR 进行防滑转调节时，ASR 警告灯会自动点亮。如果通过 ASR 关闭开关将 ASR 关闭，ASR 关闭指示灯会点亮。

ASR 通常只在一定的车速范围内进行防滑转调节，当车速达到一定值后（120 km/h 或 80 km/h），ASR 自动退出防滑转控制。

如果 ASR 在防滑转调节过程中，驾驶员踩下制动踏板进行制动，ASR 自动退出防滑转调节，而不影响制动过程的进行。

ASR 处于关闭状态时，副节气门将自动处于全开位置；ASR 制动压力调节器不会影响制动系统的正常工作。

ASR 在其工作车速范围内通常具有不同的优先选择性。在车速较低时，以提高牵引力为优先选择，此时对两驱动车轮施加的制动力矩可以不同，即对两后制动轮缸的制动压力进行分别调节。而在车速较高时，以提高行驶方向稳定性为优先选择，此时对两驱动车轮施加的制动力矩相同，即对两后制动轮缸的制动压力进行一同调节。

ASR 具有自诊断功能，一旦发现存在影响系统正常工作的故障时，ASR 将自动关闭，并向驾驶员发出警示信号。

装备 ASR 的汽车，当 ASR 工作时，组合仪表上 ASR 警告灯点亮或蜂鸣器鸣响，以提示驾驶员注意此时汽车正在易滑路面上行驶。

（三）滑转率及其与附着系数的关系

汽车在驱动过程中，驱动车轮可能相对于路面发生滑转。滑转成分在车轮纵向运动中所占的比例（以百分比表示）称为驱动车轮的滑转率，通常用 S_{d} 表示。

$$S_{\mathrm{d}}=\frac{\omega r-v}{\omega r}\times 100\%$$

式中　r——车轮的滚动半径；

ω——车轮的转动角速度；

v——车轮中心的纵向速度。

当车轮在路面上做纯滚动时，车轮中心的纵向速度完全是由于车轮滚动产生的。此时 $v=\omega r$，其滑转率 $S_{\mathrm{d}}=0$；当车轮在路面上完全滑转（即汽车原地不动，而驱动轮转动）时，车轮中心的纵向速度 $v=0$，其滑转率 $S_{\mathrm{d}}=100\%$；当车轮在路面上边滚动边滑转时，$0<S_{\mathrm{d}}<100\%$。

滑转率与附着系数之间存在着密切关系，图 2-30 所示为滑转率与附着系数之间的关系曲线。从图中可以看出：

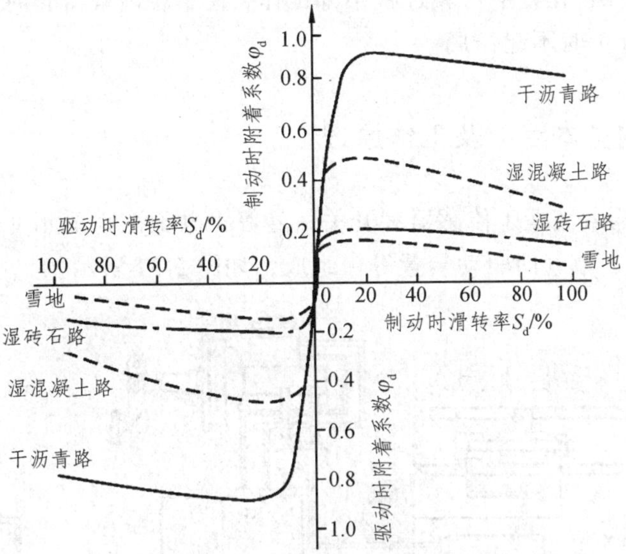

图 2-30　滑转率与附着系数之间的关系

（1）与汽车在制动过程中的滑移率相同，在汽车的驱动过程中，车轮与路面间的附着系数的大小随着滑转率的变化而变化。

（2）附着系数随路面的不同呈大幅度变化。在干路面或湿路面上，当滑转率为15%～30%时，车轮具有最大的附着系数。

上述趋势无论是制动还是驱动都基本相同。因此 ASR 也可以通过控制驱动车轮与路面之间的滑转率来控制其与路面间的附着系数，从而实现汽车在行驶过程中的防滑控制，以保持汽车行驶过程中的操纵稳定性和最佳的驱动性能。

（四）ASR 与 ABS 的异同

1. 共　性

（1）ABS 与 ASR 均可以通过控制车轮的力矩来达到控制车轮滑动率的目的。

（2）ABS 与 ASR 均要求系统具有迅速地反应能力和足够的控制精度。

（3）两种系统均要求调节过程尽可能小的消耗能量。

2. 不同点

（1）ABS 是防止制动时车轮抱死滑移，提高制动效果，确保制动安全；ASR（TRC）则是防止驱动车轮原地不动而不停地滑转，提高汽车起步、加速及滑溜路面行驶时的牵引力，确保行驶稳定性。

（2）ABS 对所有车轮起作用，控制其滑移率；而 ASR 只对驱动车轮起制动控制作用。

（3）ABS 在制动时，车轮出现抱死情况下起控制作用，在车速很低（小于 8 km/h）时不起作用；而 ASR 在整个行驶过程中都工作，在车轮出现滑转时起作用，当车速很高（80 ~ 120 km/h）时不起作用。

二、ASR 的基本组成及工作原理

ASR 主要由输入装置（传感器和开关信号等）电子控制单元（ECU）和执行机构（制动压力调节器、节气门驱动装置等）组成，如图 2-31 所示。

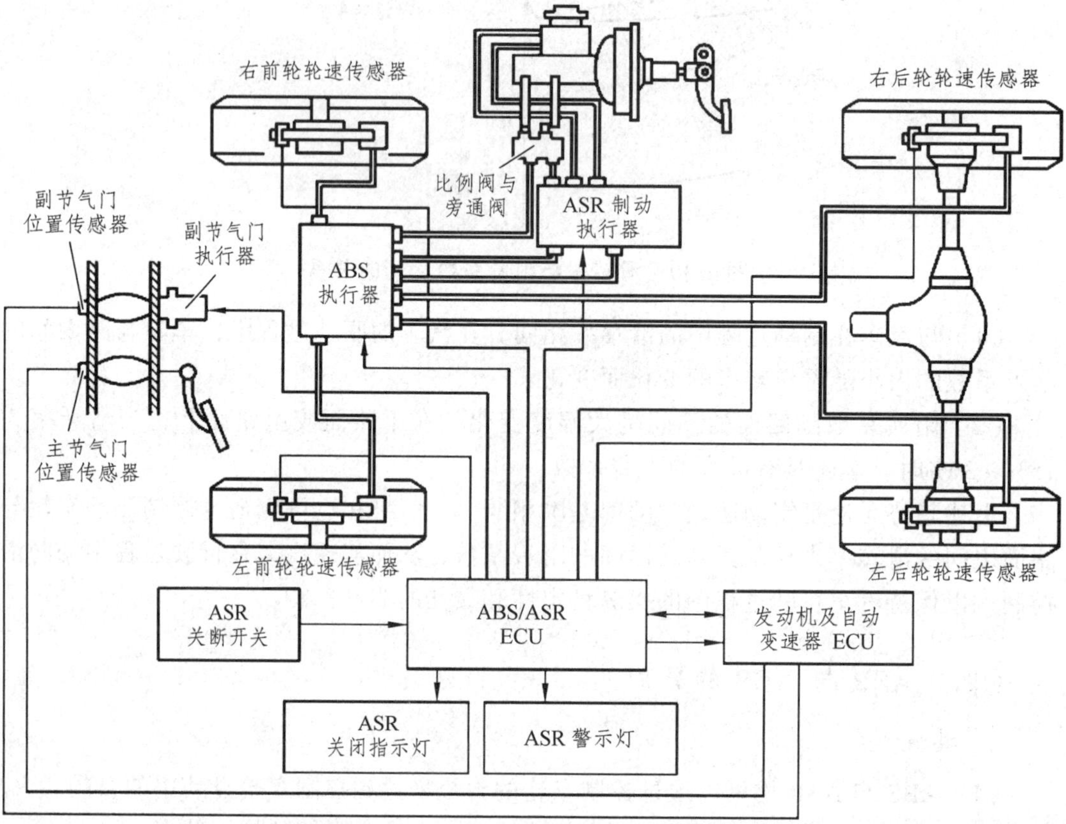

图 2-31　ASR 的基本组成及工作原理

当驱动防滑系统处于工作状态时，ECU 根据各轮速传感器检测到的转速信号，确定驱动车轮的滑转率和汽车的参考速度。当 ECU 判定驱动车轮的滑转率超过设定的限值时，就使驱动副节气门的步进电动机转动，减小副节气门的开度。此时，即使主节气门的开度不变，发动机的进气量也会因副节气门开度的关小而减小。如果驱动车轮的滑转率仍未降低到设定的控制范围内，ECU 又会控制 ASR 制动压力调节器和 ABS 制动压力调节器，对驱动车轮施加一定的制动压力，则驱动车轮上就会作用一个制动力矩，从而使驱动车轮的转速降低。

（一）ASR 传感器

（1）车轮转速传感器用来检测各车轮的转速，与 ABS 系统共享。

（2）节气门位置传感器检测主、副节气门位置；电控单元根据车轮转速信号发动机节气门开度信号等判断汽车的行驶状况，向制动执行器和副节气门执行装置发出控制指令，并可在系统出现故障时，记录故障代码，点亮故障报警灯。与发动机电控系统共享。

（3）制动主继电器向制动执行装置和泵电机继电器提供电流。

（4）节气门继电器向副节气门执行器提供电流。

（5）故障报警灯指示系统装置是否工作正常，并可闪烁出故障码。

（6）空挡起动开关向制动防抱死和驱动防滑转电控单元提供变速手柄位置。

（7）液面高度、压力传感器和执行器控制调节系统油液量和压力。其中许多传感器与 ABS 系统共用。

（二）ASR ECU

电子控制单元将防抱死控制功能和防滑转功能组合为一整体，如图 2-32 所示。对于防滑转系统，它根据驱动车轮转速传感器输送的速度信号计算判断车轮与路面间的滑转状态，并适时地向其执行机构发出指令，以降低发动机的输出扭矩和车轮的转速，从而实现防止驱动轮滑转的目的。此外，电子控制单元（ECU）还具有初始检测功能、故障自诊断功能和失效保护功能。

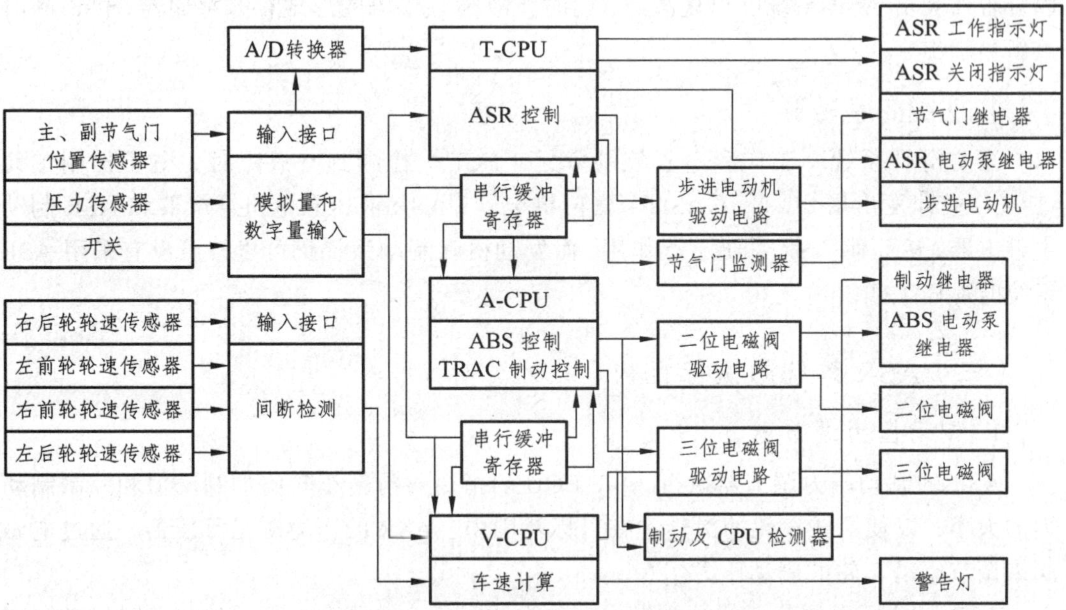

图 2-32　典型 ASR ECU 系统的组成

1. 车轮防滑转控制

电子控制单元不断地接收驱动轮车轮转速传感器的速度信号，并计算出每个车轮的速度，同时也计算出汽车的行驶速度和车轮滑转率。当汽车在起步或突然加速过程中，若驱动轮滑转，电子控制单元（ECU）立即使防滑转系统工作。例如，当踩下加速踏板后，主节气门迅速开启，驱动轮加速。若驱动轮速度超过设定控制速度后，控制单元即发出指令，关闭副节气门，发动机进气量立即减少，从而使发动机扭矩降低。同时，控制单元发出指令接通防滑转制动压力调节器电磁阀，并将ABS压力调节器电磁阀置于“压力升高”状态，于是防滑转系统蓄压器使制动液压力升高，加上防滑转系统电动液压泵的制动液压力，足以使制动分泵中的制动液压力迅速升高，实现对滑车驱动轮的制动。当制动作用后，驱动轮加速度立即减小，电子控制单元将 ABS 压力调节器的三位电磁阀置于“压力保持”状态；若驱动轮速度降低太多，电磁阀就处于“压力降低”状态，使制动分泵中的液压降低，驱动轮转速又恢复升高。

2. 初始检测功能

当汽车处在停止状态，变速器操纵杆处在P或N位置而接通点火开关时，电子控制单元（ECU）即开始对副节气门驱动装置和防滑转制动压力调节器电磁阀的工作状态进行检测。

3. 故障自诊断功能

当电子控制单元检测到防滑转系统出现故障时，即点亮仪表盘上的ASR警告灯，以警告驾驶员ASR系统已出现故障，同时将故障以代码的形式存入存储器，供诊断时重新显示出来。

4. 失效保护功能

当防滑转系统不工作和电子控制单元（ECU）检测到有故障时，电子控制单元（ECU）立即发出指令，断开ASR节气门继电器、ASR液压泵电机继电器和ASR制动主继电器，从而使ASR系统不起作用，而发动机和制动系统仍可以按照没有采用ASR系统时那样工作。

（三）ASR系统的执行机构

1. 制动压力调节器

ASR的制动压力调节器执行ASR ECU的指令对滑转车轮施加制动力和控制制动力的大小，以使滑转车轮的滑转率在目标范围内。ASR的压力源是蓄压器，通过电磁阀来调节驱动车轮的制动压力。

ASR制动压力调节器的结构形式有独立式和组合式两种。所谓独立式防滑转制动压力调节器是和ABS制动压力调节器在结构上各自分开，如图2-33所示。

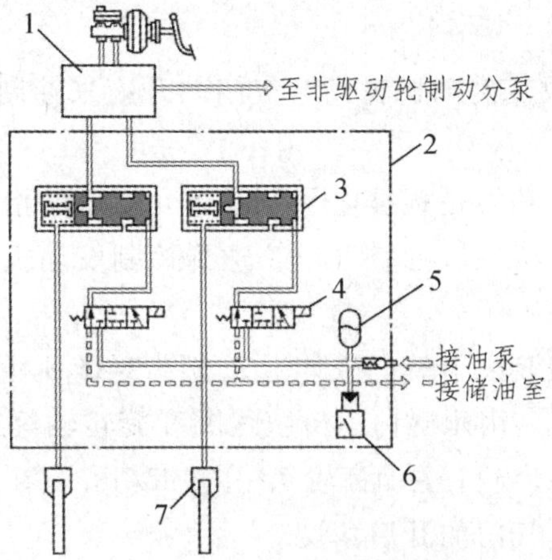

1—ABS 制动压力调节器；2—ASR 制动压力调节器；3—调压缸；4—三位三通电磁阀；
5—蓄压器；6—压力开关；7—驱动车轮制动器。

图 2-33　独立式 ASR 制动压力调节器

组合式制动压力调节器将 ABS 和 ASR 制动压力调节器组合为一体，如图 2-34 所示。斯柯达明锐汽车同时具有 ABS 和 ASR 系统功能，ABS 和 ASR 控制器组合为一个整体。

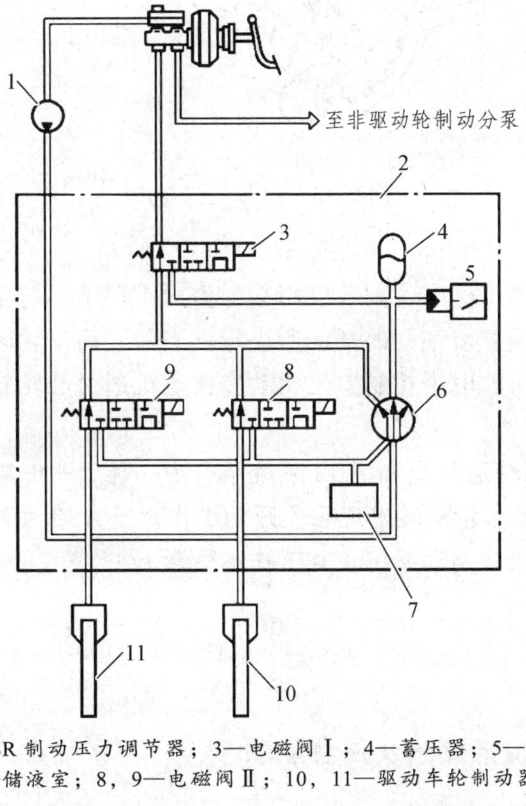

1—输油泵；2—ABS/ASR 制动压力调节器；3—电磁阀Ⅰ；4—蓄压器；5—压力开关；6—循环泵；
7—储液室；8，9—电磁阀Ⅱ；10，11—驱动车轮制动器。

图 2-34　组合式 ASR 制动压力调节器

2. 节气门驱动装置

ASR 控制系统通过改变发动机辅助节气门的开度来控制发动机的输出功率。

（1）功用。

副节气门驱动装置的功用是根据电子控制单元传送的指令来控制副节气门的开启角度，从而控制进入发动机气缸的空气量，达到控制发动机输出扭矩的目的。

（2）结构。

副节气门驱动装置安装在节气门壳体上，如图 2-35 所示。它是一个由电子控制单元控制转动的步进电动机，由永磁体、传感线圈和旋转轴等组成，如图 2-37 所示。在旋转轴的末端安装一个小齿轮（主动齿轮），由它带动安装在副节气门轴末端的凸轮轴齿轮旋转，以此控制副节气门的开启角度。

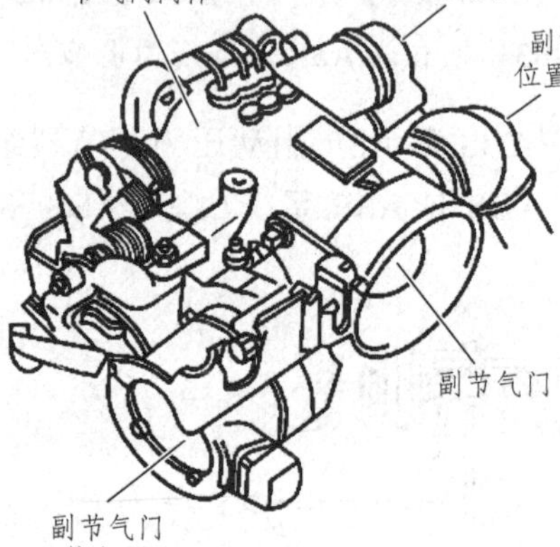

图 2-35　副节气门总成

3. 工作情况

当驱动防滑系统不工作时，副节气门在弹簧力作用下保持全开状态，进入发动机的空气量由驾驶员控制主节气门的开度所决定。当前、后车轮转速传感器检测到车轮滑转需进行防滑控制时，电子控制单元驱动步进电机通过凸轮轴齿轮旋转，从而控制节气门的开度。

汽车上的 ASR 系统通常是和 ABS 系统结合为一体，平时处于待命状态，不干预常规行驶，只有当驱动车轮滑转出现后才开始工作。当 ASR 系统出现故障时，以警示灯告知驾驶员，发动机和制动系统正常工作不受影响。

故障检修

一、ASR 系统检修要求及注意事项

（1）拆装系统中的电气元件和线束插头时，应将点火开关断开，否则将损坏电子

控制装置；不可向电子控制装置提供过高的电压，否则容易损坏电子控制装置；不要让电子控制装置，特别是其端子被油污等污染，以免线束插头接触不良，影响系统的正常工作；不要用砂纸打磨系统中各插头的端子，否则也易造成接触不良。

（2）不要使轮速传感器和传感器齿圈沾上油污或其他脏污，否则轮速传感器产生的轮速信号可能不够准确。此外，不可敲击轮速传感器，以免传感器消磁，影响系统的正常工作。

（3）在对液压系统进行维修作业时，应首先释放系统里的高压制动液，以免高压制动液喷出伤人。在释放蓄压器中的高压制动液时，应先将点火开关断开，然后反复踩下和放松制动踏板，直到制动踏板变得很硬为止。此外，要注意在制动系统完全装复之前，切不可接通点火开关，以免电动泵通电运转。

（4）大多数汽车驱动防滑控制系统中的轮速传感器、电子控制装置和制动压力调节装置都是不可修复的，如果发生损坏，应进行整体更换。

（5）更换轮胎时，应选用汽车生产厂家推荐的轮胎。如果换用其他型号的轮胎，应该选用与原车所用轮胎的外径、附着性能和转动惯量相近的轮胎，但不能混用不同规格的轮胎，否则将影响 ASR 的制动效能。

（6）制动系统维修结束后，在使用过程中如果发现制动踏板变软，应按照要求的方法和顺序，对制动系统进行空气排除。在空气排除之前，须检查储液室中的液位情况，如果发现液位过低，应先向储液室补充制动液。

二、故障诊断与维修案例

（一）故障案例 1

1. 故障现象

一辆奔驰轿车，ASR 故障灯常亮。

2. 故障诊断

经询问车主得知，在故障刚出现时，车辆需行驶一段时间，ASR 灯才会亮；关闭发动机，再重新起动，ASR 灯又会熄灭；但再行驶一段路程，故障灯又重新亮。该汽车曾在一家修理厂修理过，故障不仅没有排除，ASR 灯反而变成了常亮。

（1）首先对 ASR 系统进行自诊断，调取故障码，故障码显示 ASR ECU 与 EGAS（电子节气门控制系统）ECU 信号传输有问题。

（2）对 EGAS 系统调取故障码，该系统却没有任何反应，怀疑 EGAS ECU 不工作，从而不能输出信息。

（3）检查 EGAS ECU 线路没有发现问题。更换 EGAS ECU 后启动发动机，ASR 灯不亮，但路试一段距离，ASR 灯又亮起。

（4）再对 ASR 系统调取故障码，故障码显示怠速触点线路不良。

（5）检查控制怠速的触点线路，发现有一线路断路。

3. 故障排除

修复断路的线路后试车，ASR 灯不亮，故障彻底排除。

4. 回顾总结

该车的 EGAS ECU 可能在上次修理过程中，由于测试电子节气门操作不当而被烧断，导致了此故障。

（二）故障案例 2

1. 故障现象

一辆装有 ASR 的上海大众帕萨特 B5 轿车，在正常行驶过程中仪表板上的 ASR 灯会突然亮起，在这种情况下按 ASR 灯开关无效，ASR 灯常亮。只有关闭点火开关重新启动发动机后，ASR 灯才能熄灭。

2. 故障诊断

（1）先用故障诊断仪读取发动机故障码，故障码为 16486，即空气流量传感器信号值过小。

（2）检测空气流量计信号，没有发现明显故障。

（3）为了确定是否为空气流量传感器故障，换用 1 个好的空气流量传感器试车，ASR 灯又亮起，读取故障依旧是此前的故障码。

（4）对故障重新进行分析，怀疑是节气门体有问题。

3. 故障排除

拆下节气门体进行彻底检查和清洗后，装复试车，故障没有出现。

4. 回顾总结

可见该车 ASR 灯亮的故障是节气门体过脏引起的。

思考练习

1. 简述为什么要采用 ASR 系统。
2. 防滑转控制的方式有哪几种？
3. ASR 和 ABS 有哪些异同点？
4. 简述 ASR 的基本组成和工作原理。
5. 简述单独方式 ASR 制动压力调节器的工作原理。

任务三　电子稳定系统（ESP）故障诊断与维修

学习目标

（1）熟悉汽车电子稳定程序控制系统的基本组成与工作原理。

（2）熟悉汽车电子稳定程序控制系统主要部件的结构、工作过程和检修方法。

（3）掌握汽车电子稳定程序控制系统的检查方法、驱动防滑控制系统的正确使用与维护方法。

（4）熟悉汽车电子稳定程序控制系统常见故障的检修方法。

知识链接

一、电子稳定系统（ESP）的基本知识

（一）概　述

ESP是改善汽车行驶性能的主动安全控制系统，ESP包含ABS和ASR，并且它是在这两种系统功能上进行的延伸。ABS一般是在车辆制动时防止车轮抱死，ASR是在车辆起步和加速行驶时防止驱动轮滑转（空转）。而ESP则在整个行驶过程中始终处于工作状态，通过有选择性地控制各车轮上的制动力，防止车辆滑移，提高了汽车的操控性和行驶稳定性。

ESP在不同的品牌中有不同的名称，如表2-4所示。

表2-4　ESP在不同的品牌中的名称

品　牌	名　称
奔驰、大众、奥迪	ESP（电子稳定程序控制系统）
宝马	DSC（动态稳定控制系统）
丰田、雷克萨斯	VSC（车身稳定控制系统）
本田	VSA（车身稳定辅助系统）
沃尔沃	DSTC（动态稳定及循迹控制系统）

（二）ESP系统特点和性能

1. ESP系统的特点

（1）实时监控。ESP是一个实时监控系统，它每时每刻都在监控驾驶者的操控、路面反应和汽车运动状态，并不断向发动机和制动系统发出指令。

（2）主动干预。ABS/EBD等系统在起作用时，系统对驾驶者的操控起一定干预作用，但它不能调控发动机，而ESP则是主动调控发动机的转速并可调整每个车轮的制动力（四通道系统），以修正汽车的过度转向和转向不足。

（3）事先提醒。ESP具有实时警示功能，当驾驶者操作不当和路面异常时，它会在主动干预的同时用警告灯警示驾驶者。

2. ESP系统的功能

奔驰公司关于ESP系统适用性和可靠性检测试验结果表明，ESP系统在汽车行驶的各种工况下都能起到良好效果，如弯道行驶、急速绕过障碍等。ESP系统不仅可提高汽车在干燥路面上行驶时的稳定性，还可以在路面附着性较差（如结冰、湿滑及碎石等）时起作用。在上述不利状况下，车轮与路面之间的附着力降低，汽车容易发生侧滑和跑偏，失去方向稳定性，甚至在急转弯时发生翻车事故。这时ESP系统干预驾驶操作，精确控制各车轮的受力以稳定车辆。

多家世界著名汽车厂商和研究机构对ESP的有效性进行了科学研究。结果表明，装备ESP系统的汽车可以减少80%由侧滑引起的交通事故，而且可有效降低42%的行车事故（并非因驾驶员受其他路人的影响而失去对车辆控制而引起的交通事故）。

虽然ESP系统是汽车主动安全技术中堪称里程碑式的突破，但它并不是车辆自动驾驶系统，不能因为使用了ESP系统，驾驶员就粗心大意，ESP系统并不能在任何情况下都能保持汽车的行驶稳定性。

（三）ESP的基本组成

ESP主要由传感器[包括转向盘转角传感器、轮速传感器、横摆角速度（横摆率）传感器、纵向/横向加速度传感器等]ECU和执行器等几部分组成，如图2-36所示。

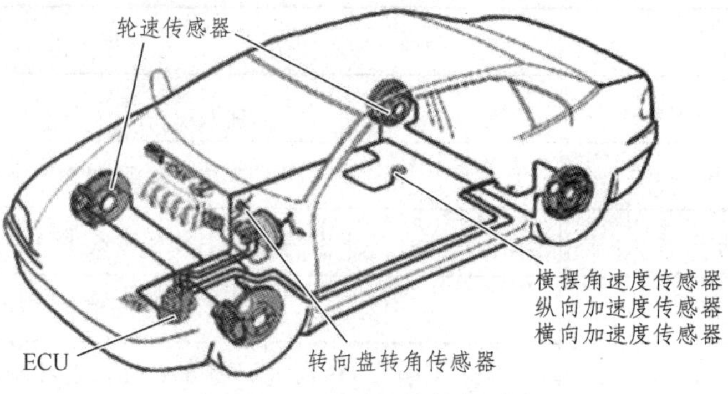

图2-36　ESP的结构组成

（四）ESP 的基本工作原理

汽车在高速行驶急转弯时会出现两种危险状况：一种是转向不足（有冲出弯道的倾向），另一种是转向过度（有甩尾的倾向），这两种状况都可能导致汽车行驶时发生危险。

ESP 工作的基本原理是通过转向盘转角传感器、轮速传感器、横摆角速度传感器、纵向/横向加速度传感器等实时地检测驾驶员的驾驶意图和车辆的实际行驶情况。ECU 根据各传感器的信号计算出车辆的实际运动轨迹，如果实际运动轨迹与理论运动轨迹（驾驶员意图）有偏差，或者检测出某个车轮打滑，ECU 就会首先控制副节气门控制机构减小开度，以减小发动机输出功率，并且控制制动系统对某个车轮进行制动，来修正运动轨迹，防止汽车在高速行驶急转弯时会出现转向不足或转向过度。

当实际运动轨迹与理论运动轨迹相一致时，ESP 自动解除控制。例如，当 ESP 判定为出现转向不足时，将制动内侧后轮，使车辆进一步沿驾驶员转弯方向偏转，从而稳定车辆；当 ESP 判定为出现转向过度时，ESP 将制动外侧前轮，防止出现甩尾，并减弱过度转向趋势，稳定车辆，如图 2-37 所示。

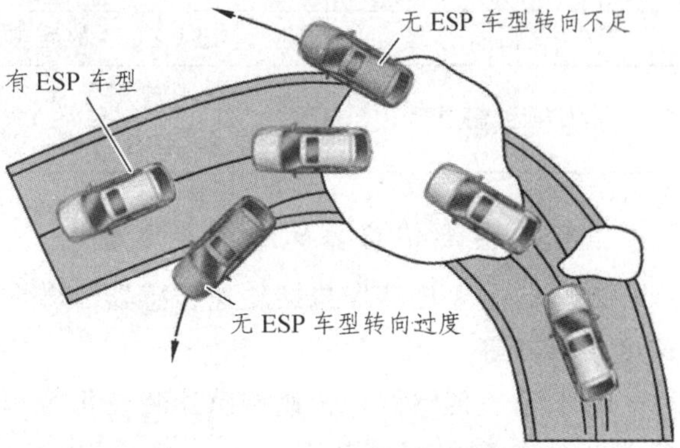

图 2-37　ESP 工作原理

（五）典型车型 ESP 简介

1. LS400 型轿车 ESP 主要零部件的作用

LS400 型轿车 ESP 主要零部件及其在车上的安装位置如图 2-38 所示，各零部件的作用如表 2-5 所示。

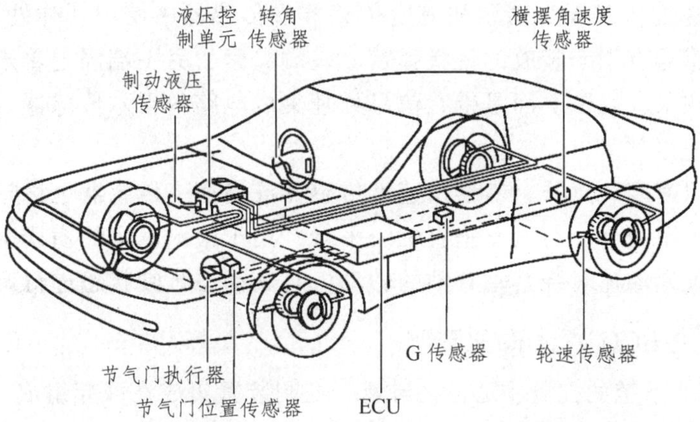

图 2-38　LS400 型轿车 ESP 主要零部件在车上的安装位置

表 2-5　ESP 各主要零部件的作用

ESP 主要零部件	作　用
横摆角速度传感器	检测横摆率汽车绕垂直轴旋转的角速度
G 传感器	检测汽车的纵向和横向加速度
转角传感器	检测由驾驶员操纵的转向盘转动情况
制动液压传感器	检测由驾驶员进行制动操作时制动液液压的变化
速传感器	检测每个车轮的角速度
节气门位置传感器	检测由驾驶员操纵加速踏板引起的主节气门开度以及由节气门执行器控制引起的副节气门开度的变化
ESP-ECU	接收各传感器的信号，向执行器发出控制指令，实现车辆的稳定控制
节气门执行器	根据 ESP ECU 的控制指令，调节副节气门的开度
液压控制单元	执行通常的制动助力功能；当车轮在加速或减速下出现滑移时，执行 ESP 和 ABS 功能；当汽车出现侧滑时，执行稳定控制功能

2. ESP 主要传感器的结构与原理

ESP 的主要传感器包括轮速传感器、转向盘转角传感器、加速度传感器和横摆角速度传感器等。

（1）轮速传感器。轮速传感器装在每个车轮的相应位置上，用于检测车轮旋转的角速度，与 ABS 系统共用。

（2）转向盘转角传感器。转向盘转角传感器装于转向盘后侧，用于检测转向盘的转向角度，可根据转向盘的转动情况输出一个可表示 ± 720°转向盘旋转角度的输出信号，ECU 利用这个信息计算出驾驶员所要求的方向。ECU 再通过转向盘转角传感器与横摆角速度传感器信号的比较，确定车辆实际行驶轨迹与驾驶要求是否一致，从而确定控制目标。常用的转向盘转角传感器有霍尔式和磁阻式。

（3）加速度传感器。加速度传感器用于测量汽车行驶时的纵向和横向加速度。常见的有霍尔加速度传感器。霍尔加速度传感器在传感器中使用“弹性”固定的弹簧-质量系统，传感器有 1 个竖放的带状弹簧，一端夹紧，另一端固定着永久磁铁，以作为振动质量。在永久磁铁上面是带有信号处理集成电路的霍尔传感器，在下面有一块铜阻尼板。

（4）横摆角速度传感器。横摆角速度传感器或横摆率传感器也称陀螺测速仪，一般装在汽车行李箱前部，与汽车垂直轴线平行，用于检测汽车的横摆率。它通过检测汽车在弯道行驶或加速时绕其垂直轴的转动，对其动态行驶状态进行调节。

3. ESP 系统 ECU 的结构与原理

ECU 是 ESP 系统的控制中心，它与液压控制装置集成在一起组成一个总成。ECU 持续监测并判断蓄电池电压、车轮速度、车轮横向与纵向加速度、转向盘转角、横向偏摆率以及点火开关接通、停车灯开关、串行数据通信电路等信号。根据所接收的输入信号，ECU将向液压调节器、发动机控制模块、组合仪表和串行数据通信电路等发送输出控制信号。当点火开关接通时，ECU会不断进行自检，以检测ESP是否存在故障。此外，ECU还在每个点火循环都执行自检初始化程序，当车速达到约15 km/h时，初始化程序即起动。在执行初始化程序时，可能会听到或感觉到程序正在运行，这属于系统的正常操作。在执行初始化程序的过程中，ECU将向液压调节器发送一个控制信号，循环操作各电磁阀并运行电动液压泵，以检查各部件是否正常工作。如果电动液压泵或任何电磁阀不能正常工作，ECU会设置一个相应故障码。同时，ECU会将输入和输出信号与ECU中所存储的正常工作参数进行比较，以此来不断监测ESP系统。如果有任何输入或输出信号超出正常工作参数范围，则ECU将设置相应故障码。ECU主要完成以下控制功能，以确保行驶车辆的稳定性。

（1）控制驱动力，防止车轮打滑。ESP能够避免车辆的起步打滑，系统对制动、发动机管理和变速换挡控制及时干预，让汽车在启动时保持合适的扭矩，而整个过程ESP利用微处理器分析来自传感器的信号并输出相应的控制指令。

（2）控制转向过度或转向不足。在转向过程中，如果驾驶员对车辆的操作过于激烈，会使车辆不能按照自己的轨迹行驶，后驱汽车常出现转向过度，后轮失控而甩尾。当ECU检测到车辆转向过度时，向液压调节器发送一个信号，将合适的制动液压力施加到外侧前轮的制动轮缸，让外侧前轮制动减速，以使车辆朝驾驶员想要的方向转向。当ECU检测到车辆转向不足时，ECU将向液压调节器发送信号，将合适的制动液压力施加到内侧后轮的制动轮缸，让内侧后轮制动减速，以使车辆朝驾驶员想要的方向转向。

（3）控制方向，减少对开路面制动距离。对开路面，指的是汽车的左右轮分别位于不同附着系数的路面上，如一半是干燥路面，而另一半是积水甚至是积雪路面。在这种路面上制动时，制动系统在对附着力较低的路面上的车轮施加制动力时，为了防止车轮的抱死滑动，不能够对其施加与干燥路面上的车轮同样大的制动力。不对称的制动力会使车辆受到一个水平方向的扭矩，在路面旋转打滑，ESP系统察觉到后，系统会给电动机一个必要的转向角度命令。这时，驾驶员能够感觉到转向盘的变化，并随之继续控制转向盘，反向旋转。在这样的作用下，制动力能够发挥地面附着力的最大值，并把制动距离缩短5%～10%。如果在ESP模式下进行人工制动，则退出ESP制动干预模式，并允许常规制动。

故障检修

一、ESP系统的诊断方法

诊断ESP故障时，按照设定的程序和方法可读取故障码。维修人员可根据故障码的含义确定故障的范围，节省维修时间，提高维修效率。常用的诊断方法有下列几种。

（一）ESP 自诊断

ESP 自诊断是依靠其电子控制单元（ECU）对系统外部电路进行自检，若发现异常，ECU 则将其故障信息储存，并点亮 ESP 警告灯。ESP 的自检又包括静态（点火开关接通，汽车不行驶）和动态（汽车行驶）两种情况。

（二）人工诊断

ESP 系统的人工诊断包含人工获取故障信息（人工调码）和使用常用设备（如万用表）进行故障点的查找两方面的内容。

（三）仪器诊断

故障码扫描仪可以从 ESP 系统的电子控制单元（ECU）存储器中读取故障码，同时还具有故障码翻译、检测步骤指导和基本判断参数提供等功能。

二、ESP 系统检修注意事项

（1）电控单元对过电压、静电非常敏感，如有不慎就会损坏电控单元中的芯片，造成整个电控单元“瘫痪”。因此，点火开关接通时不要插拔电控单元上的连接器；在车上进行电焊之前，要戴好防静电器，拔下电控单元上的连接器后再进行电焊；给蓄电池进行专门充电时，要将电池从车上拆卸下来或摘下蓄电池电缆后再进行充电。

（2）维修车轮速度传感器时一定要十分小心。拆卸时注意不要碰伤传感器头，不要撬传感器齿圈，以免损坏。安装时，应先涂覆防锈油，安装过程中不可敲击或用力过大。一般情况下，传感器气隙是可调的（也有不可调的），调整时应使用非磁性塞卡，如塑料或铜塞卡，也可使用纸片。

（3）维修液压控制装置时，切记要先进行泄压，然后再按规定进行修理。例如，制动主缸和液压调节器设计在一起的整体 ABS，其蓄压器存储了高达 18 MPa 的压力，修理前要彻底泄去，以免高压油喷出伤人。

（4）制动液至少每隔两年换一次，最好是每年更换一次。这是因为 DOT3 乙二醇型制动液的吸湿性很强，含水分的制动液不仅使制动系统内部产生腐蚀，而且会使制动效果明显下降，影响制动系统的正常工作。注意不要使用 DOTS 硅酮型制动液，更换和存储的制动液的器皿要清洁，不要让污物、灰尘进入液压控制装置，制动液不要沾到电控单元和导线上。

三、故障诊断与维修案例

（一）故障案例 1

1. 故障现象

一辆大众速腾 2.0L 轿车（采用手动变速器），在行驶中出现仪表盘上的 ESP 故障报警灯常亮的现象。用 VAS5051 进行故障查询，发现多个系统的控制单元内都有较多的故障代码储存，而且都是偶发性故障。询问该车车主得知，该车曾因该故障维修时，断开过蓄电池负极电缆，试着调换车载网络控制单元（J519）。

2. 故障诊断

根据以上情况分析，该车的众多偶发性故障代码可能是由断开过蓄电池负极电缆和车载网络控制单元导线连接器引起的，但这并不会直接导致 ESP 故障报警灯常亮，具体原因还需进一步分析。

（1）将点火开关置于 ON 位，用 VAS5051 清除故障代码后，ESP 故障报警灯熄灭，接着断开点火开关，退出 VAS5051 诊断程序。

（2）对该车进行路试，当行驶了一段路程后 ESP 故障报警灯点亮。再次用 VAS5051 进行检测，发现 ABS 控制单元内有一个永久性的故障代码无法清除，故障代码是 00493，含义是 ESP 传感器单元（G419）无信号/通信。G419 传感器单元内部集成安装了 G200（横向加速度传感器）和 G202（偏转率传感器），根据故障代码的提示进行分析，首先怀疑故障代码是由于传感器单元的导线侧连接器没有接触好而发生的。

（3）拆下前乘员座椅（G419 传感器单元装在该座椅下），仔细检查 G419 传感器单元导线侧连接器，连接状况良好，没有发现任何疑点，重新安装好该导线侧连接器。

（4）在不安装前乘员侧座椅的情况下进行试验。接通点火开关，仪表盘上的 ESP 故障报警灯经过几秒钟的自检后就熄灭了，用 VAS5051 检测，发现故障代码 00493 变为偶发性故障。将其清除后，反复试车，ESP 故障报警灯没有亮起一切正常。但当安装好前乘员侧座椅和其他部件交车前最后试车时，在行驶中 ESP 故障报警灯再次点亮。

（5）再次用 VAS5051 检测，发现故障代码 00493 又变为永久性故障。于是将疑点转移到前乘员侧座椅与 G419 传感器单元的关系上。前乘员侧座椅的调节为机械式，再次拆下该座椅做进一步检查。发现 G419 传感器单元的线束是从该座椅下面的地胶走过的，而该地胶是用户买车后加装的，扒开地胶仔细检查 G419 连接线束，发现该线束在拐弯处有被挤压的现象，而且原车的线束固定卡子已被人为破坏，刨开线束的外皮发现有一根绿/黄色导线的绝缘皮已被磨破。

3. 故障排除

将磨破的导线包扎固定后，重新安装好地胶和前乘员侧座椅，并用 VAS5051 清除故障代码，经过长时间试车，故障现象消失。

4. 回顾总结

根据检查过程和诊断结果，认为该车ESP故障报警灯常亮的原因是在更换地胶时，工作人员破坏了G419传感器单元连接线束的固定卡子，以致该线束的走向发生改变，被前乘员侧座椅挤坏绝缘层而出现对地短路。

（二）故障案例2

1. 故障现象

配置4.2L V8电控发动机奥迪轿车（行驶里程约为50 000 km）行驶过程中ESP警告灯突然点亮，重新启动发动机后，该警告灯有时候能够熄灭，但车辆行驶时故障会再现。

2. 故障诊断

该车配置带有ESP控制功能的ABS系统，使用诊断仪对ABS系统进行自诊断，有一个故障码“18265 load signal fault message from engine ECU”，含义为来自发动机控制模块的负荷信号错误。使用诊断仪进行清除，结果重新启动发动机后该故障码再次出现，说明ESP警告灯异常点亮与发动机系统控制不良有关。继续对发动机系统进行自诊断，结果有多个故障码。为了判断真实故障码，进行清除，然后启动发动机，重新查询故障信息，结果没有故障码，同时发现仪表板ESP警告灯熄灭。继续对ABS系统进行自诊断，故障码18265变为记忆故障码，能够清除掉。进行路试，ESP警告灯再次点亮，查询发动机系统的故障信息，有一个故障码“16487 Air mass Meter G70 signal too high”，含义为空气流量传感器信号值太高。查询ABS系统的故障信息，结果故障码18265再次出现。由ESP系统控制原理可知，ESP控制模块需要接收发动机控制模块由CAN总线传来的负荷信号，并根据负荷信号激活ESP控制功能，而发动机的负荷信号是由空气流量、节气门位置、发动机转速等信号计算出来的，因此当空气流量传感器出现故障或信号超差时，发动机控制模块传递给ESP控制模块的负荷信号有可能是错误的，于是ESP控制模块便会设定相关故障码，激活ESP故障警告灯。

对空气流量传感器进行检查，发现其后部没有安装到位，有轻微的漏气现象。重新安装空气流量传感器。拔下线束插头，检查端子，没有松动或腐蚀现象。启动发动机，使用诊断仪读取空气流量传感器的工作数据，怠速时空气流量为4 ~ 6 g/s。进行加速，然后使发动机回到怠速工况，此时发现空气流量突然变为9 g/s左右，并且发动机出现轻微抖动现象。发动机运转一会儿空气流量变为5 g/s左右，由此说明故障是间歇性出现的。

3. 故障排除

更换空气流量传感器，清除故障码，进行路试，故障症状彻底消失，检修工作结束。

4. 回顾总结

故障车辆装备Bosch公司生产的ESP系统，该系统是在ABS结构基础上形成的一种主动安全系统，其控制模块、液压阀体与ABS系统的控制模块、液压阀体集成在一起，因此通常将ESP系统的控制模块称为ABS/ESP控制模块或直接称为ABS控制模块。

（三）故障案例3

1. 故障现象

一辆2008年款一汽-大众迈腾轿车，装备BYJ缸内直喷发动机。用户反映该车驻车时，车身电子稳定系统（ESP）和ABS指示灯报警、驻车制动指示灯闪烁、电子驻车制动系统（EPB）指示灯闪烁。车辆起动后，除上述指示灯闪烁外，EPC指示灯点亮，多功能仪表显示驻车制动系统故障。

2. 故障诊断

维修人员连接故障诊断仪查询网关安装列表，发现在ABS控制单元内，存储了制动压力传感器故障，且无法消除。因制动压力传感器集成在ABS控制单元内，于是更换ABS控制单元总成。更换后，用故障引导功能对传感器G85和制动压力进行基本设定，均能成功，但做横向加速度传感器G200、纵向加速度传感器G251和偏航率传感器G202的基本设定时，总是无法执行。查询故障存储器，结果如下："01—发动机中检测到3个故障：049448—与驻车控制单元没有联系；053271—未知错误编码；053271—未知错误编码""03—ABS系统中检测到4个故障：01042—控制单元没有编码；01542—偏航率传感器G202没有或错误的基本设定；01423—横向加速度传感器G200没有或错误的基本设定；01279—纵向加速度传感器G251没有或错误的基本设定""53—EPB系统中检测到5个故障：01087—没有进行基本设定；03182—未知故障码010—对正极开路或短路；01316—检查ABS控制单元故障存储器；01042—控制单元未编码；01279—纵向加速度传感器没有或错误的基本设定"。根据以上各控制单元存储的故障码分析，判断故障为纵向加速度传感器G251没有成功标定。查询维修手册，G200、G202和G251都集成在电子驻车制动系统控制单元J540内，因此怀疑J540控制单元损坏，于是更换J540控制单元，结果故障依旧。于是向生产厂家技术人员咨询，对方建议用VAS5051的自诊断功能在ABS内测试通道号061。维修人员按照"03—16—40168—04—061"的操作步骤进行调试，ESP故障灯熄灭，且故障码可清除，但仪表上EPB指示灯仍然报警。

3. 故障排除

重新对J540控制单元进行基本设定，设定成功后，EPB和EPC指示灯熄灭，发动机故障码可清除，故障彻底排除。

4. 回顾总结

因制动压力传感器集成在ABS控制单元内，传感器损坏时需要更换ABS控制单元。更换ABS控制单元后需要做匹配。因VAS5051故障引导内的引导项可能与国产车的通道存在差异，故无法用故障引导功能的匹配功能对横向加速度传感器G200、偏航率传感器 G202、纵向加速度传感器 G251 进行匹配，因此需要使用特殊通道 03—16—40168—04—061 完成这 3 个传感器的匹配。

（四）故障案例 4

1. 故障现象

一辆 2013 年款迈腾轿车，装备 CEA 缸内直喷发动机，用户反映 ESP 指示灯点亮。

2. 故障诊断

正常情况下，发动机运转后，ESP 指示灯自检熄灭，ESP 自动启用。如果发动机运行中，仪表板上的 ESP 指示灯常亮，说明 ESP 功能已停用，此时车辆在某些行驶状况下可能出现打滑的风险。使用 VAS5052A 故障诊断仪检测，制动器电子系统中有 2 个故障码：00642—右前 EDL 转换阀-N166 损坏（静态）；00003—控制单元损坏（静态）。且故障码无法清除。该车 ABS 泵、阀体、ESP 控制单元集成于一体。检查 ESP 控制单元线束连接状况良好，根据故障码内容“前 EDL 转换阀-N166 损坏”与“控制单元损坏”，判断为 ABS 泵内部故障，必须更换 ABS 泵总成。

3. 故障排除

更换 ABS 泵总成，故障排除。

4. 回顾总结

ESP 控制单元内部损坏，ESP 控制单元激活 ESP 指示灯报警。ESP 启用后会监控行驶稳定性和牵引力，即轮胎和路面之间的动力传递。当 ESP 识别出车轮正在滑转或车辆开始打滑的临界状态，ESP 介入工作，通过限制发动机的功率输出和对单个车轮采取精确制动来稳定车辆。本案例中，ESP 指示灯常亮，ESP 停用，但不会影响正常的制动功能，只是在特定的行驶情况下，出现车轮打滑时，无法通过 ESP 的功能介入稳定车辆。

思考练习

1. ESP 的作用是什么？
2. ESP 由哪些部分组成？各部分的基本作用是什么？
3. ESP 系统检修有哪些注意事项？

项目三

电控悬架系统故障诊断与维修

任务一　汽车电控悬架系统认识

学习目标

（1）掌握电控悬架系统的功用。

（2）了解电控悬架的要求和分类。

（3）掌握典型电控悬架系统的构造、工作原理。

知识链接

一、汽车电控悬架系统认知

电子控制汽车悬架系统主要由（车高、转向角、加速度、路况预测）传感器、ECU、悬架控制执行器等组成。目前，电控悬架的控制形式主要有两种，即液压控制和气压控制。

空气悬架的弹性元件不再是传统的钢板弹簧或螺旋弹簧，而是充入了压缩气体的空气弹簧，减振效果大大优于传统的悬架，多用于高档轿车或高档客车上。电子调整空气悬架中储有起弹簧作用的压缩空气，弹簧刚度和汽车高度可根据驾驶条件自动控制。减振器的阻尼力也由电控系统控制，以抑制车辆侧倾、制动时前部栽头和高速行驶后部下坐时汽车姿势发生变化，能提高乘坐的舒适性和操纵性。

（一）电子控制悬架系统的结构

电子控制悬架系统基本结构是由 4 个部分组成，如图 3-1 所示。

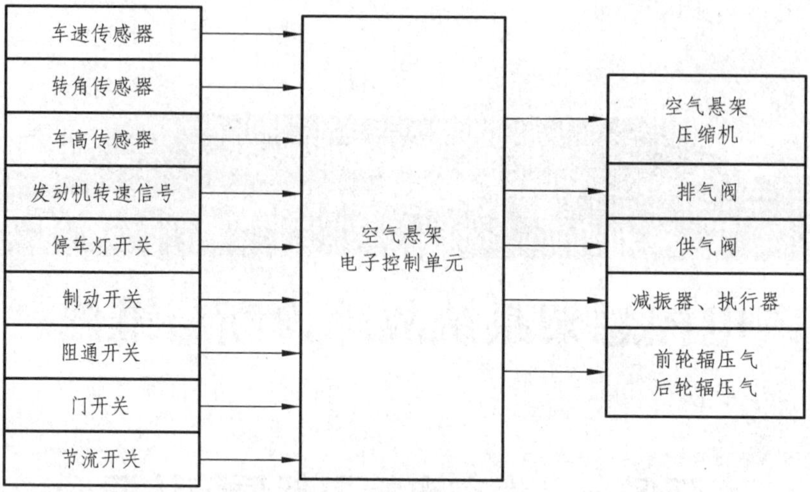

图 3-1　电子控制悬架系统构成

传感器：车高传感器、车速传感器、加速度传感器、转向盘转角传感器、节气门位置传感器。

开关：模式选择开关、制动灯开关、停车开关、车门开关。

电子控制单元：ECU。

执行机构：可调阻尼力的减振器、可调节弹簧高度和弹性大小的弹性元件。

（二）电控悬架系统的基本工作原理

如图 3-2 所示，车身状态传感器和开关给 ECU 提供加速度、位移及其他目标参数等信号，ECU 根据各传感器送来的信号进行运算分析，向悬架执行元件发出指令信号，使执行元件（如阻尼调节步进电机）产生一定的机械动作，调节悬架参数的执行器（电磁阀、步进电机等）改变悬架的刚度、阻尼系数和车身高度，使车辆在行驶过程中具有良好的平顺性和操纵稳定性。

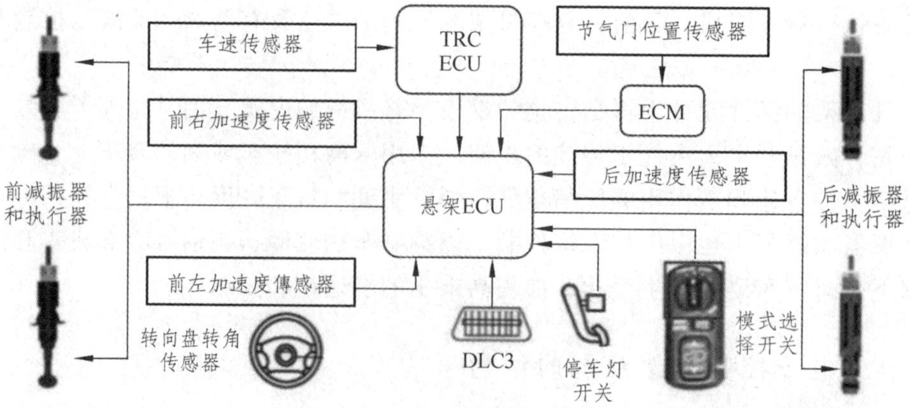

图 3-2　电控悬架系统的基本工作原理

二、汽车电控悬架系统的功能和分类

（一）电子控制悬架系统的功能

电子控制悬架系统的基本目的是通过控制调节悬架的刚度和阻尼力，突破传统被动悬架的局限性，使汽车的悬架特性与道路状况和行驶状态相适应，从而使汽车行驶的平顺性和操纵的稳定性要求都能得到满足。

1. 车身高度调整

无论车辆的负载多少，都可以保持汽车高度一定，车身保持水平，从而使前大灯光束方向保持不变；当汽车在坏路面上行驶时，可以使车高升高，防止车桥与路面相碰；当汽车高速行驶时，又可以使车高降低，减少空气阻力，提高操纵稳定性。

2. 减振器阻尼力控制

通过对减振器阻尼系数的调整，防止汽车急速起步或急加速时车尾下蹲；防止紧急制动时的车头下沉；防止汽车急转弯时车身横向摇动；防止汽车换挡时车身纵向摇动等，提高行驶平顺性和操纵稳定性。

3. 弹簧刚度控制

与减振器一样在各种工况下，通过对弹簧弹性系数的调整，来改善汽车的乘坐舒适性与操纵稳定性。

有些车型只具有其中的一个或两个功能，而有些车型同时具有以上三个功能。

（二）电子控制悬架系统的分类

现代汽车装用的电子控制悬架系统类型很多。按传力介质的不同可分为油压式和气压式两种。

按控制理论不同电子控制悬架系统可分为半主动式、主动式两大类。其中半主动式又分为有级半主动式（阻尼力有级可调）和无级半主动式（阻尼力连续可调）两种；主动式悬架根据频带和能量消耗的不同，分为全主动式（频带宽大于 15 Hz）和慢全主动式（频带宽 3 ~ 6 Hz）；而根据驱动机构和介质的不同，可分为电磁阀驱动的油气主动式悬架和由步进电动机驱动的空气主动式悬架。

无级半主动悬架可以根据路面的行驶状态和车身的响应对悬架阻尼力进行控制，并在几毫秒内由最小到最大，使车身的振动响应始终被控制在某个范围内。但在转向、起步、制动等工况时不能对阻尼力实施有效的控制。它比全主动式悬架优越的地方是不需要外加动力源，消耗的能量很小，成本较低。

主动式悬架是一种能供给和控制动力源（油压、空气压）的装置。根据各种传感器检测到的汽车载荷、路面状况、行驶速度、起动、制动、转向等状况的变化，自动调整悬架的刚度、阻尼力以及车身高度等。它能显著提高汽车的操纵稳定性和乘坐舒适性。

三、汽车电控悬架系统的组成及部件

（一）电子控制悬架系统传感器

传感器的作用是将汽车行驶的速度、起动、加速度、转向、制动和路面状况、汽车振动状况、车身高度等信号传送给悬架 ECU。汽车悬架系统所用的传感器主要有车身加速度传感器、车身高度传感器、车速传感器、方向盘转角传感器、节气门位置传感器等。

1. 车身高度传感器

车身高度传感器的作用是把车身高度（汽车悬架装置的位置量）转换为电信号送给悬架 ECU。高度传感器的数量与车上装备的电控空气悬架系统的类型有关。高度传感器的一端与车架连接，另一端装在悬架系统上，如图 3-3 所示。

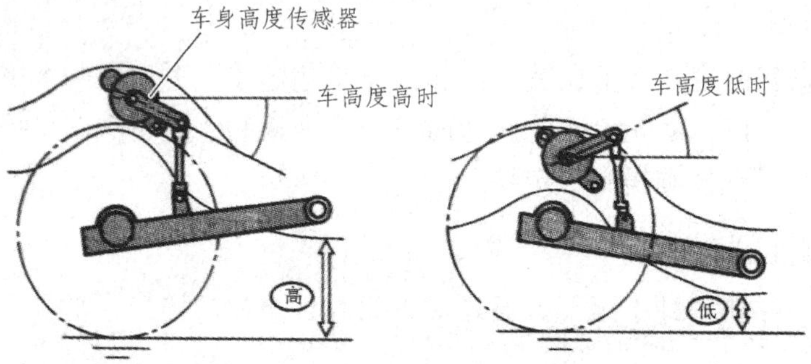

图 3-3　车身高度传感器的安装位置

在空气悬架上，高度传感器用于采集车身高度信息；在某些行驶平顺性控制系统上，高度传感器还用来探测悬架运动情况以确定是否需要硬阻尼。

车身高度传感器可以是模拟式的，也可以是数字式的；可以是线位移式，也可以是角位移式的。

（1）模拟式高度传感器。

模拟式高度传感器给悬架 ECU 提供与车身高度相关的、连续的电压信号。每个高度传感器在悬架 ECU 内都设定有一个基准电压值，该基准值是高度传感器在汽车处于正常行驶时传给悬架 ECU 的电压。悬架 ECU 将高度传感器的实际电压信号与设定的基准值比较，并根据此比较进行调整。模拟式传感器（见图 3-4）有一个 3 线连接器，3 线分别是地线、电源线和信号线。

模拟式高度传感器的工作过程：

汽车高度正常时，电控开关关闭，悬架 ECU 接收到汽车高度为正常的信号。

当汽车高度增加时，磁性滑阀上移，超高开关打开，并向悬架 ECU 输送车身高度增加的信号。悬架 ECU 收到此信号后，控制空气弹簧电磁阀和排气电磁阀打开，使空气弹簧放气，降低车身高度，使其达到标准高度（即平衡高度，是指汽车正常行驶时车身应该保持的高度）。

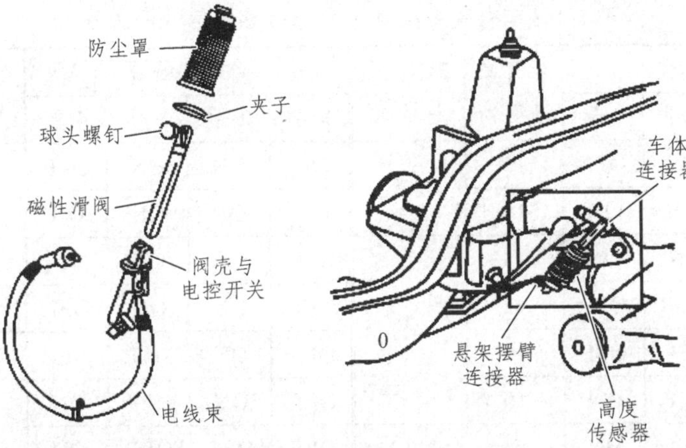

图 3-4　模拟式高度传感器及安装位置

当车身高度降低时，磁性滑阀下移，欠高开关打开，并向悬架 ECU 输送车身高度降低的信号（即欠高信号）。悬架 ECU 收到欠高开关的信号后，控制空气压缩机继电器接通，空气压缩机工作，同时悬架 ECU 控制空气弹簧电磁阀打开，使空气压缩机产生的压缩空气充入空气弹簧，从而使车身高度增加，直至达到标准高度。

警告：高度传感器不能修理，损坏的传感器必须整件更换。

（2）数字式高度传感器。

现在应用最广泛的是光电式数字车身高度传感器，其工作原理如图 3-5 所示。在传感器内部有一个传感器轴，轴外端安装的连接杆与悬架臂相连接，轴上固定一个开有一定数量窄槽的遮光盘。遮光盘两侧对称安装有 4 组发光二极管和光敏三极管，组成四对光电耦合器（信号发生器）。当车身高度变化时，车身与悬架臂做相对运动，连接杆带动传感器轴和遮光盘一起转动。当遮光盘上的槽对准耦合器时，光敏三极管通过该槽接收发光二极管发出的光线，光电耦合器输出导通（ON）信号，反之则输出截止（OFF）信号。只要使遮光盘上的槽适当分布，就可以利用这 4 对光电耦合器导通和截止的组合，把车身高度的变化分成 16 个区域进行检测，具体划分见表 3-1。这种高度传感器有一个 6 线连接器——电源线、地线及 4 根信号线。

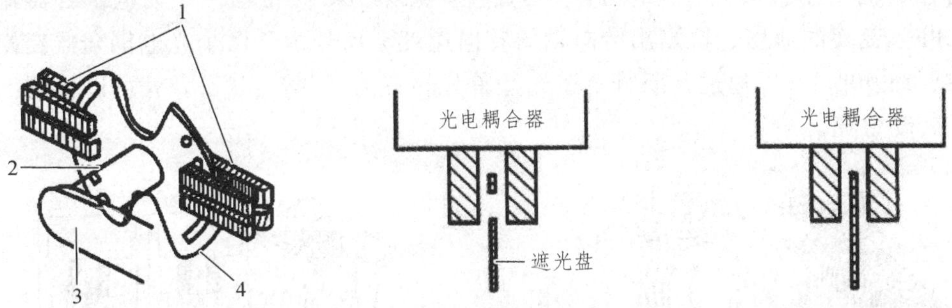

（a）结构图　　（b）导通（ON）　　（c）截止（OFF）

1—光电耦合器；2—传感器轴；3—连接杆；4—遮光盘。

图 3-5　车身高度传感器的工作原理

表 3-1　车身高度控制区域与传感器信号的关系

光电耦合器				车身高度区间	ECU 判断结果	光电耦合器				车身高度区间	ECU 判断结果
1 号	2 号	3 号	4 号			1 号	2 号	3 号	4 号		
OFF	OFF	ON	OFF	15	超高	ON	ON	ON	OFF	7	标准
OFF	OFF	ON	ON	14		ON	ON	ON	ON	6	
ON	OFF	ON	ON	13	高	OFF	ON	ON	ON	5	低
ON	OFF	ON	OFF	12		OFF	ON	ON	OFF	4	
ON	OFF	OFF	OFF	11		OFF	ON	OFF	OFF	3	
ON	OFF	OFF	ON	10		OFF	ON	OFF	ON	2	
ON	ON	OFF	ON	9	标准	OFF	OFF	OFF	ON	1	过低
ON	ON	OFF	OFF	8		OFF	OFF	OFF	OFF	0	

悬架 ECU 根据传感器输入的“ON”“OFF”信号得到车身位移信息，根据车身高度变化的幅度和频率，可以判断车身的振动情况，根据一段时间（一般为 10 ms）车身高度在某一区域的百分比来判断车身高度。

2. 方向盘转角传感器

方向盘转角传感器用于检测方向盘的中间位置、转动方向、转动角度和转动速度。在电控悬架中，悬架 ECU 根据车速传感器信号和方向盘转角传感器信号，判断汽车转向时侧向力的大小，以控制车身的倾斜。

光电式转角传感器是电控空气悬架中比较常用的方向盘转角传感器，其结构和工作原理如图 3-6 所示。在压入转向轴的遮光盘上有一定数量的窄槽，遮光盘的两端分别有两个发光二极管和两个光敏三极管，组成两对光电耦合器（信号发生器）。转动方向盘时，转向轴带动遮光盘旋转，当转到窄槽处，光敏三极管感受到发光二极管发出的光，就会输出“ON”信号；当遮光盘转到除窄槽以外的其他位置时，光敏三极管接收不到发光二极管的光线，就会输出“OFF”信号。这样随着转向盘的转动，两个光电耦合器的输出端就形成“ON/OFF”的变换。悬架 ECU 根据两个光电耦合器输出“ON/OFF”变换的速度，检测出转向轴的转向速度。此外由于两个光电耦合器变换的相位错开约 90°，所以通过判断哪个遮光盘首先转变为“ON”状态，就可以检测出转向轴的转动方向。

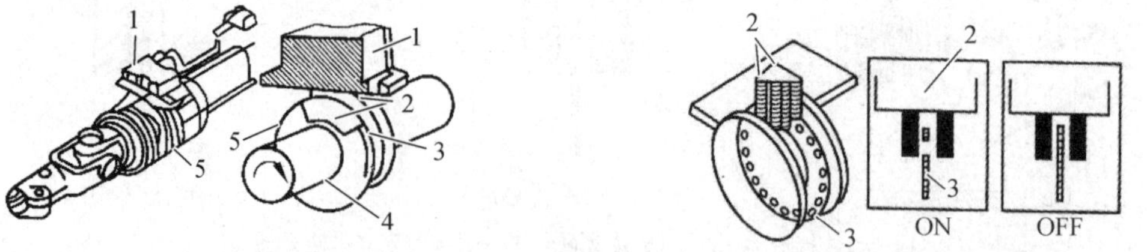

（a）安装位置和构造　　（b）工作原理

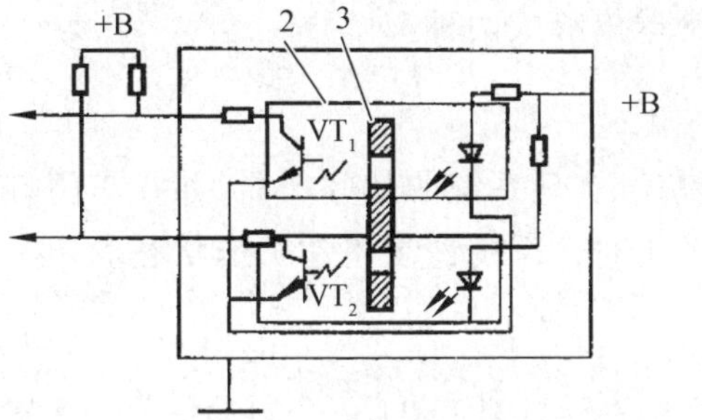

（c）电路原理

1—转角传感器；2—光电耦合器；3—遮光盘；4—转向轴；5—传感器圆盘。

图 3-6 光电式方向盘转角传感器

3. 车速传感器

悬架 ECU 可从车速传感器、各种其他模块或多路传输网络接收车速信号输入，用于实现系统的各种控制功能。

变速器、驱动轴或分动箱通过齿轮驱动车速传感器输出的信号是交流波形信号，其频率和电压随车速提高而增加，由信号频率便可获知车速。

车速信号也可以由其他模块直接提供给悬架 ECU（直接连接），此信号为直流变化信号。车速信号还可以以数据信号形式从汽车多路传输网络提供给悬架 ECU。

车速信号的输入如图 3-7 所示。

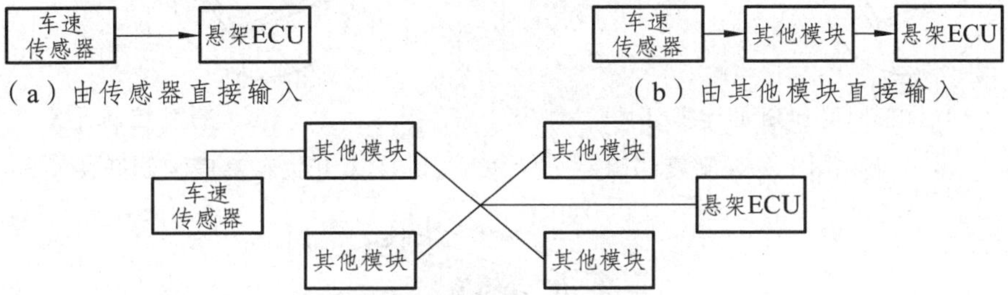

图 3-7 车速信号的输入

4. 加速信号

一般来说，电控悬架系统不用设置专门的加速度传感器。通常利用发动机节气门位置传感器信号来判断汽车是否在进行急加速。悬架 ECU 采集加速信号的原理如下：

悬架系统中的传感器（车速传感器、高度传感器等）都是将信号直接输入悬架 ECU，但节气门位置传感器信号则是输入发动机电子控制系统，再由发动机电子控制系统将此信号输入悬架 ECU。当汽车起动或突然加速时，动力传动控制模块根据节气门位置传感器信号（探测到节气门开度超过 90%）或质量式空气流量传感器信号生成加速信号，然后将加速信号提供给悬架 ECU，悬架 ECU 控制执行器使其转换到硬阻尼状态，以便减少汽车“抬头”（或“后坐”）。

少数情况下也采用加速度传感器来采集加速度信号，如车轮打滑时。加速度传感器一般有差动变压式和钢球位移式两种。

5. 车门信号

悬架 ECU 利用车门信号实现系统的某些功能,如在车门打开时防止排气或保持目前行驶高度等。当车门关闭时，系统恢复正常工作状态。

6. 制动信号

当汽车制动时，制动开关给悬架 ECU 一个制动信号，悬架 ECU 收到制动信号后，控制执行器将悬架由软转换到硬的状态，以防止汽车“点头”（或“翘尾”）。

7. 悬架控制开关

悬架控制开关包括悬架刚度和阻尼选择（LRC）开关、高度控制开关和锁止开关（高度控制“ON/OFF”开关）。前两个开关一般都装在驾驶室内选挡操纵手柄旁边（见图 3-8），锁止开关一般装在后备箱内（见图 3-9）。

（a）悬架刚度和阻尼选择开关　　（b）高度控制开关

图 3-8　悬架刚度和阻尼选择开关（LRC）开关和高度控制开关

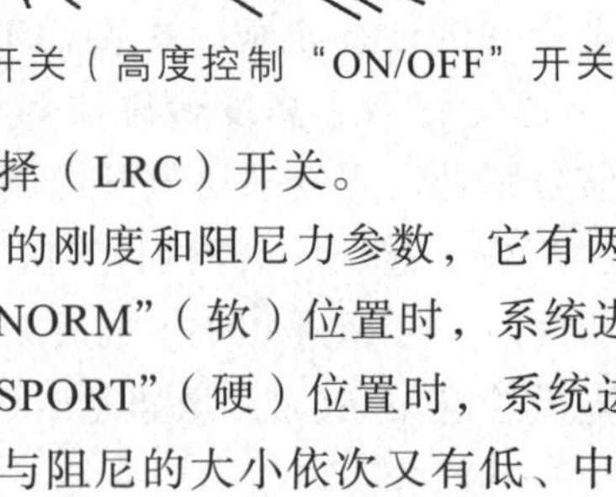

图 3-9　锁止开关（高度控制“ON/OFF”开关）的安装位置

（1）悬架刚度和阻尼选择（LRC）开关。

LRC 开关用于选择悬架的刚度和阻尼力参数，它有两个挡位：

① 当 LRC 开关处于“NORM”（软）位置时，系统进入“常规行驶自动控制”。

② 当 LRC 开关处于“SPORT”（硬）位置时，系统进入“高速行驶自动控制”。

每一种模式下按照刚度与阻尼的大小依次又有低、中、高三种状态。当“NORM”（软）和“SPORT”（硬）模式通过 LRC 选定后，就由悬架 ECU 根据传感器的输入信号在低、中、高三种状态间自动调节刚度和阻尼系数。

（2）高度控制开关。

高度控制开关也有两种控制模块，即“NORM”和“HIGH”，按照车身的高度从低到高的顺序，每一种模式又有低、中、高三种状态。

在“NORM”模式时，车身高度常处于“低”状态，系统对车身高度进行“常规值自动控制”。

在“HIGH”模式时，车身高度常处于“高”状态，系统对车身高度进行“高值自动控制”。

（3）锁止开关（高度控制“ON/OFF”开关）。

锁止开关一般装在行李厢内。当锁止开关位于“ON”时，系统按照驾驶员通过高度控制开关选定的模式进行车身高度控制；当锁止开关位于“OFF”时，系统不进行车身高速的调节。

警告：顶升或举升汽车时，如果锁止开关不在“OFF”位置，可能会损坏电控空气悬架系统。因此举升汽车前，必须将锁止开关置于“OFF”位置。

（二）电子控制悬架系统电子控制模块

1. 电控悬架系统电子控制模块（悬架 ECU）的功用

控制悬架系统的电子控制模块（悬架 ECU）是悬架控制系统的中枢，它具有多种功能。

（1）传感器信号放大。

用接口电路消除输入信号（如传感器的信号、开关信号）中的干扰信号，然后放大、变换极值、比较极值，变换为适合输入悬架 ECU 的信号。

（2）输入信号的计算。

悬架 ECU 根据预先写入只读存储器 ROM 中的程序对各输入信号进行计算，并将计算结果与内存中的数据进行比较后，向执行器（电机、电磁阀、继电器等）发出控制信号。输入悬架 ECU 的信号除了开关信号外，还有电压值，还应进行 A/D 变换。

（3）驱动执行器。

悬架 ECU 用输出驱动电路将输出驱动信号放大，然后输送到各执行器，如电机、电磁阀、继电器等，以实现对汽车悬架参数的控制。

（4）故障检测。

悬架 ECU 用故障检测电路来检测传感器、执行器和线路的故障。当发生故障时将信号送入悬架 ECU，目的在于即使发生故障，也能使悬架系统安全工作，并且在修理故障时容易确定故障所在位置。

2. 电控空气悬架系统电子控制模块（悬架 ECU）的结构

电控空气悬架系统电子控制模块是由输入电路、微机和输出电路等 3 部分组成，如图 3-10 所示。

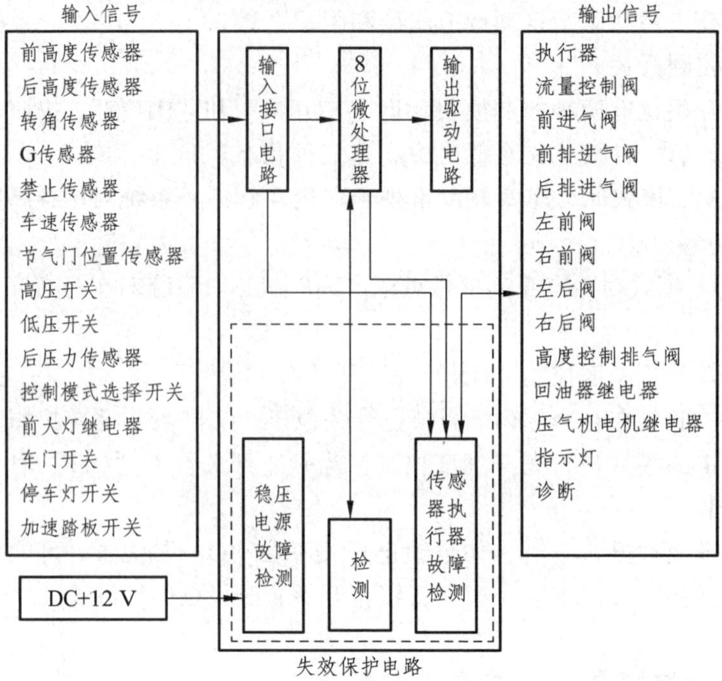

图 3-10　三菱 GALANT 轿车电控空气悬架系统悬架 ECU 框图

（1）输入处理电路。

ECU 的输入信号主要有 3 种形式，模拟信号、数字信号（包括开关信号）和脉冲信号。

模拟信号通过 A/D 转换为数字信号提供给微处理器。控制系统要求模拟信号转换具有较高的分辨率和精度（>10 位）。为了保证测控系统的实时性，采样间隔一般要求小于 4 ms。

数字信号需要通过电平转换对超过电源电压、电压在正负之间变化、带有较高的振荡和噪声、带有波动电压等输入信号进行转换处理，得到计算机能接收的信号。

（2）微处理器。

微处理器首先完成传感器信号的 A/D 转换、周期脉冲信号测量和其他有关汽车行驶状态信号的输入处理，然后计算并控制所需的输出值，按要求适时地向执行机构发送控制信号。过去微处理器多数是 8 位和 16 位的，也有少量采用 32 位的。现在多用 16 位和 32 位的微处理器。

（3）输出处理电路。

微处理器输出的信号往往用于控制电磁阀、指示灯、步进电机等。微处理器输出信号功率小，使用+5 V 的电压，汽车上执行机构的电源大多数是蓄电池，需要将微处理器的控制信号通过输出处理电路处理后再驱动执行机构。

3. 电控空气悬架系统电子控制模块（悬架 ECU）的工作原理

预先将悬架 ECU 的控制程序写入只读存储器 ROM，悬架控制过程中，按控制程序规定的顺序进行计算、分析和比较。

系统起动后，首先对悬架 ECU 内存储器 RAM、执行器进行初始化，然后读取各种传感器输入信号和各种开关信号，根据驾驶员所选择的系统控制模式，对输入信号进行计算、分析，并发出控制信号进行汽车行驶姿态控制，随后再读取各种输入信号，如此往返循环。

（三）电子控制悬架系统执行器

1. 电控空气悬架系统执行器的功用

悬架执行器的作用就是驱动主、副气室的空气阀阀芯和减振器阻尼孔的回转阀，使其转动，从而实现对悬架刚度和阻尼参数的控制。电控空气悬架系统的控制功能主要包括以下 3 方面。

（1）车速与路面感应控制。

这种控制主要是随着车速和路面的变化，改变悬架的刚度和阻尼系数，使之处于低、中、高 3 种状态。车速和路面感应主要有以下 3 种。

① 高速感应：当车速很高时，控制模块输出控制信号，使悬架的刚度和阻尼系数相应增大，以提高汽车高速行驶时的操纵稳定性。

② 前后车轮关联感应：当汽车前轮在遇到路面单个的凸起时，控制模块输出控制信号，相应减少后轮悬架的刚度和阻尼系数，以减小车身的振动和冲击。

③ 坏路面感应：当汽车进入坏路面行驶时，为了控制车身产生大的振动，控制模块输出控制信号，相应增大悬架的刚度和阻尼系数。

（2）车身姿态控制。

当汽车起步、制动和转向时，会造成车身姿态的急刷改变。这种车身姿态的改变既降低了汽车的乘坐舒适性，又由于车身的过度倾斜容易使汽车失去稳定，所以应该对其进行控制。这种控制主要包括 3 个方面：转向时车身的倾斜控制、制动时车身的点头控制、起步或者加速时车身的后坐控制。

（3）车身高度控制。

车身高度控制是在汽车行驶车速和路面变化时，悬架 ECU 对执行元件输出控制信号，控制调节车身的高度，以确保汽车行驶的稳定性和通过性。车身高度控制主要有两方面：高速感应控制、连续差路面行驶控制。

2. 电控空气悬架系统执行器的结构和工作原理

空气悬架系统执行器的结构和工作原理如图 3-11 所示。当悬架 ECU 控制步进电机动作时，带动小齿轮转动，小齿轮驱动扇形齿轮转动。与扇形齿轮同轴的阻尼调节杆带动回转阀旋转，从而使阻尼孔开闭的数量发生变化，达到调节减振器阻尼的目的。同时，阻尼调节杆上通过齿轮带动空气阀控制杆转动，使空气阀阀芯转动，随着阀芯转动角度的改变，使空气弹簧的刚度也得到调节。

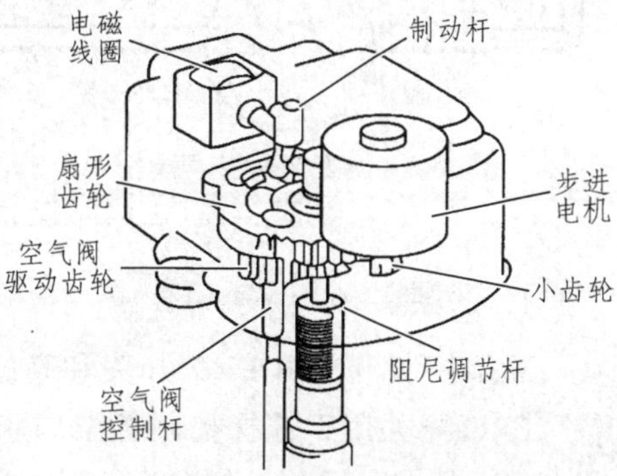

图 3-11　悬架系统执行器的结构

悬架系统执行器上还有一个电磁线圈，当电磁线圈不通电时，由它控制的制动开关松开，制动杆处于扇形齿轮的滑槽内，扇形齿轮可以转动；当电磁线圈通电而吸合制动开关时，制动杆往回拉，各齿轮处于锁止状态，阻尼调节杆和空气阀控制杆都不能转动，此时悬架的刚度参数和阻尼参数都为固定值，悬架系统处于相对稳定的状态。

四、丰田 LS400 型轿车电控空气悬架系统认知

丰田 LS400 型轿车的电控悬架系统为空气弹簧主动悬架，可根据行驶条件自动控制弹簧刚度、减振器阻尼力及车身高度，以抑制加速时后坐、制动时点头、转向时侧倾等汽车行驶状态的变化，明显改善乘坐的舒适性和操纵的稳定性。

（一）系统组成

丰田 LS400 型轿车的电控悬架系统由空气压缩机、干燥器、排气阀、高度控制阀、高度控制继电器、高度传感器、转向传感器、悬架控制执行器、悬架电控单元、悬架刚度调节装置和减振阻尼力调节装置等组成，如图 3-12 所示。

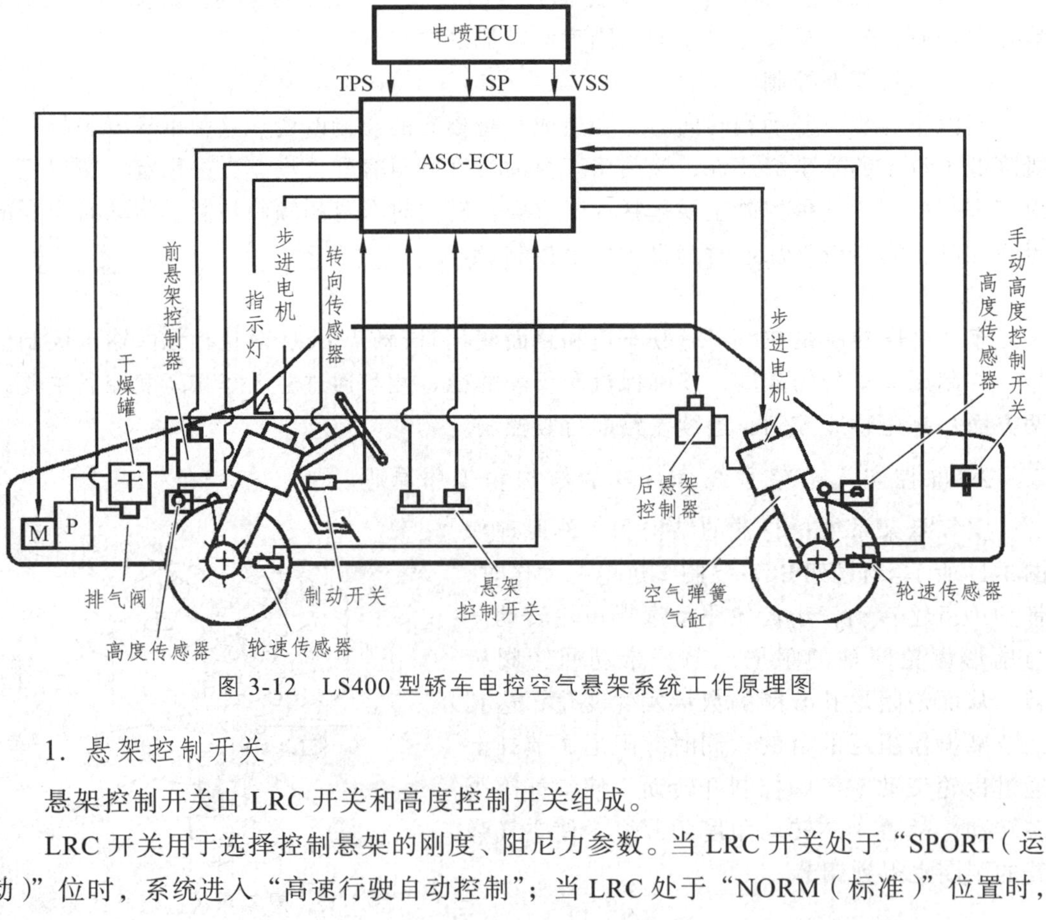

图 3-12 LS400 型轿车电控空气悬架系统工作原理图

1. 悬架控制开关

悬架控制开关由 LRC 开关和高度控制开关组成。

LRC 开关用于选择控制悬架的刚度、阻尼力参数。当 LRC 开关处于“SPORT（运动）”位时，系统进入“高速行驶自动控制”；当 LRC 处于“NORM（标准）”位置时，

系统对悬架的刚度、阻尼力进行“常规值自动控制”，着重于乘坐舒适性，通常用于一般的行驶。此时，悬架的电子控制单元（ECU）根据车速传感器等信号，使悬架的刚度、阻尼力自动地调整到软、中或硬的状态。

高度控制开关用于选择控制车身高度，当高度控制开关处于“HIGH”位置时，系统对车身高度进行“高值自动控制”，在不平道路上行驶时选用；当高度控制开关处于“NORM（标准）”时，车身高度则进入“常规值自动控制”状态，在一般道路上行驶时选用。

2. 高度控制“ON/OFF”开关

高度控制“ON/OFF”开关安装在汽车尾部行李厢的左边。

当高度控制“ON/OFF”开关处于“ON”位置时，系统可按驾驶的选择方式进行车身高度自动控制；当该开关处于“OFF”位置时，系统不执行车身高度控制。当车辆被举升或停在不平的路面时不能对车身高度进行调节，这样可以避免空气弹簧中的压缩空气排出，防止车身高度的下降。

3. 车身高度指示灯

指示灯位于组合仪表上，用于指示所选择的车身高度。当高度控制开关的位置改变时，指示灯能马上指示出所切换到的位置，但到达所设定的车身高度需要一定的时间。

4. LRC 指示灯

此灯也位于组合仪表上，用于指示当前减振器和空气弹簧的工作模式(“NORMAL AUTO”或“SPORT AUTO”)。选择“SPORT AUTO”模式时灯亮，否则灯熄灭。

5. 高度控制插座

连接该插座上的相应端子，可以不通过 ECU 而直接控制空气压缩机电动机、高度控制电磁阀及排气电磁阀，从而使检修方便。此插座上还提供了用于清除存储器中故障代码的端子。

6. 转向盘转角传感器

采用光电式转向传感器。

7. 高度传感器

采用光电式高度传感器。

8. 1 号和 2 号高度控制阀

两个高度控制阀分别装在前、后悬架上，其作用是根据 ECU 的控制信号控制空气弹簧的充气和排气，1 号高度控制阀用于前悬架，此阀中有两个电磁阀，分别控制左右空气弹簧。2 号高度控制阀用于后悬架，也是由两个电磁阀组成，它与 1 号高度控制阀不同的是，它们不是单独控制，而是同时动作。在 2 号高度控制阀中还装有一个安全阀，用于防止管路中压力过高。

9. 悬架电控单元 ECU

悬架电控单元 ECU 用于控制减振器的阻尼力、悬架的刚度及车身高度。悬架电控单元 ECU 具有故障自诊功能，工作中一旦发现悬架的电子控制系统出现故障，ECU 便将故障以代码形式存在内存中，并及时向驾驶员报警。ECU 的失效保护功能使其在系统出现故障时暂停对悬架的控制。

10. 悬架控制执行器

悬架控制执行器（直流电动机式）装在各空气弹簧和减振器的上方，用于同时驱动减振器的施转阀和空气弹簧的连通阀，以改变减振器的阻尼力和空气弹簧的刚度。

11. 空气弹簧

空气弹簧安装于可调减振器的上端，与可调减振器一起构成悬架支柱，上端与车架连接，下端装在悬架摆臂上。空气弹簧由一个主气室和一个副气室组成。主、副气室之间有大小两个通道。执行器带动连通阀控制杆转动，使阀芯转过一个角度，改变主、副气室之间通道的大小，即改变主、副气室之间的空气流量，从而使空气弹簧有效工作容积改变，悬架刚度发生变化。悬架的刚度可以在低、中、高三种状态之间变化。车身高度的调节通过 1 号和 2 号高度控制阀控制充入或释放到主气室内压缩空气的排气阀来实现，如图 3-13 所示。

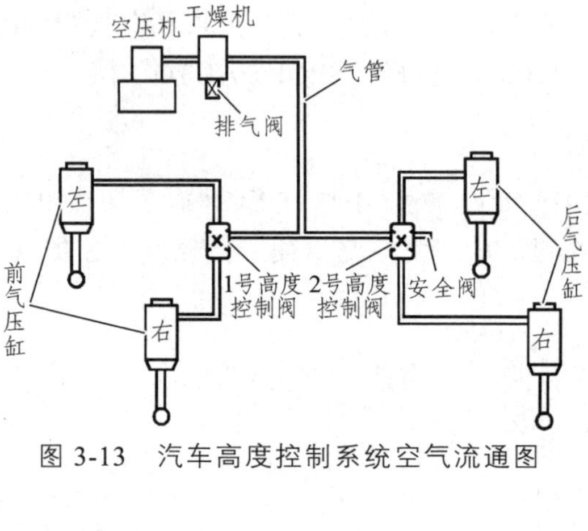

图 3-13　汽车高度控制系统空气流通图

12. 可调减振器

减振器阻尼系数的变化靠改变活塞阻尼孔的开度来实现，阻尼孔的开度则由控制杆驱动的旋转阀控制。

（二）系统控制功能

丰田 LS400 型轿车的电控悬架系统主要对车速及路面感应、车身姿态、车身高度 3 个方面进行控制。

1. 车速与路面感应控制

（1）当车速高时，提高弹簧刚度和减振器阻尼力，以改善汽车调整行驶的平顺性和操纵稳定性。

（2）当前轮遇到突起时，减小后轮悬架弹簧刚度和减振器阻尼力，以减小车身的振动和冲击。

（3）当路面差时，提高弹簧刚度和减振器阻尼力，以抑制车身的振动。

2. 车身姿态控制

（1）转向时侧倾控制：急转向时，提高弹簧刚度和减振器阻尼力，以抑制车身的侧倾。

（2）制动时点头控制：紧急制动时，提高弹簧刚度和减振器阻尼力，以抑制车身的点头。

（3）加速时后坐控制：急加速时，提高弹簧刚度和减振器阻尼力，以抑制车身的后坐。

3. 车身高度控制

（1）高速感应控制：车速超过 90 km/h 时，降低车身高度，以减少空气阻力，提高汽车行驶的稳定性。

（2）连续差路面行驶控制：车速在 40 ~ 90 km/h 时，提高车身高度，以提高汽车的通过性。

（3）点火开关 0FF 控制：驻车时，当点火开关关闭后，降低车身高度，便于乘客的乘坐。

（4）自动高度控制：当乘客荷载质量变化时，保持车身高度恒定。

4. 弹簧刚度和减振阻尼力控制

悬架系统弹簧刚度和减振器阻尼力控制执行器安装在空气弹簧的上部，ECU 将信号送至悬架控制器，同时驱动减振器的阻尼调节杆和空气弹簧的气阀控制杆，从而改变减振器的阻尼力和悬架弹簧刚度。其具体控制功能见表 3-2。

表 3-2　丰田 LS400 型轿车电控空气悬架系统控制功能

控制项目	功　能
防侧倾控制	使弹簧刚度和减振力变成“坚硬”状态，能抑制侧倾而使汽车的姿态变化减至最小，以改善操纵性
防点头控制	使弹簧刚度和减振力变成“坚硬”状态，能抑制汽车制动时点头而使汽车的姿态变化减至最小
防下坐控制	使弹簧刚度和减振力变成“坚硬”状态，能抑制汽车加速时后部下坐而使汽车的姿态变化减至最小
高车速控制	使弹簧刚度变成“坚硬”状态或使减振力变成“中等”状态，能改善汽车高速时的行驶稳定性和操纵性
不平整路面控制	使弹簧刚度和减振力视需要变成“中等”或“坚硬”状态，以抑制汽车车身在悬架上下垂，从而改善汽车在不平坦路面上行驶时的乘坐舒适性

续表

控制项目	功能
颠动控制	使弹簧刚度和减振力变成“中等”或“坚硬”状态，抑制汽车在不平坦路面上行驶时的颠动
跳振控制	使弹簧刚度和减振力视需要变成“中等”或“坚硬”状态，能抑制汽车在不平坦路面上行驶时的上下跳振
自动高度控制	不管乘客和行李质量情况如何，使汽车高度保持某一恒定的高度；操作高度控制开关使汽车的目标高度变为“正常”或“高”的状态
高车速控制	当高度控制开关在“NORM”位置时，汽车高度会降低至“正常”状态，从而改善高速行驶时的稳定性
点火开关 OFF 控制	当点火开关关闭后因乘客和行李质量变化而使汽车高度变为高于目标高度时，能使汽车高度降低至目标高度，从而改善汽车驻车时的姿势

思考练习

1. 电控悬架的传感器主要有哪些?
2. 电控悬架系统的执行机构有哪些?
3. 电控悬架系统又称电子调节悬架系统，其英文简称是什么?
4. 请叙述电控空气悬架系统的工作原理。

任务二　汽车电控悬架系统故障诊断与维修

学习目标

（1）能够根据汽车电控悬架系统常见故障的现象进行故障原因诊断。
（2）能够对抵触电控悬架系统故障进行分析和排除。

故障检修

一、电控空气悬架系统的基本检查与调整

基本检查的内容有车身高度调整功能检查、减压阀检查、漏气检查和车身高度初始调整。

（一）车身高度调整功能检查

通过操作高度控制开关来检查汽车车身高度的变化（见图 3-14），步骤如下：

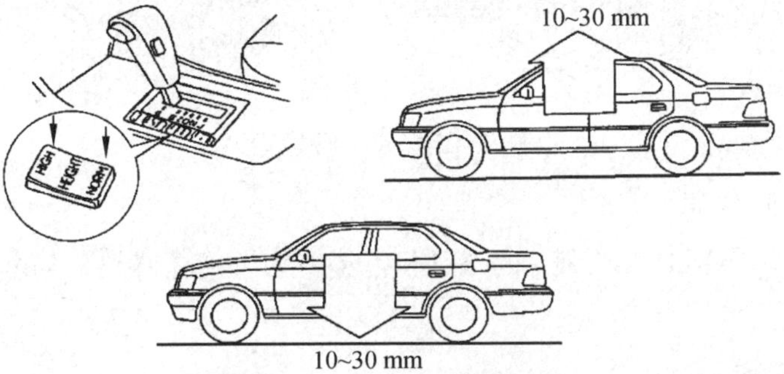

图 3-14　车身高度调整检查

（1）检查轮胎充气压力是否正确。

（2）检查汽车高度。

（3）启动发动机，将高度控制开关从“NORM”位置切换到“HIGH”位置。检查完成高度调整所需的时间和汽车车身高度的变化量，标准见表 3-3。

表 3-3　车身高度调整标准（一）

从操作高度控制开关至压缩机启动	≈2 s
从压缩机起动至高度调整完毕	20 ~ 40 s
车身高度的改变量	10 ~ 30 mm

（4）在汽车处于“HIGH”高度时，启动发动机并将高度控制开关从“HIGH”位置切换至“NORM”位置。检查完成高度调整所需的时间和汽车车身高度的变化量，标准见表 3-4。

表 3-4　车身高度调整标准（二）

从操作高度控制开关至排气电磁阀打开	≈2 s
从排气电磁阀打开至高度调整完毕	20 ~ 40 s
车身高度改变量	10 ~ 30 mm

（二）减压阀检查

迫使压缩机工作以检查减压阀的动作，方法如下：

（1）将点火开关转到“ON”位置，连接高度控制连接器的端子 3 和 6，使压缩机工作（见图 3-15）。

注意：连接时间不能超过 15 s。

（2）压缩机工作一段时间后，检查减压阀应有空气逸出（见图 3-16）。

（3）将点火开关转至“OFF”位置。

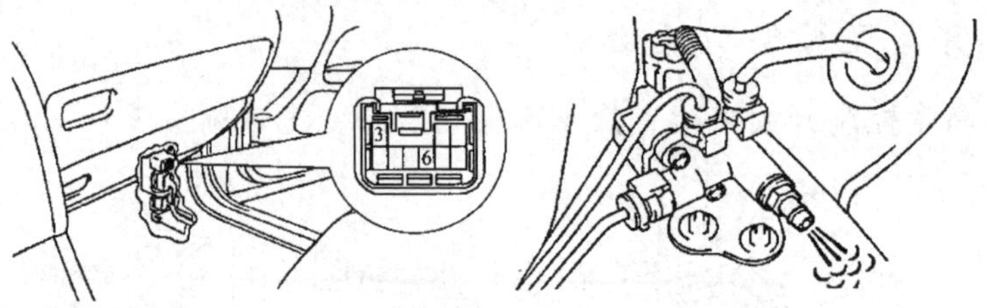

图 3-15　减压阀检查

（4）清除故障代码。

注意：当迫使压缩机运行时，悬架 ECU 会记录下故障代码。检查完成后，要清除故障代码。

（三）漏气检查

检查空气悬架系统的软管、硬管及其连接处是否漏气。

（1）将高度控制开关切换至“HIGH”位置，升高车身。

（2）关闭发动机。

（3）在软、硬管连接处涂抹肥皂水检查是否有漏气（见图 3-16）。

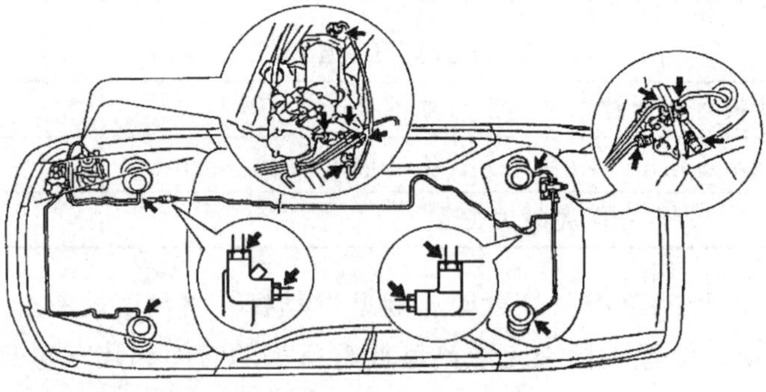

图 3-16　漏气检查

（四）车身高度初始调整

此项调整是使车身初始高度处于标准范围内。调整时，高度控制开关必须在“NORM”位置，汽车要停在平坦的路面上。

（1）检查车身高度。

（2）测量高度传感器控制杆螺栓的长度，如图 3-17（a）中的 H。

标准值：前 59.3 mm，后 35.0 mm。

若测量值不合格，则按（3）进行调整。

（3）调整车身高度。

① 拧松高度传感器控制杆上的 2 个锁紧螺母。

② 转动高度传感器控制杆螺栓以调节长度如图 3-17（b）所示。螺栓每转一圈，车身高度改变约 5 mm。

③ 检查如图 3-17（c）所示的长度，h_{q1}，$h_{q2}<10$ mm，h_{h1}，$h_{h2}<14$ mm。

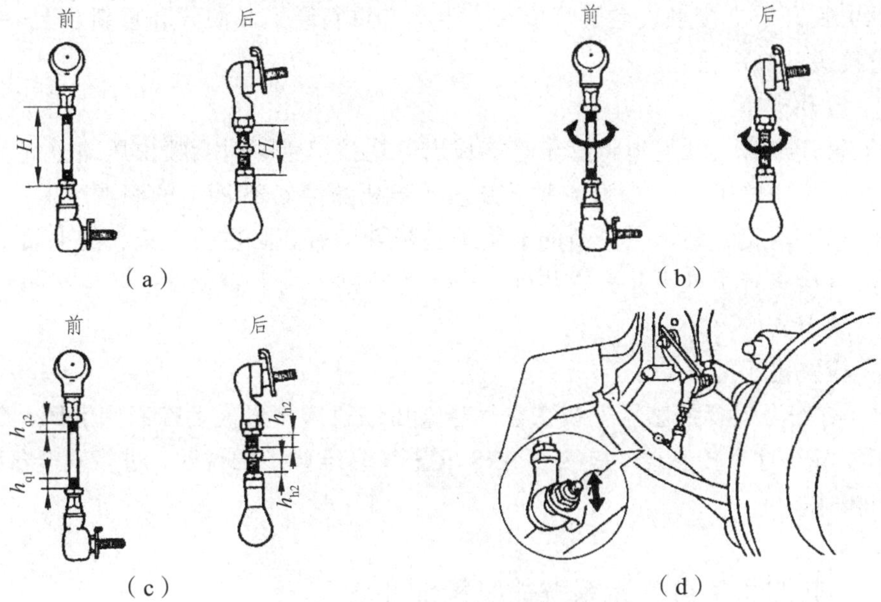

图 3-17　车身高度初始调整

④ 暂时拧紧 2 个锁紧螺母。

⑤ 再次检查车身高度。

⑥ 拧紧锁紧螺母。

注意：在拧紧锁紧螺母时应确保球节与托架平行。

（4）检查车轮定位。

二、电控悬架系统故障诊断与维修实施要求

检修电控悬架时应注意以下几点：

（1）当用千斤顶将汽车顶起时，应将高度控制“ON/OFF”开关拨到“OFF”位置。如果在高度控制“ON/OFF”开关拨到“ON”位置的情况下顶起汽车，则 ECU 中会记录一个故障码。如果记录了故障码，务必将它从存储器中清除掉。

提示：将高度控制“ON/OFF”开关拨到“OFF”位置时，会显示故障码 71，这是正常的。将开关重新拨到“ON”位置后，该故障码即自动被清除。

（2）在放下千斤顶前应将汽车下面的所有物件搬走。因为在维修过程中，可能进行了空气悬架的放气、空气管路的拆检等操作，此时空气弹簧中的主气室可能无气或存有少量剩余气体，汽车落地后，因自身的重力使车身高度很低，可能会将下面的物体压住。

（3）在开动汽车之前应将汽车的高度调整到正常状态。因为在维修时空气弹簧中的空气被放掉，车身高度变得很低，如果此时汽车起步，势必造成车身与悬架或轮胎相互碰撞。因此，维修后应先启动发动机，用空气压缩机给空气弹簧气室输送压缩空气，使汽车高度恢复正常，这样汽车便可正常行驶。

（4）脱开一支接触式空气管接头，再将它重新装上。脱开和重新装上一支接触式空气管接头的顺序是：

① 拆开支座。

② 张开卡簧，缓慢地将管子直接拔出（在拔出管子时会喷出压缩空气）。

③ 应防止管子上的 O 形圈黏上杂质（不要抹掉 O 形圈上的润滑脂）。

④ 拆下卡簧，装上一只新的卡簧（脱开管子后务必更换一只新的卡簧）。

⑤ 直接将管子推入并将它装好（应将管子推入到卡簧发出“咔嗒”声为止）。

⑥ 装上支座。

⑦ 检查是否漏气。

（5）前安全气囊传感器安装在空气悬架压缩机和 1 号高度控制阀上面，除非必要，否则不要触及这个传感器。应按照 SRS 安全气囊维修中的说明，进行安全气囊传感器的所有操作。

三、电控悬架自诊断系统故障检测步骤

电控悬架一般都具有故障自诊断系统，当悬架系统出现故障时，ECU 将故障信息以代码的形式存在存储器内。同时，仪表板上的电控悬架指示灯亮，提示系统出现故障。在排除故障和检修时，可以将存储器内的故障码调出，根据故障码显示内容判断故障部位及原因，有针对性地检修有关部件和线路。

自诊断系统需要利用指示灯读取故障码，因此进行自诊断测试前要先进行指示灯检查。在进行自诊断测试时，首先应使系统进入自诊断测试状态。

（一）指示灯检查

打开点火开关，HEIGHT 照明灯一直点亮。仪表板上的 LRC 指示灯（悬架控制指示灯）和高度控制指示灯应亮 2 s 左右。2 s 后，把 LRC 开关拨到“SPORT”位置，LRC 指示灯仍旧亮；当把 LRC 开关拨到“NORM”位置时，LRC 指示灯 2 s 后熄灭。当高度控制开关拨到“NORM”或“HIGH”侧时，相应的高度控制指示灯“NORM”或“HIGH”也点亮。如果高度控制开关“NORM”指示灯以 1 s 间隔闪亮时，说明 ECU 存储器中存有故障码，悬架控制系统存在故障，应读取故障码并排除故障。

（二）读取故障码

（1）打开点火开关。

（2）将诊断盒（TDCL）或检查插接器的端子 Tc 与 E1 短接。

（3）通过观察仪表板上高度控制“NORM”指示灯的闪烁规律，读取故障码。

（三）故障码的清除

根据读取的故障码内容对故障部位检修后，还需要将存储在计算机存储器内的故障

码清除，以便在以后工作中记录和存储新的故障码。如不清除旧故障码，当再出现其他故障时，系统会将所有存储的故障码输出，维修人员便不知哪些是当前存在的故障，哪些是以前排除过的故障，给维修工作带来不必要的麻烦。清除故障码有两种方法：

（1）在关闭点火开关的情况下，拆下 1 号接线盒中的 ECU-B 熔丝 10 s 以上。

（2）在关闭点火开关的情况下，同时将高度控制插接器的 9 号端子（CLE）与 8 号端子 E 以及检查插接器的 Ts 端子与 E1 端子短接 10 s 以上，接通点火开关并拆掉各端子的短接导线。

清除故障码后，再经过运行，如报警灯不再亮，说明故障已得到排除。如运行后报警灯仍然点亮，说明故障没有被彻底排除或还存在其他故障，需要重新调取故障码和排除故障。

（四）根据故障现象进行检修

如果在进行诊断代码检查时显示一个正常代码而汽车电控悬挂仍然出现（重复出现）故障，这时可根据故障现象进行每个故障的排除，按故障排除规定的次序检修每个与故障现象有关的电路。如果相关电路没有任何不正常现象，故障却依然出现，则可能是悬挂系统 ECU 故障，需更换。

四、电控悬架压缩空气系统检修

（一）车辆高度调节功能的检查

在轮胎气压符合规定要求、汽车处于正常高度的状态下，测量车身高度。

检查车身高度自动升高和降低所需的时间和车身高度变化量。若不符合要求，应做进一步检查，查找故障原因、故障部位，采取相应的维修办法。

（二）排气阀的检查

溢流阀检查时迫使压缩机工作，检查溢流阀能否正常动作，查看溢流阀是否排放空气。如果不能排气，则应检查是否有管路漏气、溢流阀堵塞、压缩机工作不正常等故障现象，这些都将引起压力不正常，影响悬架刚度和车身高度调整。

（三）各管路的检查

管路漏气检查的一般方法是在接头处涂肥皂水，观察是否有冒泡现象。

（四）工作过程试验

输入信号检查的目的是检查来自各传感器和开关信号是否正常地输入 ECU，步骤如下：

（1）打开点火开关，将悬架刚度和阻尼控制均固定在“硬”的状态。

（2）将发动机室内的插接器端子 TS 与 E1 短接，如果存储器中没有故障码输出，表明被检查系统信号正常输入 ECU，否则其对应的控制设备故障。

五、悬架控制系统电路检修

（一）车身高度传感器电路检查

车身高度传感器电路如图 3-18 所示，检测步骤见表 3-5。

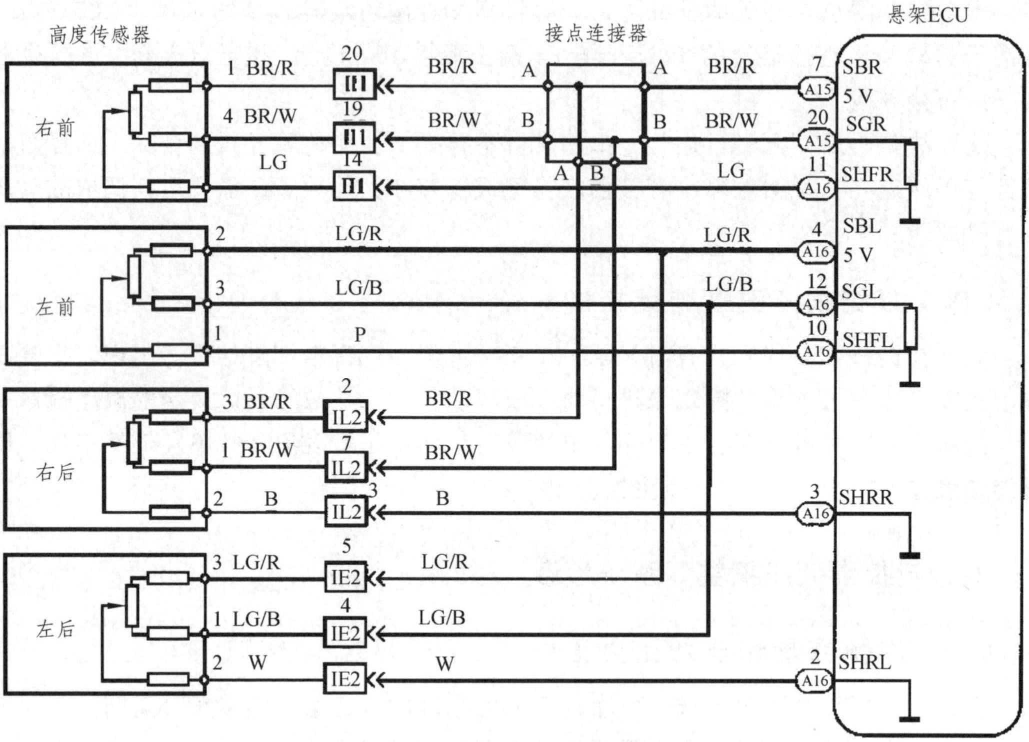

图 3-18　高度传感器电路

表 3-5　车身高度传感器电路检测

1	检查悬架 ECU 连接器端子 SBR、SBL 与车身接地之间的电压
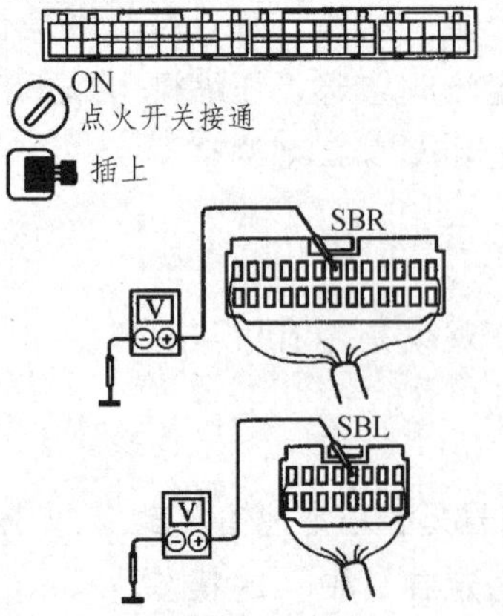	（1）准备： ① 拆除仪表台下的手套箱； ② 将点火开关扭至“ON”位置。 （2）检查：测量悬架 ECU 连接器端子 SBR、SBL 与车身接地之间的电压。 （3）正常：电压约 5 V
正常，则进行步骤 2	不正常，则检查和更换悬架 ECU

续表

<table>
<tr><td>2</td><td colspan="2">检查高度传感器</td></tr>
<tr><td colspan="2">
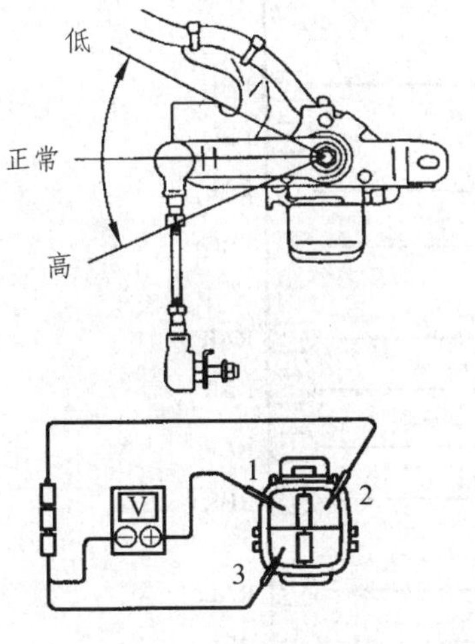

（1）前高度传感器
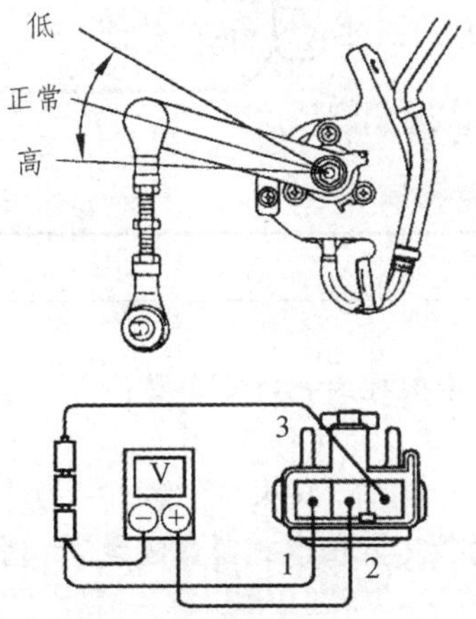

（2）后高度传感器
</td><td>
（1）准备。
为了检查前高度传感器需要：
① 拆卸前轮；
② 拆除前翼子板衬里；
③ 脱开高度传感器连接器；
④ 拆下高度传感器。
为了检查后高度传感器需要：
① 拆卸后轮；
② 脱开高度传感器连接器；
③ 拆除高度传感器。
（2）检查。
为了检查前高度传感器需要：
① 将 3 只 1.5 V 的干电池串联起来；
② 将端子 2 与干电池正极连接，端子 3 与干电池负极连接，在端子 2 与 3 之间施加约 4.5 V 的电压；
③ 使控制杆缓慢地上、下移动，同时检查端子 1、3 之间的电压。
为了检查后高度传感器需要：
① 将 3 只 1.5 V 的干电池串联起来；
② 将端子 3 与干电池正极连接，端子 1 与干电池负极连接，在端子 3、1 之间施加约 4.5 V 的电压；
③ 使控制杆缓慢地上、下移动，同时检查端子 3、1 之间的电压。
（3）标准。
<table>
<tr><th>位置</th><th>电压/V</th></tr>
<tr><td>高</td><td>2.3 ~ 4.1</td></tr>
<tr><td>正常</td><td>2.3</td></tr>
<tr><td>低</td><td>0.5 ~ 2.3</td></tr>
</table>
</td></tr>
<tr><td colspan="2">正常，则进行步骤 3</td><td>不正常，则更换高度传感器</td></tr>
<tr><td>3</td><td colspan="2">检查悬架 ECU 与高度传感器之间的配线和连接器</td></tr>
<tr><td colspan="2">正常，则结束检查</td><td>不正常，则修理或更换配线或连接器</td></tr>
</table>

（二）悬架控制执行器电路检查

悬架控制执行器电路如图 3-19 所示，检测步骤见表 3-6。

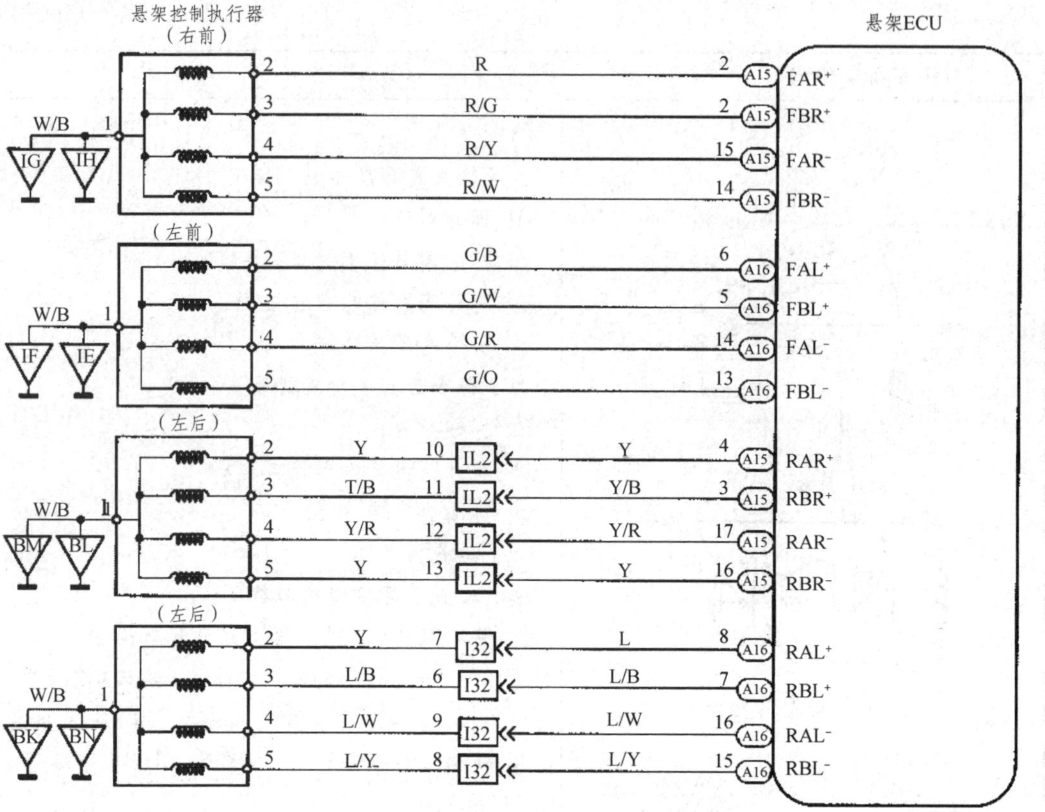

图 3-19　悬架控制执行器电路

表 3-6　悬架控制执行器电路检测

1	检查悬架控制执行器的运行
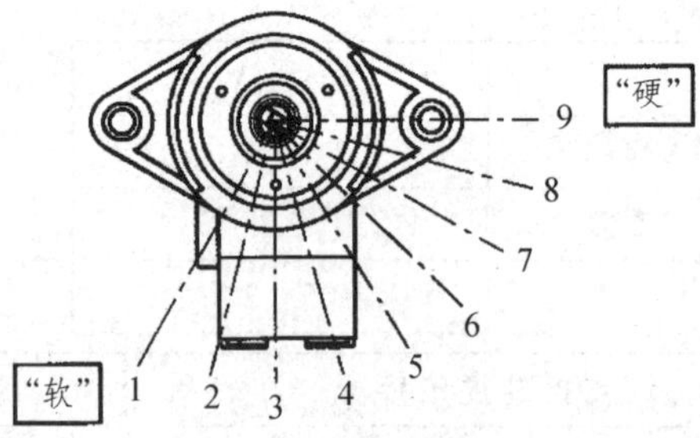 悬架控制执行器	（1）准备。 为了检查前悬架控制执行器需要： ① 拆除执行器盖和执行器； ② 将点火开关扭至“ON”位置； ③ 连接 TDCL（丰田诊断通信链路）的端子 TD 和 E1。 为了检查后悬架控制执行器需要： ① 拆除后座椅和封板装饰； ② 拆除执行器盖和执行器； ③ 将点火开关扭至“ON”位置； ④ 连接 TDCL 的端子 TD 和 E1。 （2）检查。 高度控制开关每向“HIGH”（高）侧推动一次，则悬架控制执行器应朝“Hard”（硬）更进一步。 （3）正常：执行器运作
不正常，则进行步骤 2	正常，则按故障现象表所示，进行下一项电路检测

续表

<table>
<tr><td>2</td><td colspan="2">检查悬架控制执行器</td></tr>
<tr><td colspan="2">
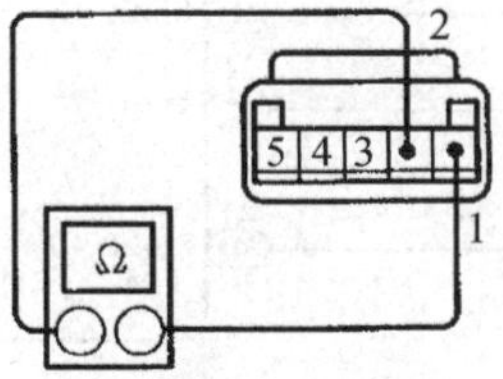

悬架控制执行器连接器
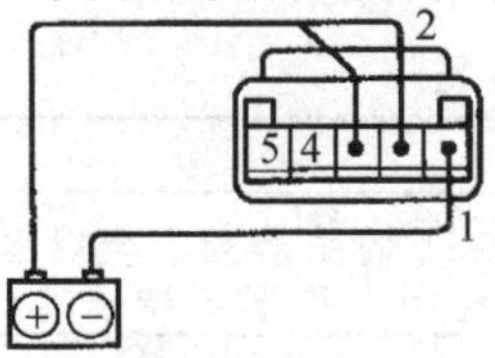

悬架控制执行器连接器
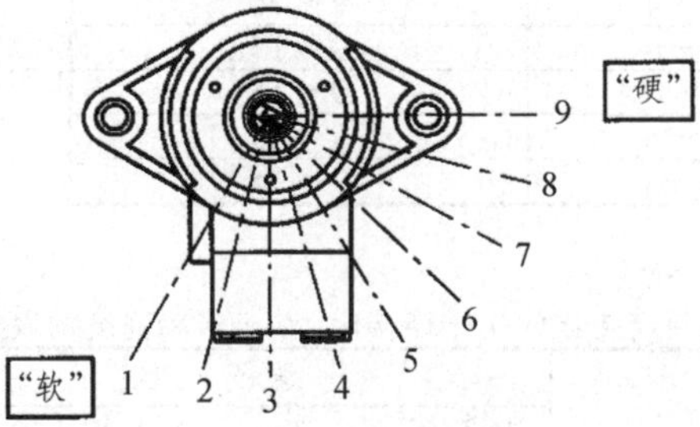

悬架控制执行器
</td><td>
（1）准备。
为了检查前悬架控制执行器需要：
① 拆除执行器盖和执行器；
② 脱开执行器连接器。
为了检查后悬架控制执行器需要：
① 拆除后座椅、封板装饰、执行器盖和执行器；
② 脱开执行器连接器。
（2）检查。
① 测量悬架控制执行器连接器各端子之间的电阻；
<table>
<tr><th>端子</th><th>电阻/Ω</th></tr>
<tr><td>1—2</td><td>14.7 ~ 15.7</td></tr>
<tr><td>1—3</td><td>14.7 ~ 15.7</td></tr>
<tr><td>1—4</td><td>14.7 ~ 15.7</td></tr>
<tr><td>1—5</td><td>14.7 ~ 15.7</td></tr>
</table>
② 用螺丝刀将执行器输出轴调至“Soft”（软）位置；
③ 检查蓄电池电压，施加在悬架控制执行器连接器的各端子时，悬架控制执行器应朝“Hard”（硬）侧更进一步
<table>
<tr><th>蓄电池⊕</th><th>蓄电池⊖</th><th>位置</th></tr>
<tr><td>2 和 3</td><td>1</td><td>“软” 1→2</td></tr>
<tr><td>3 和 4</td><td>1</td><td>2→3</td></tr>
<tr><td>4 和 5</td><td>1</td><td>3→4</td></tr>
<tr><td>5 和 2</td><td>1</td><td>4→5</td></tr>
<tr><td>2 和 3</td><td>1</td><td>5→6</td></tr>
<tr><td>3 和 4</td><td>1</td><td>6→7</td></tr>
<tr><td>4 和 5</td><td>1</td><td>7→8</td></tr>
<tr><td>5 和 2</td><td>1</td><td>8→9 “硬”</td></tr>
</table>
</td></tr>
<tr><td colspan="2">正常，则进行步骤 3</td><td>不正常，则更换悬架控制执行器</td></tr>
<tr><td>3</td><td colspan="2">检查悬架 ECU 和执行器之间、执行器和车身接地之间的配线和连接器</td></tr>
<tr><td colspan="2">正常，则结束检查</td><td>不正常，则修理或更换配线或连接器</td></tr>
</table>

（三）高度控制阀、排气阀电路检查

高度控制阀、排气阀电路如图 3-20 所示，检测步骤见表 3-7。

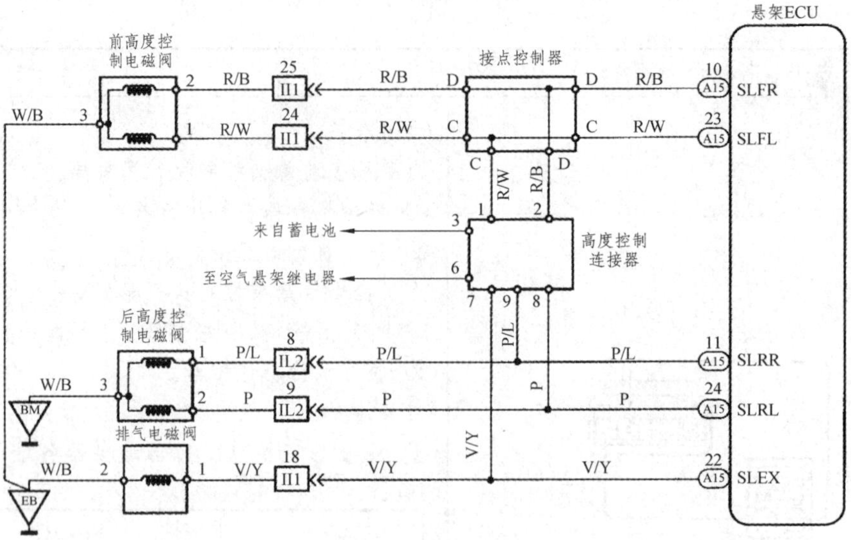

图 3-20　高度控制电磁阀、排气电磁阀电路

表 3-7　高度控制阀、排气阀检测

1	连接高度控制连接器各端子时，车辆高度是否改变

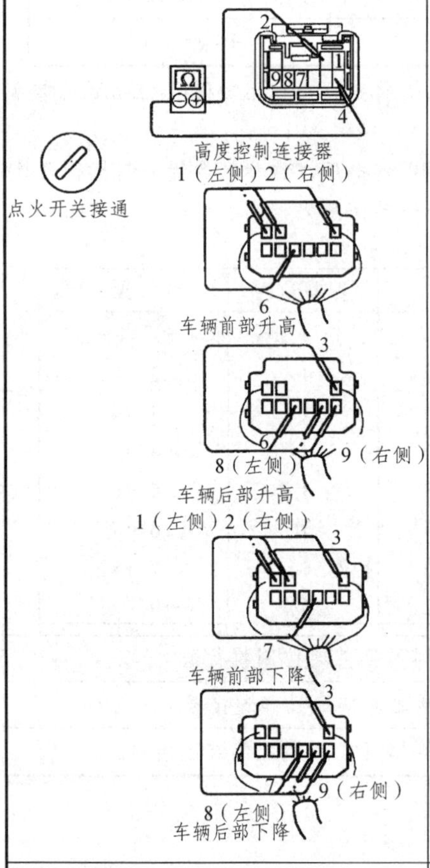

（1）准备：拆除仪表台下的手套箱、车门框板和地毯。
（2）检查：测量高度控制连接器各端子间的电阻。

端子	电阻/Ω
2—4	9 ~ 15
1—4	9 ~ 15
9—4	9 ~ 15
8—4	9 ~ 15
7—4	9 ~ 15

（3）准备。
① 接通点火开关；
② 当高度控制连接器的端子连接时，检查车辆高度的改变。

高度	端子						
	1	2	3	6	7	8	9
车辆右前部升高		○	○	○			
车辆左前部升高	○		○	○			
车辆右后部升高			○	○			○
车辆左后部升高			○	○		○	
车辆右前部下降		○	○		○		
车辆左前部下降	○		○		○		
车辆右后部下降			○		○		○
车辆左后部下降			○		○	○	

（3）正常：车辆高度按上表所示上升或下降。

注意：为保护电路，切勿连接高度控制连接器的端子 3 和端子 4，如端子 3 和 4 之间短路，则应更换空气悬架保险丝；各阀继续运作时，不要操纵压缩机；操纵压缩机的时间不得超过 5 min。

提示：该项检查也可用手持式测试器进行

是，则进行步骤 2	否，则进行步骤 3

续表

<table>
<tr><td>2</td><td colspan="2">检查悬架 ECU 和高度控制连接器之间的配线和连接器</td></tr>
<tr><td colspan="2">正常，则按故障现象表进行下一项电路检测</td><td>不正常，则修理或更换配线或连接器</td></tr>
<tr><td>3</td><td colspan="2">检查高度控制电磁阀或排气电磁阀</td></tr>
<tr><td colspan="2">
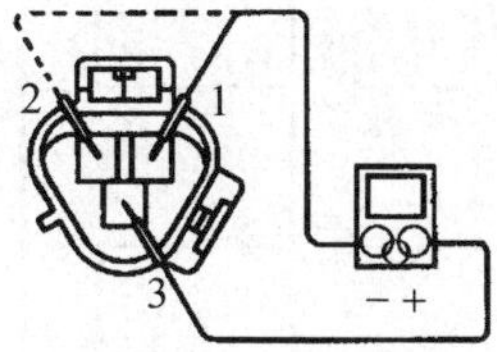

前后高度控制电磁阀
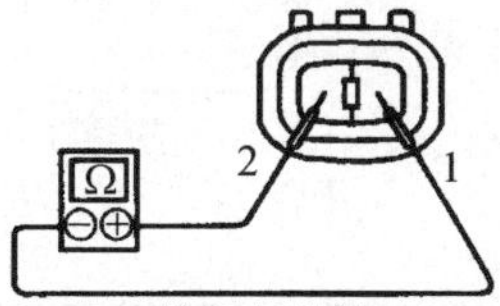

排气电磁阀
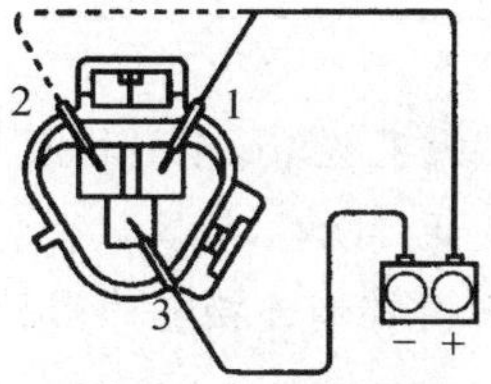

前后高度控制电磁阀
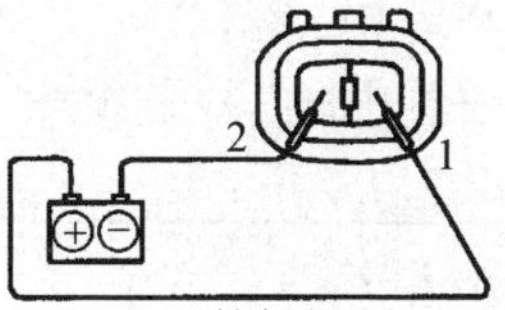

排气电磁阀
</td><td>
（1）准备。
用于前部高度控制电磁阀和排气电磁阀：
① 拆除右前翼子板衬里；
② 脱开高度控制电磁阀连接器。
用于后部高度控制电磁阀：
① 拆除行李厢镶板前盖；
② 脱开高度控制电磁阀连接器。
（2）检查。
① 测量各端子之间的电阻。
<table>
<tr><th>项目</th><th>端子</th><th>电阻/Ω</th></tr>
<tr><td rowspan="2">前部高度控制电磁阀</td><td>1—3</td><td>9 ~ 15</td></tr>
<tr><td>2—3</td><td>9 ~ 15</td></tr>
<tr><td rowspan="2">后部高度控制电磁阀</td><td>1—3</td><td>9 ~ 15</td></tr>
<tr><td>2—3</td><td>9 ~ 15</td></tr>
<tr><td>排气电磁阀</td><td>1—2</td><td>9 ~ 15</td></tr>
</table>
② 按下表所示，将蓄电池正极电压施加在各端子上，同时检查各阀的运行声音。
<table>
<tr><th>项目</th><th>蓄电池⊕</th><th>蓄电池⊖</th></tr>
<tr><td rowspan="2">前部高度控制电磁阀</td><td>1</td><td>3</td></tr>
<tr><td>2</td><td>3</td></tr>
<tr><td rowspan="2">后部高度控制电磁阀</td><td>1</td><td>3</td></tr>
<tr><td>2</td><td>3</td></tr>
<tr><td>排气电磁阀</td><td>1</td><td>2</td></tr>
</table>
正常：应发出运行声（咔嗒声）
</td></tr>
<tr><td colspan="2">正常，则检查和修理高度控制电磁阀或排气电磁阀与高度控制连接器之间的配线和连接器</td><td>不正常，则更换高度控制电磁阀或排气电磁阀</td></tr>
</table>

（四）压缩机电动机电路检查

压缩机电动机电路如图 3-21 所示，检测步骤见表 3-8。

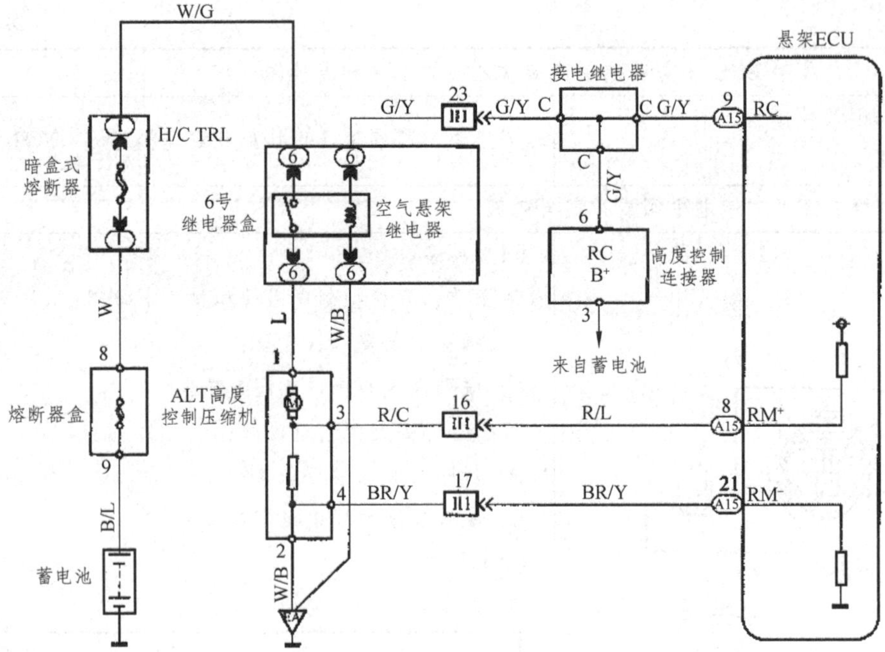

图 3-21　压缩机电动机电路

表 3-8　压缩机电动机检测

1	高度控制连接器的各端子连接时，压缩机电机是否运转
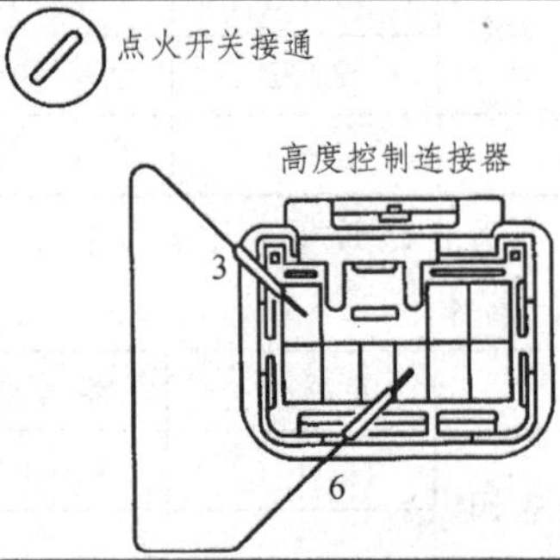	（1）准备。 ① 拆除仪表台下的手套箱、车门框板和地毯； ② 将点火开关扭至“ON”位置。 （2）检查：连接高度控制连接器的端子 3 和端子 6。 （3）正常：压缩机电机运转。 注意：连接高度控制连接器端子 3、6 的时间不得超过 15 s
正常，则进行步骤 2	不正常，则进行步骤 4
2	检查悬架 ECU 连接器端子 RM^+ 与 RM^- 之间是否导通
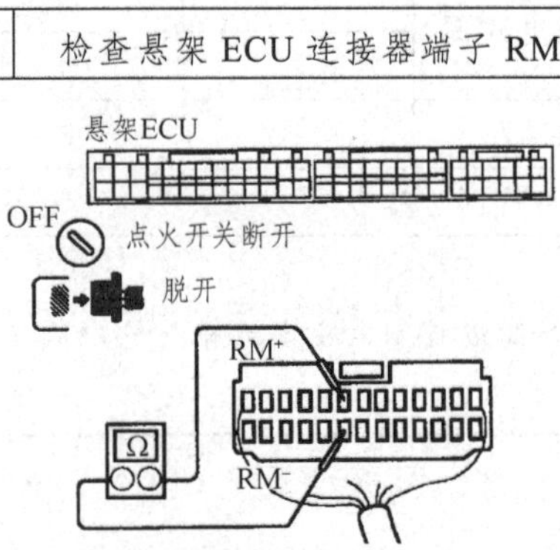	（1）准备。 ① 拆除仪表板台下的手套箱； ② 脱开悬架 ECU 连接器。 （2）检查：检查悬架 ECU 连接器端子 RM^+ 和 RM^- 之间是否导通。 （3）正常：导通
不正常，则进行步骤 3	正常，则按故障现象表所示进行下一项电路检测

续表

<table>
<tr><td>3</td><td colspan="2">检查悬架 ECU 和压缩机之间的配线和连接器</td></tr>
<tr><td colspan="2">正常，则更换压缩机</td><td>不正常，则修理或更换配线或连接器</td></tr>
<tr><td>4</td><td colspan="2">检查空气悬架继电器</td></tr>
<tr><td colspan="2">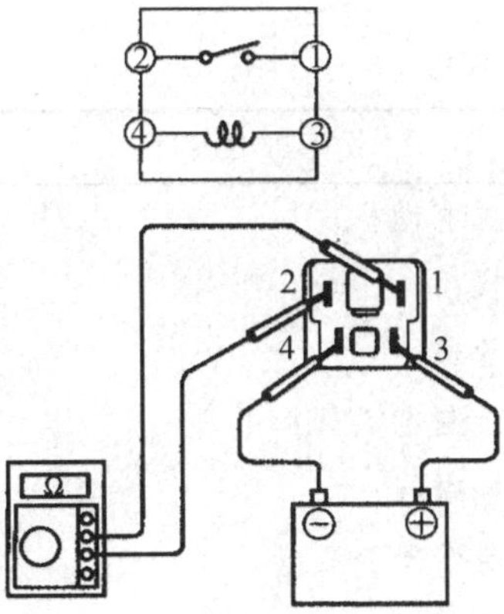
空气悬架继电器</td><td>（1）准备。
① 拆除左侧大灯；
② 拆除空气悬架继电器。
（2）检查。
① 按下表检查空气悬架继电器各端子之间是否导通；
<table><tr><td>端子 1—2</td><td>开路</td></tr><tr><td>端子 3—4</td><td>导通</td></tr></table>② 在端子 3、4 之间施加蓄电池电压；
③ 检查端子 1、2 之间是否导通
<table><tr><td>端子 1—2</td><td>导通</td></tr></table></td></tr>
<tr><td colspan="2">正常，则进行步骤 5</td><td>不正常，则更换空气悬架继电器</td></tr>
<tr><td>5</td><td colspan="2">检查压缩机电动机</td></tr>
<tr><td colspan="2">压缩机电机
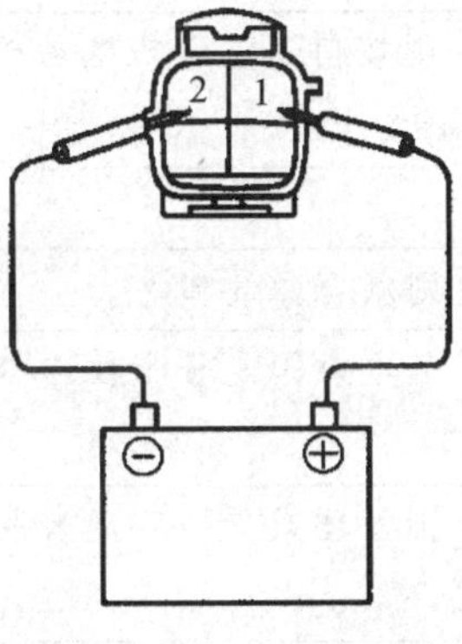</td><td>（1）准备。
① 拆除右前翼子板衬里；
② 脱开压缩机电动机的连接器。
（2）检查：在端子 1、2 之间施加蓄电池电压。
（3）正常：压缩机电机运转</td></tr>
<tr><td colspan="2">正常，则检查和维修蓄电池与继电器之间、继电器与压缩机之间及压缩机与车身接地之间的配线和连接器</td><td>不正常，则更换压缩机</td></tr>
</table>

（五）至空气悬架继电器的恒定电流检查

由于压缩空气的释放压力为 980 kPa，如车辆在陡坡上、超载荷或在发动机运转时用千斤顶顶起车辆等情况下，试图进行车辆高度控制，则压缩机电机便会连续运转，以升高车辆，并使电流流过空气悬架继电器的时间不少于 7 min。这时，可能输出故障代码 51，并使车辆高度控制暂时中断（这并非不正常），见表 3-9。但是在这种情况下，将点火开关接通约 70 min 后，车辆高度控制便可恢复。

表 3-9 故障代码及故障部位

故障代码	诊断	故障部位
51	向空气悬架继电器供电，驱动压缩机电机至少 7 min	（1）压缩机电动机； （2）压缩机； （3）空气管道； （4）高度控制电磁阀； （5）排气电磁阀； （6）高度传感器控制杆； （7）高度传感器； （8）减压阀； （9）悬架 ECU

至空悬架继电器的恒定电流检测步骤见表 3-10。

表 3-10 至空悬架继电器的恒定电流检测

1	检测压缩机电机电路
正常，则进行步骤 2	不正常，则按前述压缩机电动机电路中的程序进行故障排除分析
2	检测是否漏气
正常，则进行步骤 3	不正常，则修理漏气部件
3	检测高度控制电磁阀是否卡住在关闭位置，排气电磁阀是否卡住在打开位置（检查工作时声音）
正常，则进行步骤 4	不正常，则修理或更换高度控制电磁阀、排气电磁阀
4	调整高度传感器控制杆是否使故障消失
不正常，则进行步骤 5	正常，则调整高度传感器控制杆
5	检修和修理或更换造成故障的部件
① 空气管道堵塞；② 压缩机故障；③ 减压阀故障；④ 高度传感器失灵；⑤ 异物进入高度控制电磁阀、排气电磁阀；⑥ 悬架 ECU 失灵	

（六）至排气阀的持续电流检查

至排气阀的持续电流检查步骤见表 3-11。

表 3-11　至排气阀的持续电流检测

<table>
<tr><td>1</td><td colspan="2">检查高度控制电磁阀是否卡在关闭位置，排气电磁阀是否卡在打开位置（检查运行声）</td></tr>
<tr><td colspan="2">正常，则进行步骤 2</td><td>不正常，则修理或更换高度控制电磁阀、排气电磁阀</td></tr>
<tr><td>2</td><td colspan="2">调整高度传感器控制杆是否使故障消失</td></tr>
<tr><td colspan="2">不消失，则进行步骤 3</td><td>消失，则调整高度传感器控制杆</td></tr>
<tr><td>3</td><td colspan="2">检修和修理或更换造成故障的部件</td></tr>
<tr><td colspan="3">① 空气管道堵塞；② 异物进入高度控制电磁阀、排气电磁阀；③ 高度传感器失灵；④ 悬架 ECU 失灵</td></tr>
</table>

（七）高度控制“ON/OFF”开关电路检查

高度控制“ON/OFF”开关电路如图 3-22 所示，检测步骤见表 3-12。

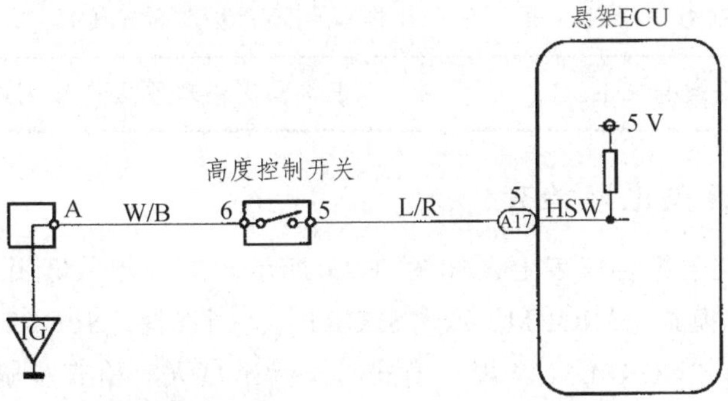

图 3-22　高度控制“ON/OFF”开关电路

表 3-12　高度控制“ON/OFF”开关电路检测

<table>
<tr><td>1</td><td colspan="2">检查悬架 ECU 连接器端子 HSW 与车身接地之间的电压</td></tr>
<tr><td colspan="2">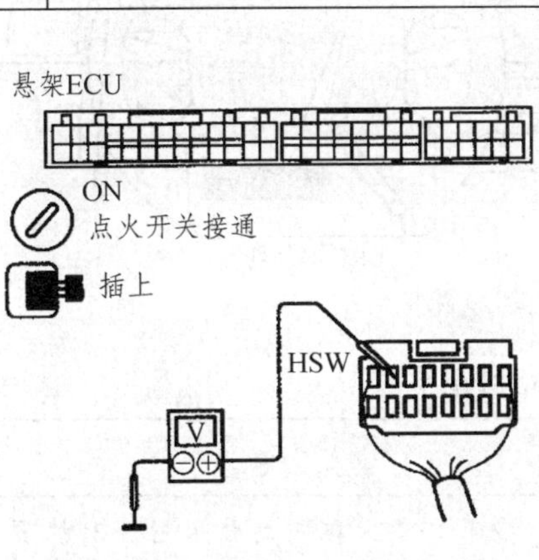
</td><td>（1）准备。
① 拆除仪表台下的手套箱；
② 接通点火开关。
（2）检查：将高度控制开关按至“NORM”侧和“HIGH”侧，分别测量悬架 ECU 连接器端子 HSW 与车身接地之间的电压
<table><tr><td>开关位置</td><td>电压/V</td></tr><tr><td>NORM</td><td>5</td></tr><tr><td>HIGH</td><td>0 ~ 1.2</td></tr></table></td></tr>
<tr><td colspan="2">不正常，则进行步骤 2</td><td>正常，则按故障现象表所示进行下一项电路检测</td></tr>
</table>

续表

<table>
<tr><td>2</td><td colspan="2">检查高度控制开关</td></tr>
<tr><td colspan="2">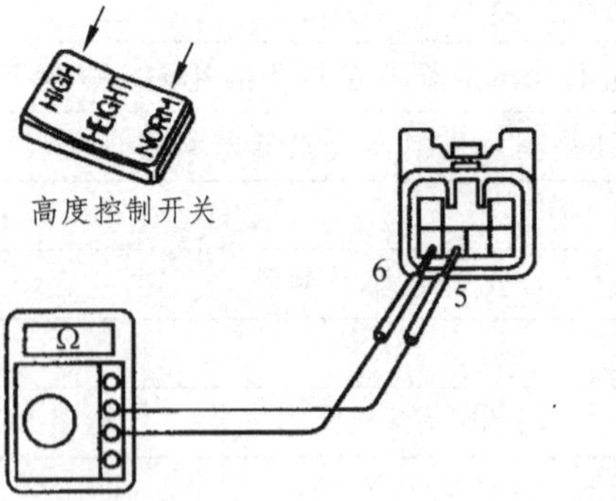
</td><td>（1）准备：脱开高度控制开关连接器。
（2）检查：将高度控制开关分别按至“NORM”侧和“HIGH”侧，测量悬架 ECU 连接器端子 5、6 之间的电阻
<table>
<tr><th>开关位置</th><th>电阻/Ω</th></tr>
<tr><td>NORM</td><td>∞（开路）</td></tr>
<tr><td>HIGH</td><td>0（导通）</td></tr>
</table></td></tr>
<tr><td colspan="2">正常，则进行步骤 3</td><td>不正常，则更换高度控制开关</td></tr>
<tr><td>3</td><td colspan="2">检查悬架 ECU 与开关、开关与车身接地之间的配线和连接器</td></tr>
<tr><td colspan="2">正常，则检查和更换悬架 ECU</td><td>不正常，则修理或更换配线或连接器</td></tr>
</table>

（八）LRC 开关电路检查

LRC 指示灯位于组合仪表上，如图 3-23 所示。这个指示灯用来指示当前减振器和空气弹簧的工作模式（“NORM”或“SPORT”）。当选择“SPORT”（运动）模式时，指示灯亮；当选择“NORM”（常规）模式时，指示灯灭。检查步骤见表 3-13。

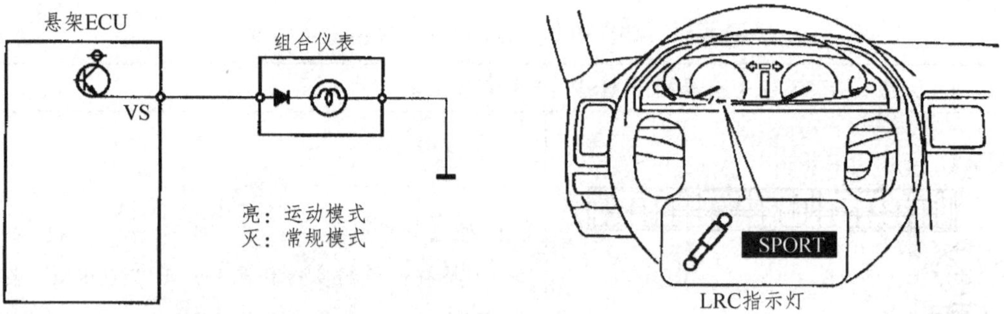

图 3-23　LRC 指示灯及其电路

表 3-13　LRC 开关电路检查

<table>
<tr><td>1</td><td colspan="2">检查 LRC 指示灯的工作</td></tr>
<tr><td colspan="3">检查：检查减振器和空气弹簧在“SPORT”模式时，指示灯亮，在制动踏板松开时熄灭</td></tr>
<tr><td colspan="2">正常，按故障现象表所示进行下一项电路检测</td><td>不正常，进行步骤 2</td></tr>
</table>

续表

<table>
<tr><td>2</td><td colspan="2">检查悬架 ECU 连接器端子 VS 与车身接地之间的电压</td></tr>
<tr><td colspan="2">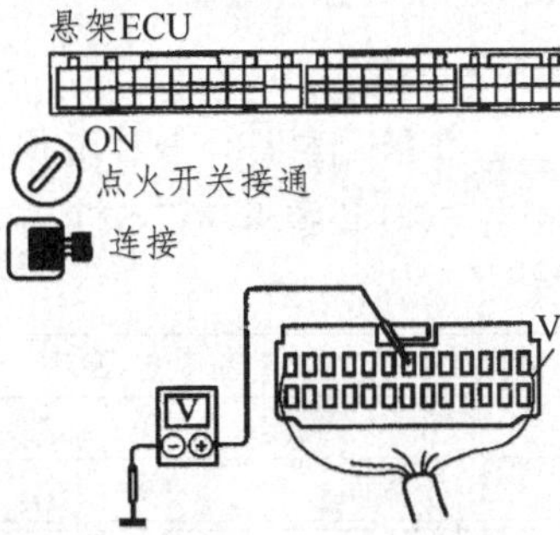
</td><td>（1）准备。
① 拆除仪表台下的手套箱；
② 接通点火开关。
（2）检查：选择“SPORT”（运动模式）和“NORM”（常规模式），分别测量悬架 ECU 连接器端子 VS 与车身接地之间的电压。
<table><tr><th>悬挂工作模式</th><th>电压/ V</th></tr><tr><td>NORM</td><td>0~1.2</td></tr><tr><td>SPORT</td><td>9~14</td></tr></table></td></tr>
<tr><td colspan="2">正常，按故障现象表所示进行下一项电路检查</td><td>不正常，进行步骤 3</td></tr>
<tr><td>3</td><td colspan="2">检查悬架 ECU 与组合仪表之间的配线和连接器</td></tr>
<tr><td colspan="2">正常，检查和更换悬架 ECU</td><td>不正常，修理或更换配线或连接器</td></tr>
</table>

（九）制动灯开关电路检查

制动灯开关电路如图 3-24 所示，检测步骤见表 3-15。

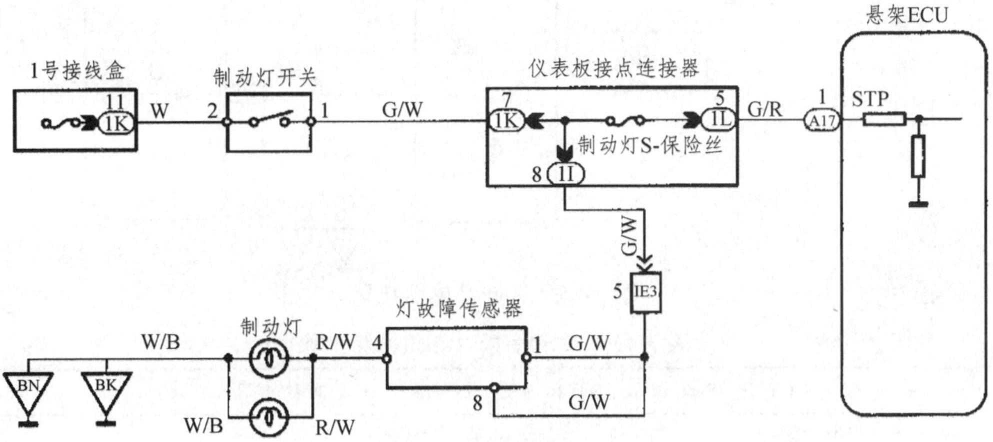

图 3-24　制动灯开关电路

表 3-14　制动灯开关电路检测步骤

1	检查制动灯的工作	
检查：检查制动灯应在制动踏板踩下时发亮，在制动踏板松开时熄灭		
正常，则进行步骤 2		不正常，则检查制动灯电路

续表

<table>
<tr><td>2</td><td colspan="2">检查悬架 ECU 连接器端子 STP 与车身接地之间的电压</td></tr>
<tr><td colspan="2">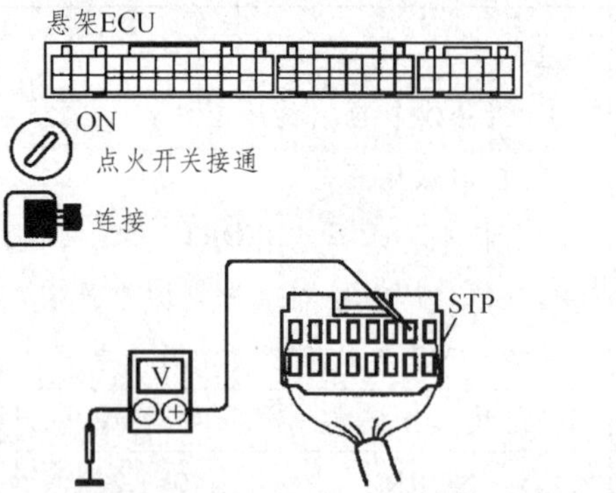
</td><td>（1）准备。
① 拆除仪表台下的手套箱；
② 接通点火开关。
（2）检查：在踩下和松开制动踏板的同时，分别测量悬架 ECU 连接器端子 STP 与车身接地之间的电压<table><tr><th>制动踏板</th><th>电压/V</th></tr><tr><td>松开</td><td>0～1.2</td></tr><tr><td>踩下</td><td>9～14</td></tr></table></td></tr>
<tr><td colspan="2">正常，则按故障现象表进行下一项电路检查</td><td>不正常，则进行步骤 3</td></tr>
<tr><td>3</td><td colspan="2">检查悬架 ECU 与制动灯开关之间的配线和连接器</td></tr>
<tr><td colspan="2">正常，则检查和更换悬架 ECU</td><td>不正常，则修理或更换配线或连接器</td></tr>
</table>

（十）转角传感器电路检查

转角传感器电路如图 3-25 所示，检测步骤见表 3-15。

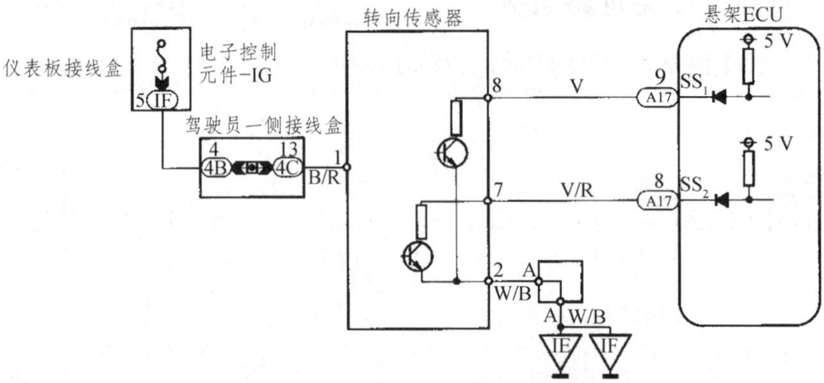

图 3-25　转向传感器电路

表 3-15　转角传感器电路检测步骤

<table>
<tr><td>1</td><td colspan="2">检查悬架 ECU 连接器端子 SS1 和 SS2 与车身接地之间的电压</td></tr>
<tr><td colspan="2">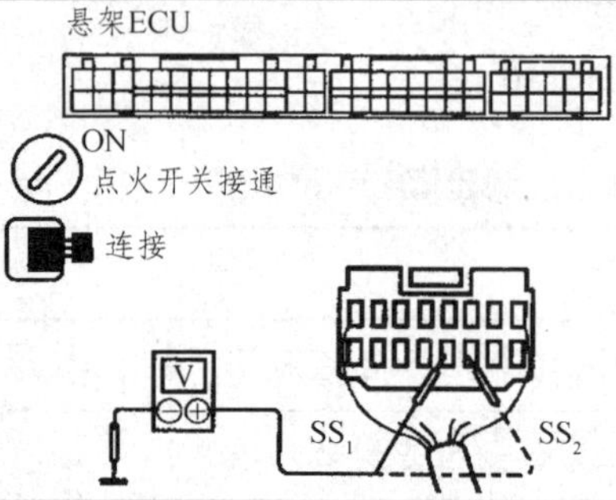
</td><td>（1）准备。
① 拆除仪表台下的手套箱；
② 接通点火开关。
（2）检查：慢慢转动方向盘，测量悬架 ECU 连接器端子 SS1 和 SS2 与车身接地之间的电压。
（3）正常：在 0～5 V 变化</td></tr>
</table>

续表

正常，则按故障现象表所示进行下一项电路检测	不正常，则进行步骤 2
2	检查转向传感器连接器端子 1 和端子 2 之间的电压
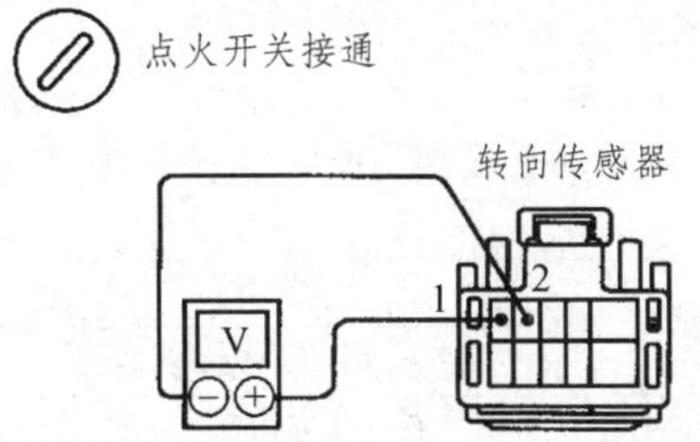	（1）准备。 ① 拆下转向盘； ② 脱开转向传感器连接器； ③ 接通点火开关。 （2）检查：测量转向传感器连接器端子 1、2 之间的电压。 （3）正常：电压 9 ~ 14 V
正常，则进行步骤 3	不正常，则检查和修理蓄电池与转向传感器之间、转向传感器与车身接地之间的配线和连接器
3	检查转向传感器
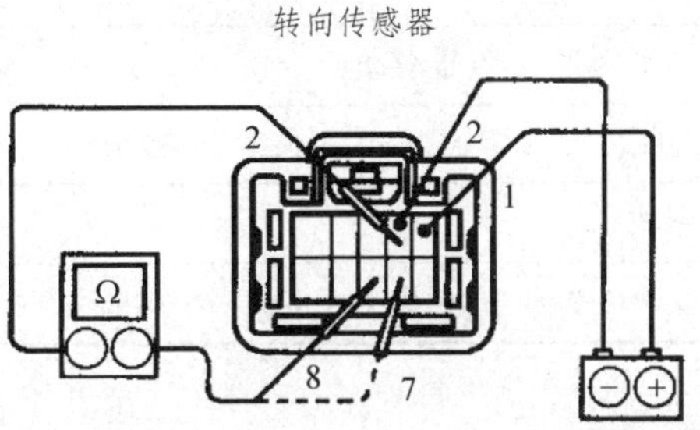	（1）准备。 ① 拆下转向盘； ② 脱开转向传感器连接器； ③ 在端子间施加蓄电池电压。 （2）检查：在转向传感器旋转部分慢慢转动的同时，测量转向传感器连接器端子 7、8 与 2 之间的电压。 （3）正常：在 0 ~ ∞ 变化
正常，则进行步骤 4	不正常，则更换转向传感器
4	检查悬架 ECU 和转向传感器之间的配线和连接器
正常，则检查和更换悬架 ECU	不正常，则修理或更换配线或连接器

（十一）节气门开度信号电路检查

节气门开度信号电路如图 3-26 所示，检测步骤见表 3-16。

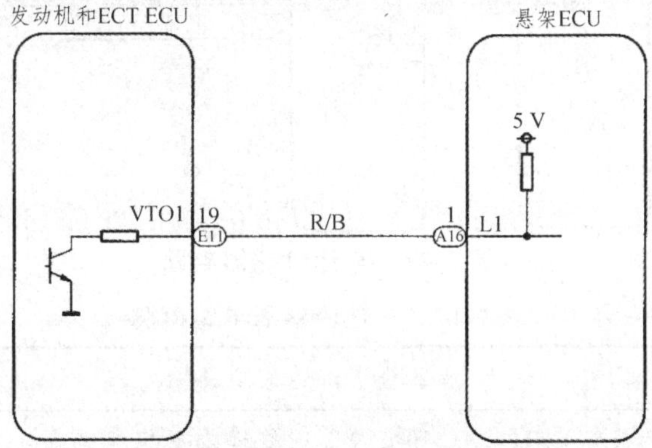

图 3-26　节气门位置信号电路

表 3-16　节气门开度信号电路检查步骤

<table>
<tr><td>1</td><td colspan="2">检查悬架 ECU 连接器端子 L1 与车身接地之间的电压</td></tr>
<tr><td colspan="2">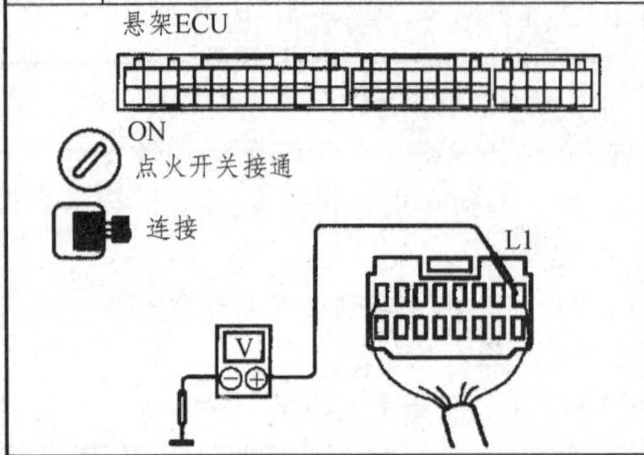
</td><td>（1）准备。
① 拆除仪表台下的手套箱；
② 接通点火开关。
（2）检查：在 1 s 内将加速踏板从完全松开至完全踩下，同时测量悬架 ECU 连接器端子 L1 与车身接地之间的电压
<table><tr><td rowspan="2">端子</td><td>踏 板</td></tr><tr><td>完全松开↔完全踩下</td></tr><tr><td>L1</td><td>0 ~ 5 V↔5 ~ 0 V</td></tr></table></td></tr>
<tr><td colspan="2">正常，则按故障现象表所示进行下一项电路检测</td><td>不正常，则进行步骤 2</td></tr>
<tr><td>2</td><td colspan="2">检查节气门位置传感器电路</td></tr>
<tr><td colspan="2">正常，则进行步骤 4</td><td>不正常，则进行步骤 3</td></tr>
<tr><td>3</td><td colspan="2">检查悬架 ECU 与发动机和 ECT 的 ECU 之间的配线和连接器</td></tr>
<tr><td colspan="2">正常，则检查和更换悬架 ECU</td><td>不正常，则修理或更换配线或连接器</td></tr>
<tr><td>4</td><td colspan="2">装上性能完好的悬架 ECU 后，故障是否消失</td></tr>
<tr><td colspan="2">否，则检查和更换发动机和 ECT ECU</td><td>是，则检查和更换悬架 ECU</td></tr>
</table>

（十二）车速传感器电路检查

车速传感器电路如图 3-27 所示，检测步骤见表 3-17。

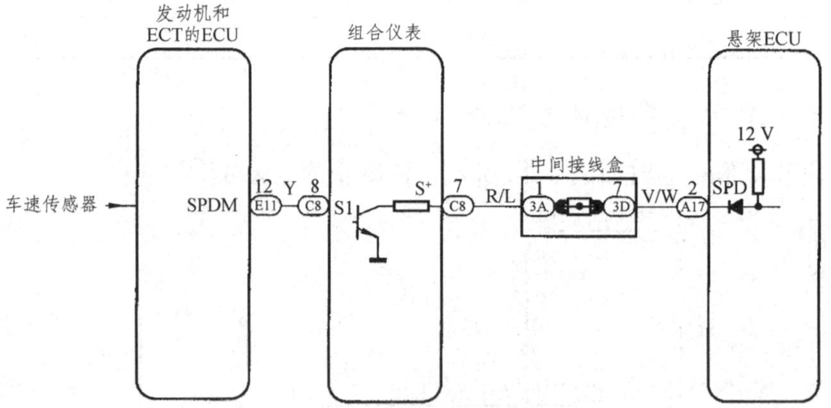

图 3-27　车速传感器电路

表 3-17　车速传感器电路检测

<table>
<tr><td colspan="2">检查车速表电路</td></tr>
<tr><td>正常，则检查和更换悬架 ECU</td><td>不正常，则修理或更换配线或连接器，或组合仪表总成</td></tr>
</table>

（十三）门控灯开关电路检查

门控灯开关电路如图 3-28 所示，检测步骤见表 3-18。

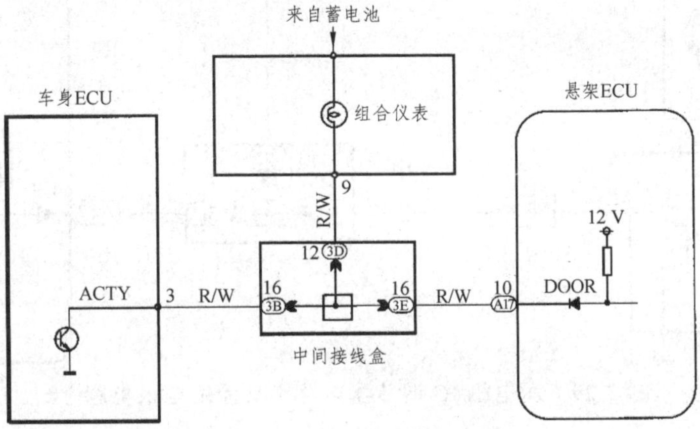

图 3-28　门控灯开关电路

表 3-18　门控灯开关电路检测步骤

<table>
<tr><td>1</td><td colspan="2">检查车门未关紧警告灯</td></tr>
<tr><td colspan="3">检查：车门未关紧警告灯应在每一扇车门打开时发亮，在所有车门关闭时熄灭</td></tr>
<tr><td colspan="2">正常，则进行步骤 2</td><td>不正常，则检查车门未关紧警告灯电路</td></tr>
<tr><td>2</td><td colspan="2">检查悬架 ECU 连接器端子 DOOR（车门）与车身接地之间的电压</td></tr>
<tr><td colspan="2">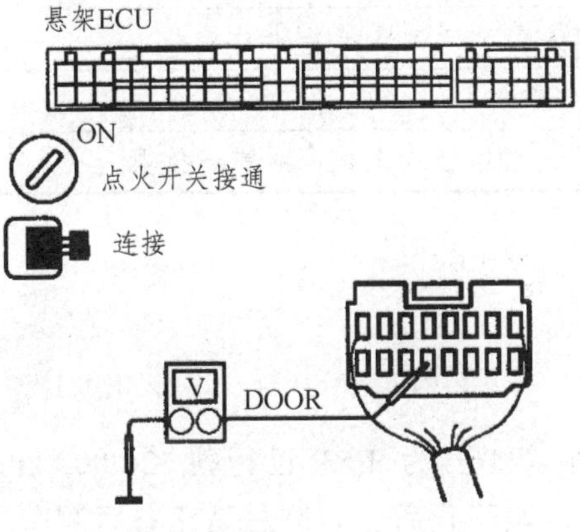</td><td>（1）准备。
① 拆除仪表台下的手套箱；
② 接通点火开关。
检查：在全部车门关闭和每个车门单个打开时，分别测量悬架 ECU 连接器和车身接地之间的电压<table><tr><td>检测条件</td><td>电压/V</td></tr><tr><td>全部车门关闭</td><td>8～12</td></tr><tr><td>每个车门打开</td><td>0～1.2</td></tr></table></td></tr>
<tr><td colspan="2">正常，则按故障现象表所示进行下一项电路检查</td><td>不正常，则进行步骤 3</td></tr>
<tr><td>3</td><td colspan="2">检查悬架 ECU 与车身 ECU 之间的配线和连接器</td></tr>
<tr><td colspan="2">正常，则检查和更换悬架 ECU</td><td>不正常，则修理或更换配线或连接器</td></tr>
</table>

（十四）IC 调节器电路（发动机电路）检查

IC 调节器电路如图 3-29 所示，检测步骤见表 3-19。

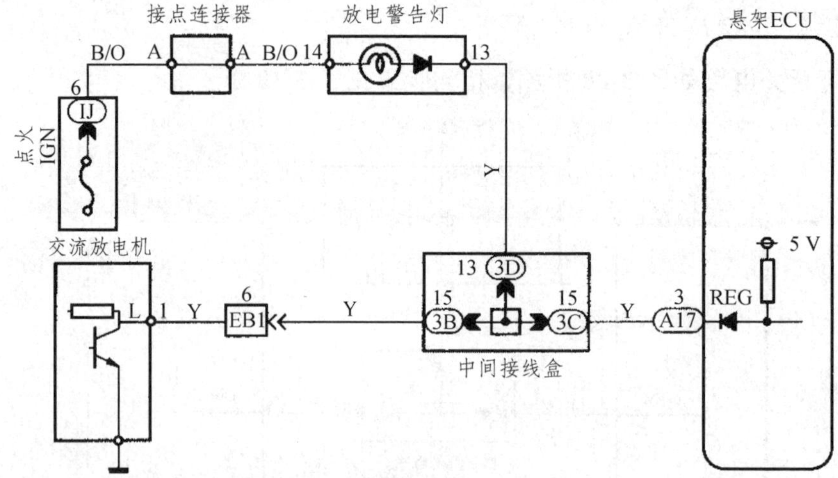

图 3-29　发电机 IC 调节器电路（交流发电机电路）

表 3-19　IC 调节器电路检测步骤

<table>
<tr><td>1</td><td colspan="2">检查放电警告灯的运作</td></tr>
<tr><td colspan="2">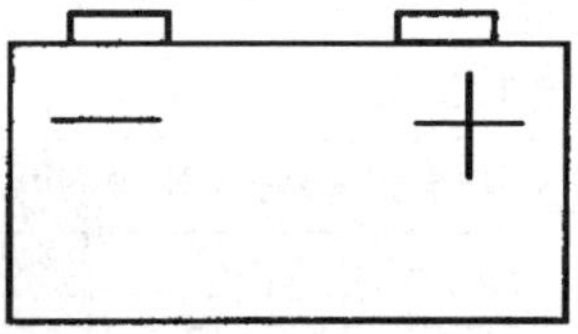
放电警告灯</td><td>检查：在发动熄火（点火开关接通）和运转时，检查放电警告灯的运作情况
<table><tr><td>发动机状态</td><td>警告灯</td></tr><tr><td>熄火（点火开关接通）</td><td>亮</td></tr><tr><td>运转</td><td>熄灭</td></tr></table></td></tr>
<tr><td colspan="2">正常，则进行步骤 2</td><td>不正常，则对放电警告灯进行检测</td></tr>
<tr><td>2</td><td colspan="2">检查悬架 ECU 与交流发电机之间的配线和连接器</td></tr>
<tr><td colspan="2">正常，则检查和更换悬架 ECU</td><td>不正常，则修理或更换配线或连接器</td></tr>
</table>

六、故障诊断与维修案例

1. 故障现象

一辆 2009 年 5 月生产的宝马 X5 型小轿车，底盘型号为 E53，已行驶 120 000 km。在启动工作模式下，该车左右两侧悬架均可工作，但静止后左后侧总是比右后侧车身低大约 15cm。连接 GT1 诊断仪进行自诊断，选择 X 系 E53 底盘车型，点击“快速测试”键，对全车电控系统进行扫描，完成后点击“控制模块功能”键，选择“EHC 单轴空气弹簧”项目，并无故障代码显示。

2. 故障原因分析

根据 GT1 专用诊断仪无法扫描到电控空气悬架任何的故障，结合宝马 X5 型小汽车电控空气悬架的控制原理以及维修经验判断分析，产生该故障的主要原因可能有：

空气弹簧电磁阀至空气弹簧某处漏气，空气悬架故障，空气弹簧电磁阀堵塞、卡滞或损坏，电控系统故障。

3. 故障检查与诊断

（1）气路和空气悬架的检查与分析。

首先，使用诊断仪的专项功能对气路进行检查，查找是否有漏气部位。选取“部件控制功能”中的“升高左后减振支柱”项目，点击“激活”键，此时可听到空气压缩机运转声，然后仔细倾听空气软管和空气气囊各部位，并无任何漏气声。最后对减振弹簧及其附属部件进行详细检查，均无任何损坏。判断电控悬架气路和空气悬架无故障。

（2）空气弹簧电磁阀的检查与分析。

根据空气悬架的控制原理，如果空气弹簧电磁阀有卡滞、堵塞或损坏，就会造成空气弹簧无法进行正常的充气，从而引起空气弹簧充气不足而过低。从左侧车身高度的测量值看，左侧车身高度是过低的，所以对左侧空气弹簧电磁阀进行了检查分析。首先检查电磁阀电阻，阻值正常；然后进行反复的通电试验，电磁阀开闭正常且无卡滞现象，通电时电磁阀进出口气流通畅，说明空气弹簧气路并无堵塞故障。

（3）电控系统的检查与分析。

EHC 对空气弹簧电磁阀的控制信号的检查连接 GT1 诊断仪，让空气悬架工作，通过 GT1 诊断仪读取左后和右后空气弹簧电磁阀的开启和关闭工作情况。发现空气悬架每次工作时，左侧开启的时间总是比右侧开启的时间短些。电磁阀的开启时间由 EHC 控制，开启时间决定进气量，而进气量决定了车身高度的大小，通过分析说明 EHC 控制单元可能存在故障。于是更换了一个新的 EHC 控制模块，故障现象却没有消失。

车身高度信号的检查由于电控悬架主要是根据车身高度传感器反馈的信号对空气弹簧电磁阀进行控制，当需要对车身高度进行调整时，电控悬架 EHC 就会根据车身高度信号控制空气弹簧电磁阀开闭时间，完成对空气弹簧的充气或放气，使车身高度目标值和实际值达到一致。于是，猜测车身高度传感器信号失准。为了验证猜测，对左右两侧车身高度传感器的信号进行了检查和分析。首先通过诊断仪读取左右两侧车身高度传感器的信号电压，发现每次电控悬架调整结束后，左右两侧车身高度信号值完全一样。正常情况下，只有车身高度相同，车身高度信号才会相同。但为何车身高度不同，车身高度信号却相同呢？通过查阅相关维修资料得知，每一个车身高度信号值都与一个相应的车身高度对应，车身高度信号值必须与车身高度相匹配，否则车身高度传感器可能有故障或信号失准。为了进一步验证推断，查阅维修手册找出该车型车身高度传感器的正常信号范围是 0.5 ~ 4.5 V，然后拆卸左右 2 个高度传感器铰接杆，上下改变高度传感器的高度大小，同时将诊断仪退回至 EHC 自诊断菜单，选择“诊断应答”功能的“电压值”测试项目。随着高度的变化，对左右两个传感器的信号进行对比，右后侧高度传感器信号变化范围是 0.5 ~ 4.5 V，左后侧高度传感器高度信号仅在 0.52 ~ 2.57 V 变化。

4. 故障分析

通过上述检查结果不难发现两个问题，虽然左后侧车身高度传感器的信号在正常的范围内，但小于标准变化范围的 0.5 ~ 4.5 V；左后侧静态车身高度信号值与标准车身高度值不匹配。通过这两点就不难得出右后侧车身高度信号有故障，高度信号与车身高度不匹配，它总是向 EHC 控制单元提供一个比标准车身高度小的高度信号，从而导致左侧电磁阀开启时间总是短于标准时间。由于 EHC 控制单元无法检测电磁阀进、出气口的工作状态，只能从车身高度传感器的反馈信号，来判断车身高度的目标值与实际值的偏差，所以电控悬架每次依此信号，对车身高度进行控制并达到了目标车身高度时，却已经低于实际要达到的车身高度，这就是导致左后侧车身高度总是过低的原因。在正常情况下，EHC 控制单元内部的监控软件检查到车身高度传感器有故障，就会记录故障代码，但为何车身高度传感器有故障而无故障代码呢？这个问题要从故障自诊断的工作原理来解释。电控系统工作时，各传感器和其他信号不断地输入 EHC 电控单元，EHC 电控单元内设置有信号监测软件，用来判别输入的信号是否异常，每一种被监测的传感器都设定了正常的信号范围。若某个传感器的信号超过了正常范围或信号丢失，信号监测软件就判定该传感器有故障或线路有问题，同时控制单元驱动仪表上相应的故障指示灯点亮，并将故障内容以故障代码的形式储存在随机储存器中。但是如果被监测的传感器只是信号失准，并且提供的信号又在正常的监控范围内，那么监测软件就无法判断出它的故障，并以失准的信号进行控制，从而引起控制异常的故障。

5. 故障排除

通过上面的试验发现左后侧高度传感器信号明显失准。分析高度传感器的结构原理。高度传感器是霍尔式传感器，主要由霍尔元件、永久磁铁、信号齿、电子分析放大电路装置组成。传感器工作时产生霍尔信号，并经过霍尔分析放大电路进行整形和放大后，变成数字信号发送给 EHC 控制单元，EHC 控制单元再将此数字信号转化为车身高度信号。如果车身高度传感器内部元件工作性能变差或失常，如永久磁铁磁性变弱，霍尔元件工作性能变差，电子分析放大电路工作异常等，都会直接影响到 EHC 控制单元接收信号的准确性，从而影响 EHC 控制单元对左右两侧车身高度的控制。因为该传感器不可拆解，内部主要元件工作状况好坏也难以鉴别，所以只能更换新的高度传感器。更换后，故障现象消失。

思考练习

1. 电控悬架系统的基本检查包括哪 3 方面的内容？
2. 电控悬架压缩空气系统主要检查哪几个方面？
3. 如果电控空气悬架的高度控制失灵，可能是哪些部件故障导致的？
4. 如何检查高度控制开关电路？

项目四

电控动力转向系统故障诊断与维修

任务一　液压式电控动力转向系统故障诊断与维修

学习目标

（1）熟悉液压式电控动力转向系统的基本组成与工作原理。

（2）熟悉液压式电控动力转向系统主要部件的结构、工作过程。

（3）掌握液压式电控动力转向系统故障的检修方法。

知识链接

汽车转向系统按转向动力来源的不同可分为机械转向系统和动力转向系统两类。机械转向系统是完全依靠驾驶员的体力操纵转向盘,从而获得转向动力实现车轮转向，转向操作吃力。动力转向系统是在驾驶员的控制下，借助汽车发动机产生的液压动力或电动机驱动力来实现车轮转向。动力转向系统具有转向操纵灵活、轻便的明显优势，但是当汽车以高速行驶时，转向盘的操纵过轻，导致驾驶员失去操作手感，不利于对高速行驶的汽车进行方向控制。电子控制技术在汽车动力转向系统中的应用，极大提高了汽车驾驶的轻便性、安全性。

一、动力转向系统的基本知识

（一）动力转向系统概述

1. 机械转向系统组成

在早期的汽车上，转向系统均为纯机械式，各个零部件采用刚性连接。驾驶员的体力就是唯一的动力源，该机构把驾驶员作用在方向盘上的力转化为转向动力。但由于地面转向摩擦阻力较大，对驾驶员产生了相当大的负担。这种转向系统机械零件体积大，整体比较笨重，但结构简单，工作可靠，价格低廉，早期应用十分广泛。

机械转向系统主要部件包括方向盘、转向轴、十字万向节、中间轴、转向器等，具体组成如图 4-1 所示。在汽车转向时，驾驶员转动方向盘，通过转向轴、万向节、中间轴，将力矩传递到转向器，经转向器降速增矩后，通过转向摇臂与转向直拉杆传递到转向节臂上，使左转向节以及与其固定的左转向轮绕主销进行偏转运动。同时，左转向节及装于其上的左转向轮发生偏转会将运动通过左转向梯形臂、转向横拉杆以及右转向梯形臂的传递到右转向节，使得右转向节以及与其固定的右转向轮产生相同的偏转运动，从而实现车辆的转向功能。作为完全依靠人力的机械式转向系统，在车辆行驶过程中，人力和机械双重动作的配合，为保证汽车灵活和稳定的形式起到关键作用。

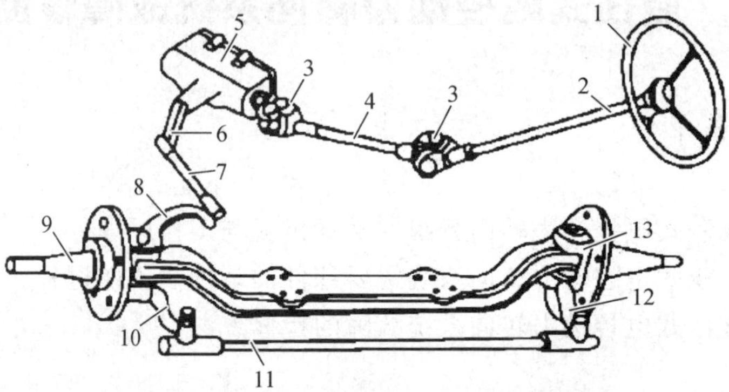

1—转向盘；2—转向轴；3—万向节；4—中间轴；5—转向器；6—转向摇臂；7—转向直拉杆；8—转向节臂；9—转向节；10—左转向梯形臂；11—转向横拉杆；12—右转向梯形臂；13—右转向节。

图 4-1　机械转向系统组成

转向器的作用是把来自转向盘的转向力矩和旋转运动进行适当的转换，同时达到减速增矩的效果，转换后的力矩和运动形式再输出给转向拉杆机构，从而使汽车转向，所以转向器本质上就是减速传动装置。转向器有多种类型，常见的如齿轮齿条式、循环球式、蜗杆曲柄指销式。

（1）齿轮齿条式转向器。

齿轮齿条式转向器是最常见的一种转向器。齿轮齿条式转向器主要由小齿轮、齿条、调整螺栓、外壳及齿条导块等组成，转向器小齿轮在转向主轴的下端，小齿轮与转向齿条相啮合，如图 4-2 所示。

图 4-2　齿轮与齿条啮合结构

当旋转方向盘时，转向主轴随之旋转，转向器中的小齿轮便转动，带动转向器中的齿条朝方向盘转动的相反方向移动。转向器齿条的直线运动通过转向器齿条端头和转向拉杆端头，传递到转向节臂上，从而使车轮转向。齿轮齿条式转向器的应用如图 4-3 所示。

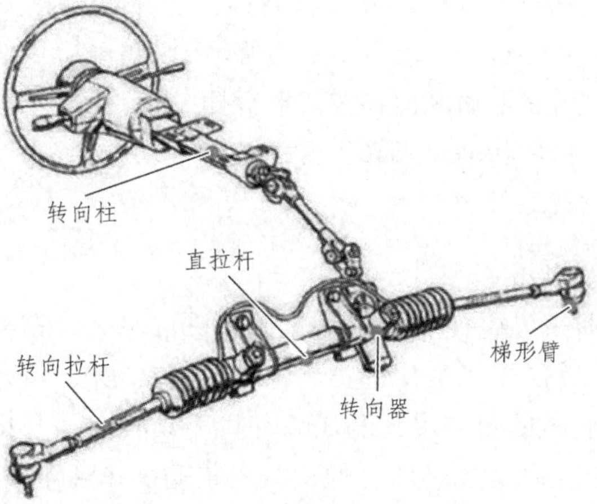

图 4-3　齿轮齿条式转向器的应用

（2）循环球式转向器。

循环球式转向器目前也是国内外汽车上较为常用的一种结构形式，它主要由螺杆、螺母、转向器壳体以及许多小钢球等部件组成，其内部结构如图 4-4 所示。循环球式转向器具有两级传动副，第一级传动副是转向螺杆和转向螺母，转向螺杆与转向轴固定连接；第二级传动副是齿条和齿扇，在转向螺母下平面上加工有齿条，齿扇与齿扇轴形成一体。转向螺母既是第一级传动副的从动件，又是第二级传动副的主动件。为了减少转向螺杆与转向螺母之间的摩擦与磨损，二者的螺纹不直接接触，而是做成内外滚道，滚道中间装有许多钢球，以实现滚动摩擦。转向螺母上装有两个钢球导管，钢球导管内装满了钢球，钢球导管与滚道连通，形成两条独立的供钢球循环滚动的封闭通道。所谓的循环球指的就是这些小钢球，起到将螺母螺杆之间的滑动摩擦转变为阻力较小的滚动摩擦的重要作用。当与方向盘转向轴固定到一起的螺杆转动起来后，螺杆推动螺母做直线运动，螺母再通过齿条来驱动转向摇臂往复摇动从而实现转向。在这个过程当中，小钢球就在密闭的管路内循环往复的滚动，所以这种转向器就被称为循环球式转向器。

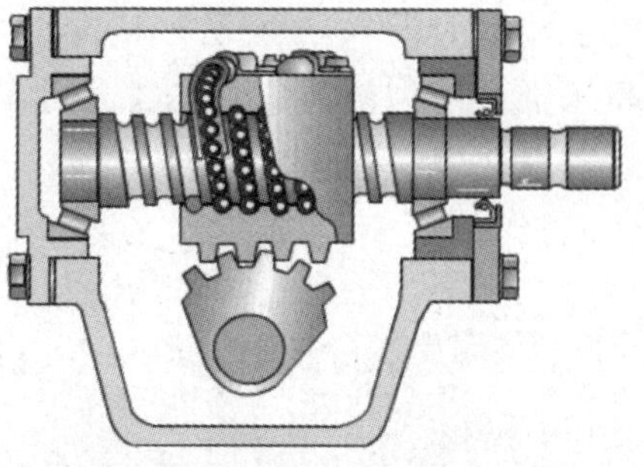

图 4-4　循环球式转向器结构

相比齿轮齿条式转向器，循环球式转向器由于更多依靠滚动摩擦，所以具有较高的传动效率，操纵起来比较轻便，机械部件的磨损较小，使用寿命相对较长。

（3）蜗杆曲柄指销式转向器。

蜗杆曲柄指销式转向器主要由转向蜗杆、曲柄摇臂轴、指销等部件组成，其内部结构如图 4-5 所示。转向蜗杆具有梯形螺纹，手指状的锥形指销用轴承支承在曲柄上，曲柄与转向摇臂轴制成一体，转向蜗杆与转向轴固定一体。转向时，转向盘通过转向轴带动蜗杆旋转，嵌于蜗杆螺旋槽中的锥形指销一边自转，一边绕转向摇臂轴做圆弧运动，从而带动曲柄和转向摇臂摆动，再通过转向传动机构使转向轮偏转。这种转向器通常用于转向力较大的载货汽车上。

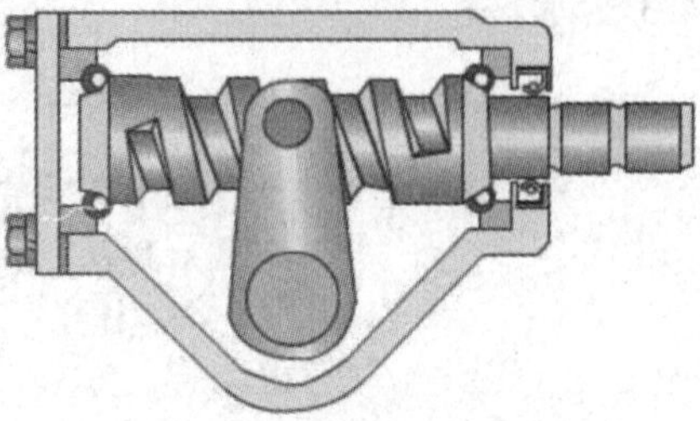

图 4-5　蜗杆曲柄指销式转向器结构

2. 动力转向系统组成

为使汽车驾驶转向操纵轻便，目前轿车、载重汽车、客车普遍采用转向助力器。1953 年，通用公司首次使用了液压助力转向系统（HPS），该系统是在原有机械转向系统的基础上增加了液压助力装置，利用发动机驱动转向油泵提供助力，从而减小了驾驶员操纵转矩，节省了体力，转向轻便性得到提高。并且随着转向系统体积的减小，功率消耗也降低了。HPS 一般由转向油罐、转向油管、助力油缸及机械装置组成。

早期的动力转向系是在机械转向系的基础上增加一套液压助力装置，其中主要包括转向助力油泵、转向油罐、转向控制阀、动力缸等，具体组成构造如图 4-6 所示。转向助力油泵安装于发动机的前端，通过皮带由曲轴前端带轮直接驱动旋转，安装位置如图 4-7 所示。转向助力油泵旋转工作后将油罐内的液压油吸入加压输出高压油，动力缸接收高压油产生转向助力，来增大驾驶员操纵前轮转向的力量，使之操纵轻便、灵敏且安全可靠。转向阀体在转向时改变油路流向，获得不同方向的转向动力。

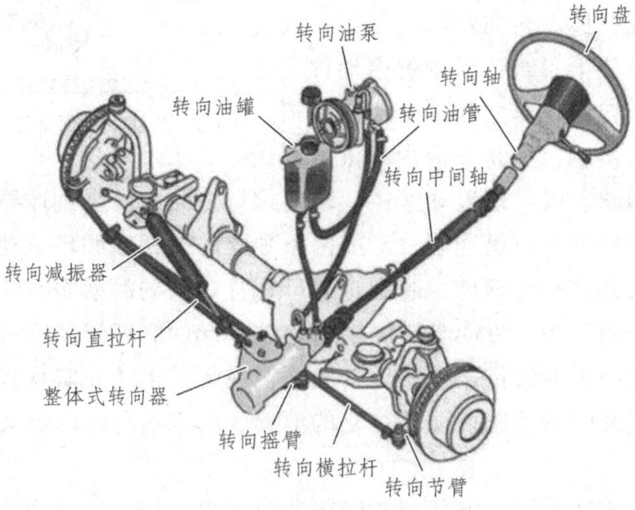

图 4-6　液压式动力转向系统组成

图 4-7　转向助力油泵安装位置

（1）转向助力油泵。

动力转向泵由发动机通过皮带驱动将油罐中低压油转变为高压油输送到转向控制阀。根据阻力泵结构形式的不同，可分为叶片式转向泵、齿轮式转向泵、柱塞式转向泵。其中，双作用叶片式转向泵因其尺寸小、噪声低、容积效率高等优点在各种车型中被广泛采用。

叶片泵工作原理如图 4-8 所示，驱动带轮带动转子旋转后，叶片在离心力的作用下向四周滑动张开，并与定子、转子、配油盘共同形成密闭工作腔，当转子与叶片从定子内表面的小圆弧区向大圆弧区转动时，两个叶片之间的容积增大，压力减小形成真空度，然后通过配油盘的吸油口进行真空吸油；由大圆弧区转到小圆弧区时，两个叶片之间的容积缩小，压力增加，通过压力板的排油口排油，排出的高压油通过转向高压油管进入转向控制阀，从而控制高压油的流向以获得不同方向的助力效果。

齿轮泵也是液压系统中广泛采用的一种液压泵。按结构不同，齿轮泵分为外啮合齿轮泵和内啮合齿轮泵，以外啮合齿轮泵应用最广。外啮合齿轮泵的工作原理如图 4-9 所示，它主要由泵盖、泵体、啮合齿轮对等组成。泵体内装有一对齿数相同、宽度和泵体接近而又互相啮合的齿轮，这对齿轮与两端盖和泵体形成密封腔，并由齿轮的齿顶和啮合线把密封腔划分为两部分，即吸油腔和压油腔。两齿轮分别用键固定在由滚针轴承支承的主动和从动轴上，主动轴由发动机驱动旋转。

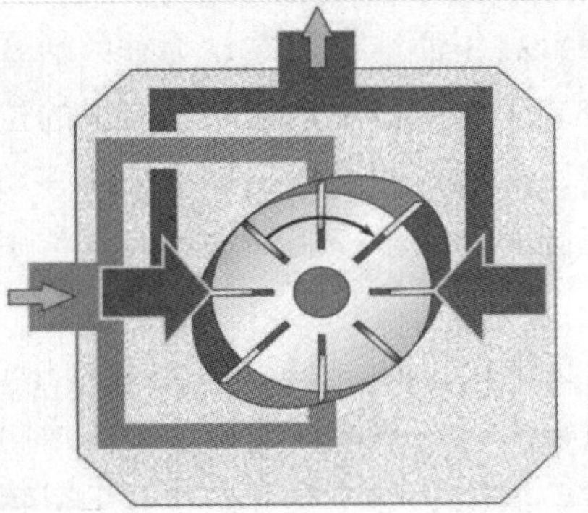

图 4-8　叶片泵工作原理

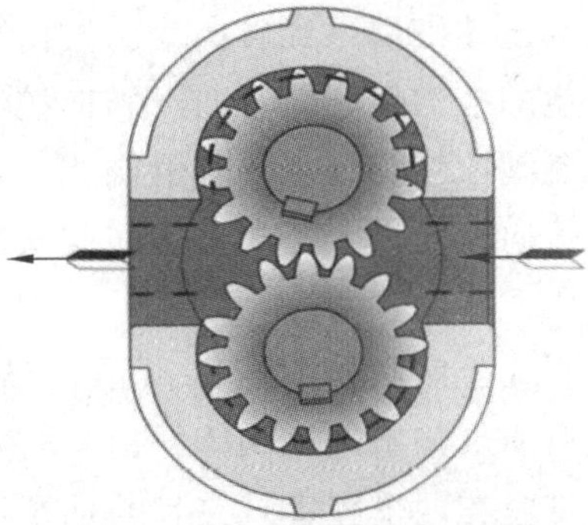

图 4-9　外啮合齿轮泵工作原理

当泵的主动齿轮旋转时，齿轮泵右侧（吸油腔）齿轮脱开啮合，齿轮的轮齿退出齿间，使密封容积增大，形成局部真空，油箱中的油液在外界大气压的作用下，经吸油管路、吸油腔进入齿间。随着齿轮的旋转，吸入齿间的油液被带到另一侧，进入压油腔。这时轮齿进入啮合，使密封容积逐渐减小，齿轮间部分的油液被挤出，形成了齿轮泵的压油过程。

当配置有液压助力转向系统的发动机为小排量小功率时，在助力转向泵上需要增加一个压力开关，安装位置如图 4-10 所示。这是因为在车辆怠速原地转向时，由于转向泵为转向操作提供助力，而使其需要消耗由发动机提供的功率，而发动机只是怠速运行，增加的消耗功率有可能导致发动机负载过大而熄火。因此，在进行转向操作时需要提升发动机输出功率。在泵内增加压力开关，当油泵内建立油压消耗比较大功率时启动压力开关，信号传递给发动机 ECU，发动机 ECU 控制电子节气门增加开度，提高发动机输出功率。在输出功率比较大的汽油机或柴油机，怠速时发动机的输出功率足够提供助力转向泵所需要的功率，则没有必要增加压力开关。

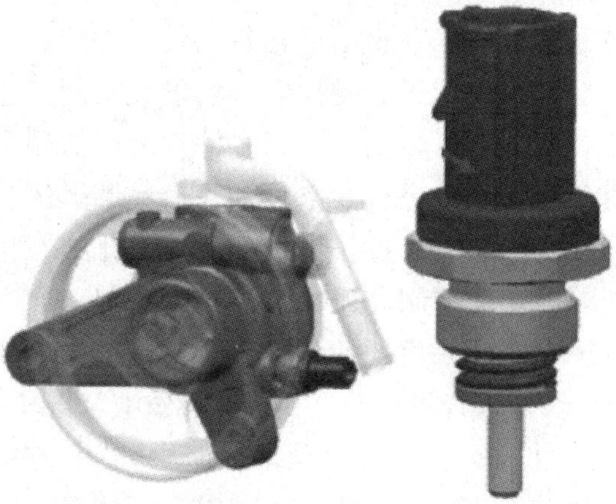

图 4-10　压力开关安装位置

（2）转向控制阀。

转向控制阀的主要作用是根据驾驶员的转向意图控制液压油的流向，从而将油泵输出的高压油液引入到转向动力缸的相应腔室中，高压油液作用在动力缸的活塞上，最终产生的推力使车轮转向。转向控制阀一般安装于转向器主动齿轮轴靠上的位置。转向控制阀按结构分主要有滑阀式、转阀式两种。滑阀式的阀体主要沿轴向移动来控制油液流向，常用于货车上。转阀式的阀体绕其圆心转动来控制油液流向，常用于轿车上。

转阀式控制阀如图 4-11 所示，当转向盘位于正中位置时，阀芯处于阀体对中位置，压力油由油泵输出进入阀体，由左右共 4 个油道输出，左右油道输出的高压油同时进入动力缸左右两个腔室，并且与油泵进油口相通，液压泵对外没有做功处于空转，动力缸左右腔室油压相等，此时无转向助力效果，车辆可以保持直线行驶。

如图 4-12 所示，当转向盘向右旋转时，阀芯跟随向右转动，压力油由油泵输出进入阀体，高压油经左侧油道进入动力缸左腔室，高压油推动缸内活塞向右移动，此时车辆获得向右的转向助力效果，车辆向右转行驶。

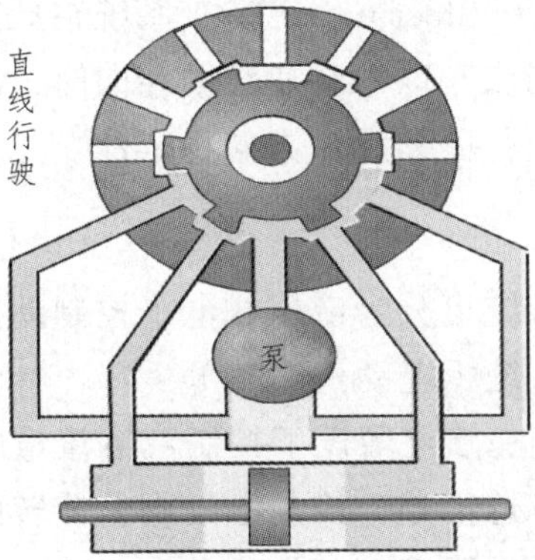

图 4-11　直线行驶转向阀油液流向

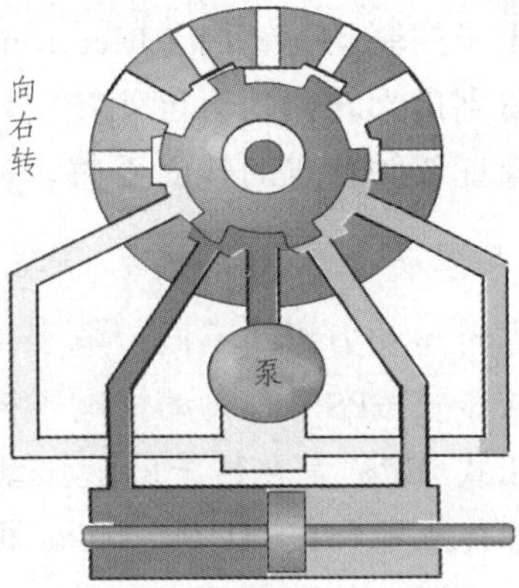

图 4-12　右转行驶转向阀油液流向

如图 4-13 所示，当转向盘向左旋转时，阀芯跟随向左转动，压力油由油泵输出进入阀体，高压油经右侧油道进入动力缸右腔室，高压油推动缸内活塞向左移动，此时车辆获得向左的转向助力效果，车辆向左转行驶。

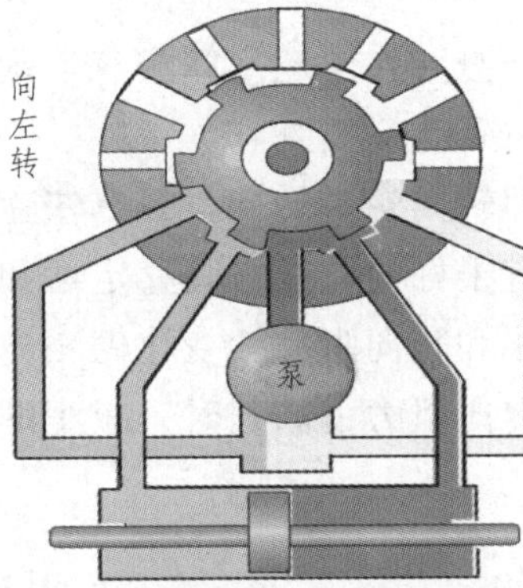

图 4-13　左转行驶转向阀油液流向

3. 动力转向系统的优缺点

液压助力转向系统虽然可提供助力，但是在该系统中，设计参数确定后，动力转向系统的性能就确定了。为了减小汽车在停车或低速行驶状态下驾驶员操纵转向盘的力，所需转向动力值较大。当汽车以高速行驶时，较大的转向动力会使转动转向盘的力显得太小，不利于对高速行驶的汽车进行方向控制；反之，如果为了增加汽车在高速行驶时的转向力减小转向动力设计值，则当汽车停驶或低速行驶时，转动转向盘就会显得非常吃力。

综上所述，传统动力系统难以兼顾汽车以不同车速行驶的转向动力变化需求。助力特性无法随实际状况而进行调整，转向轻便性和路感难以协调。而且当发动机工作后，无论是否存在转向问题，转向油泵都一直正常工作，能耗较大。

（二）电控动力转向系统概述

1. 电控动力转向系统

电子控制技术在汽车动力转向系统中的应用，极大提高了汽车驾驶的轻便性、安全性。电子控制动力转向（Electronic Control Power Steering，EPS）系统在低速行驶时控制得到最大转向动力可使转向轻便、灵活。当汽车以中高速行驶转向时，减小转向动力保证驾驶稳定的转向手感，从而提高了高速行驶的操纵方向稳定性。

2. 电控动力转向系统的分类

根据转向动力源的不同，电子控制动力转向系统可分为液压式电子控制动力转向系统（液压式 EPS）和电动式电子控制动力转向系统（电动式 EPS）。

液压式 EPS 是在传统的液压动力转向系统的基础上增设了控制液体流量的电磁阀、车速传感器和 ECU 等。ECU 根据检测到的车速信号，控制电磁阀，使转向动力实现连续可调，从而满足高、低速时不同的转向助力要求。

电动式 EPS 是利用直流电动机作为动力源，ECU 根据转向参数和车速等信号，控制电动机扭矩的大小和方向。电动机的扭矩由电磁离合器通过减速机构增加扭矩后，加在汽车的转向机构上，使之得到一个与车速相适应的转向作用力。

3. 电控动力转向系统的特点

（1）良好的操控性：即转向盘与转向轮之间具有准确的一一对应关系，同时能保证转向轮可维持在任意转向角位置。

（2）良好的转向灵敏度：即转向轮对转向盘具有快速灵敏的响应性。

（3）良好的稳定性：即具有很好的直线行驶稳定性和转向自动回正能力。

（4）助力效果能随车速变化和转向阻力的变化做相应的变化调整：低速时，有较大的助力效果，以克服路面的转向阻力；高速时，减小助力保证有适当的路感，以避免因转向过轻而发生交通事故

二、液压式电控动力转向系统控制方式

液压式电子控制动力转向系统是在传统的液压动力转向系统的基础上增设电子控制装置而组成的。根据控制方式的不同，液压式电子控制动力转向系统又可分为流量控制式、反力控制式和阀灵敏度控制式 3 种形式。

（一）流量控制式

1. 组　成

流量控制式具体组成如图 4-14 示，主要由车速传感器、电磁阀、动力转向控制阀、动力转向油泵和 ECU 等组成。

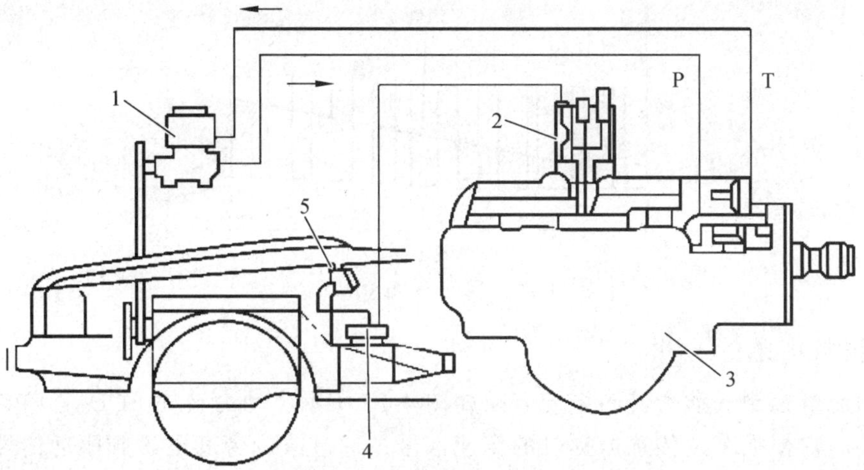

1—动力转向油泵；2—电磁阀；3—动力转向控制阀；4—ECU；5—车速传感器；
P—压力油管；T—回油管。

图 4-14　流量控制式动力转向系统组成

2. 工作原理

流量控制式动力转向系统就是根据车速传感器的信号，控制电磁阀阀针的开启程度，从而控制转向动力缸活塞两侧油室的旁路液压油流量。电磁阀安装在通向转向动力缸活塞两侧油室的油道之间，当电磁阀的阀针完全开启时，两油道就被电磁阀接通了一个旁路，使动力缸活塞两侧压力差减小，助力减小；反之则助力增大。控制电磁阀的结构如图 4-15 所示。

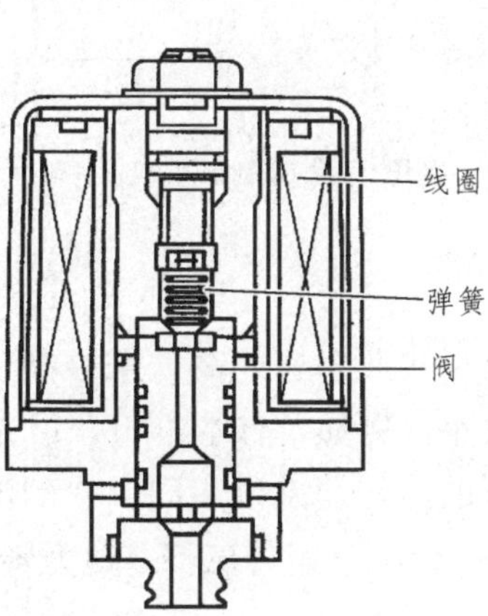

图 4-15　控制电磁阀的结构

车速越高，流过电磁阀电磁线圈的平均电流值越大，电磁阀阀针的开启程度越大，旁路液压油流量越大，液压助力作用越小，使转动转向盘的力也随之增加；相反，车速较低时，阀针的开启程度减小，提高压力差助力作用加大，使转向轻便。电磁阀的驱动信号如图 4-16 所示。驱动电磁阀电磁线圈的脉冲电流信号频率基本不变，随着车速不断提高，脉冲电流信号的占空比将逐步增大，使流过电磁线圈的平均电流值随车速的升高而增大。

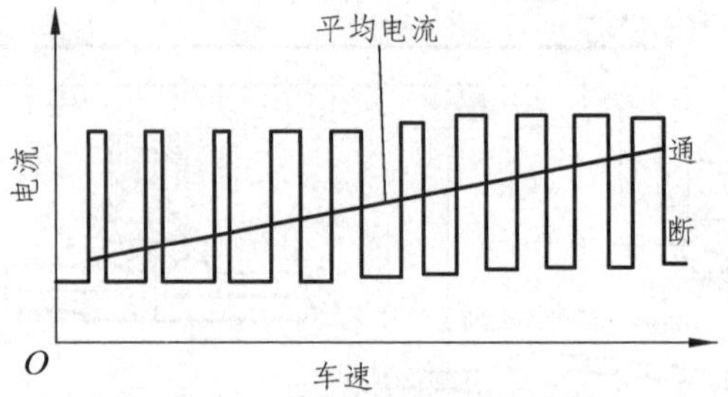

图 4-16　电磁阀的驱动信号

3. 控制电路

丰田流量控制式动力转向系统电路如图 4-17 所示。动力转向 ECU 是 EPS 的核心控制元件。它根据车速传感器提供的车速信号，通过改变旁通电磁阀驱动信号占空比的方式调节转向动力的大小。

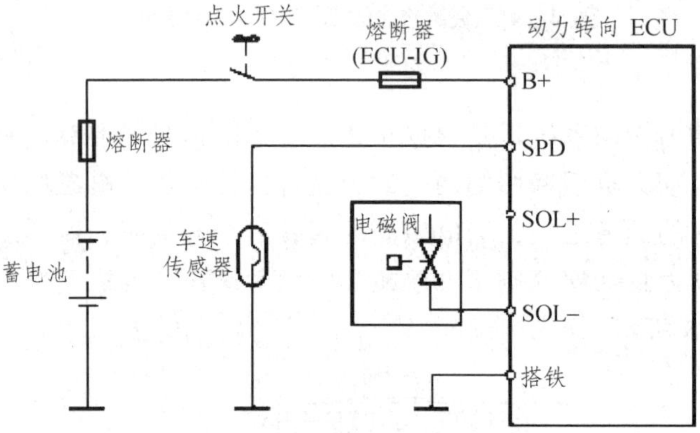

图 4-17　丰田流量控制式动力转向系统电路

（二）反力控制式

反力控制式动力转向系统可按照车速的高低来控制反力室中的油压，进而控制施加在转向盘上的转向助力的大小。例如，日本丰田、雷光萨斯 LS400 轿车即采用此种助力转向系统。与传统的液压助力转向系统不同，它的液压系统中加设了液压反应装置、流量分配阀，同时增加了一套由车速传感器、动力转向 ECU 和电磁阀构成的电控系统。

1. 组　成

反力控制式液压动力转向系统组成构造如图 4-18 所示，主要由转向控制阀、分流阀、电磁阀、动力缸、油泵、车速传感器及 ECU 等部件组成。转向控制阀不同于传统的液压动力转向控制阀，其中加设了一个油压反力室，如图 4-19 所示。转向控制阀的内部构造连接关系如下，中部扭杆的上端通过销子固定连接阀芯，而下端通过销子固定连接齿轮齿条转向器中的转向齿轮轴。控制阀阀体下部利用销与转向齿轮轴连接。当驾驶员转动转向盘时，便施加力在转向盘上，此力经扭杆进而作用在小齿轮轴上。随着驾驶员施加在转向盘上的力的增加，扭杆便产生扭转，即阀体和阀芯出现相对转动，阀体与阀芯之间油道便被接通或断开，液流方向也发生了变化，产生助力。分流阀（见图 4-20）顾名思义起到分流作用，它可将油泵加压产生的油压一部分分配到转向控制阀，另一部分分配至电磁阀一侧。阻尼孔可将流经控制阀的部分液压油分配至反力室。电磁阀根据需要让反力室中的油液流回储油箱。从而控制反力室油压的大小。

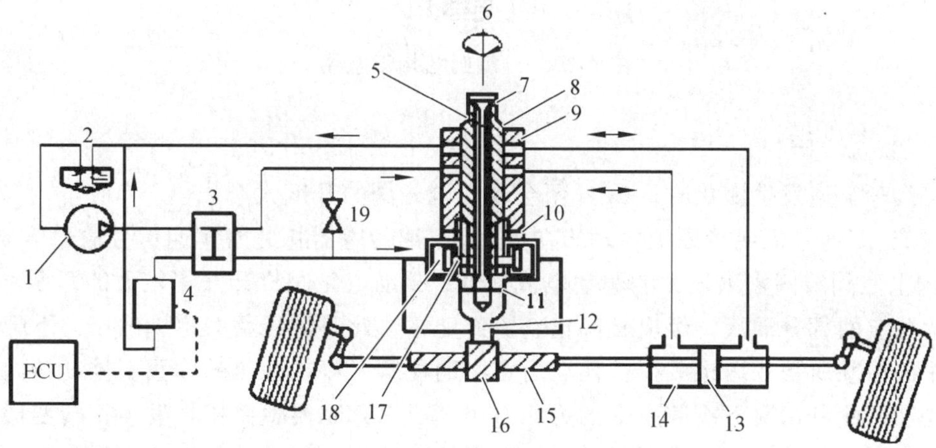

1—转向油泵；2—储油箱；3—分流阀；4—电磁阀；5—扭杆；6—转向盘；7、10、11—销子；8—转阀阀芯；9—转阀阀体；12—小齿轮轴；13—活塞；14—转向动力缸；15—齿条；16—小齿轮；17—柱塞；18—油压反作用力室；19—阻尼孔；

图 4-18　反力控制式液压动力转向系统组成

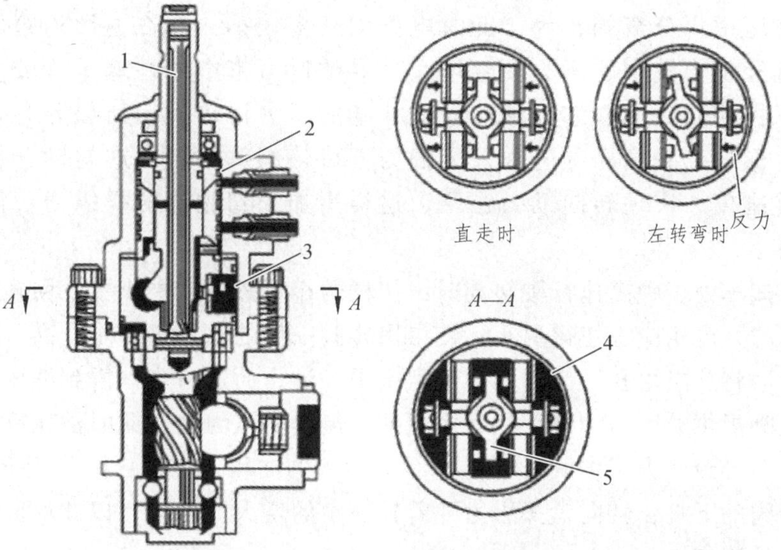

1—扭杆；2—回转阀；3—油压反力室；4—柱塞；5—控制阀轴。

图 4-19　转向控制阀结构示意

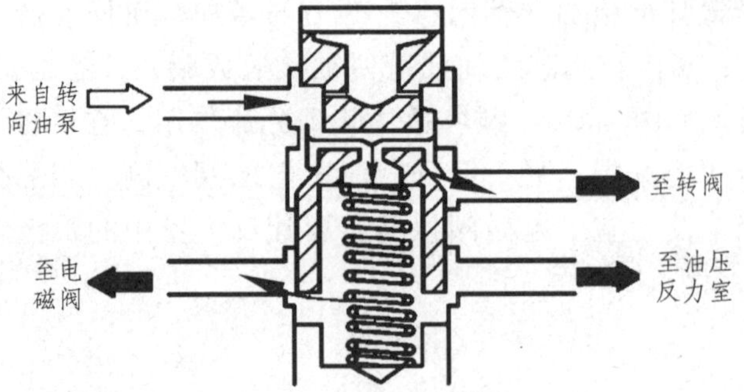

图 4-20　分流阀结构示意图

2. 工作原理

当汽车车速发生变化时，ECU 便会改变电磁阀的开度大小。

（1）当车速较低或者原地转动方向盘时，车速传感器将此时车速信号输送给 ECU，ECU 向电磁阀线圈输出较大的驱动电流信号，驱动电磁阀打开获得较大的开度。通过分流阀分流的部分油液，经电磁阀重新流回油箱，此时流经反力室中的压力下降，反力室中的柱塞所受背压也减少。而反力室中的柱塞可以在油压的作用下推动转向控制阀的阀芯，此种情况下阀芯所受的力相对小，所以此时要想使扭杆发生扭转变形，驾驶员仅需在转向盘上施加一个很小的力即可使阀体相对阀芯转动，汽车便产生助力，转向较轻便。

（2）当中高速直线行驶时，驾驶员转向角非常小，随着汽车车速的增大，ECU 将减小输出到电磁阀线圈中的电流，从而减小电磁阀开度的大小。油箱中的液压油经油泵加压进入分流阀，由于此时电磁阀开度较小，那么返回油箱的液压油便少，相反流经反力室中的压力便会增大，导致反力室中的柱塞承受较大的油压。这种情况下控制阀中的阀芯下端所受的柱塞的压力比较大，所以此时要想使扭杆发生扭转变形，驾驶员必须施加较大的力方可使阀体相对阀芯转动，也就加大了扭杆的扭转刚度，实现转向助力作用，这样增加了驾驶员的操纵力，保持了较好的转向手感。

（3）当汽车处于中高速行驶转向时，扭杆的相对扭力就更小了，回转阀与控制阀的连通通道的开度相应也变得更小，使得回转阀一侧的油压进一步升高。随着油压的升高，压力油将从阻尼孔一侧向油压反力室中供油，而这时可以看到油压反力室中不仅有经分流阀提供的压力油外，还有由阻尼孔流出的压力油，此时油压反力室中的油压很高，从而导致反力室中的 4 个柱塞承受很大的油压，在油压的作用下，4 个柱塞将夹紧控制阀的下端，转向盘操纵力随着转向角的增大而增大，以此保证车辆高速行驶操纵方向的稳定性。

故障检修

一、常见故障分析

（一）转向沉重故障

1. 转向沉重故障原因

（1）胎压过低、四轮定位失准。

（2）转向节球头卡滞、减振平面轴承卡滞、转向轴万向节卡滞。

（3）悬架变形、转向机构变形。

（4）缺转向助力油、助力泵皮带打滑、助力泵磨损。

（5）控制阀工作异常、控制单元损坏。

2. 转向沉重故障检修

（1）检查轮胎气压、并调整至标准气压，检查调整四轮定位。

（2）检查转向节球头是否卡滞、减振平面轴承是否卡滞、转向轴万向节是否卡滞，如发生卡滞及时更换相应部件。

（3）检查悬架是否变形、转向机构是否变形，如变形及时更换相应部件。

（4）检查是否缺转向助力油，如缺少先找出泄漏点进行维修后再加注标准助力油。

（5）检查助力泵皮带是否打滑，如打滑调整张紧度或视情况更换皮带。

（6）检测助力泵出油口油压，如低于正常值说明磨损严重，应更换助力泵。

（7）借助万用表、检码仪检测控制阀工作是否异常、控制单元是否损坏。

（二）高速转向过轻故障

1. 高速转向过轻故障原因

（1）车速信号失准。

（2）控制单元损坏。

（3）控制阀损坏。

2. 高速转向过轻故障检修

（1）检查车速传感器工作是否正常。

（2）检查控制单元工作是否正常。

（3）检查控制阀工作是否正常。

二、系统检测分析

电控机械液压转向系统检测主要涉及电控液压系统油压检测和电控部件检测两大部分。

（一）电控液压系统油压检测

检查系统管路和油面高度，确认管路无泄漏，油面高度正常。将压力表与动力转向泵与转向控制阀的压力管连接，将压力表的阀门完全开启，发动机起动并使其怠速运转，将转向盘在左、右极限位置之间连续转动 3 ~ 4 次后转向油液温度升高且系统内的空气被排除，当转向油液温度升至 80 °C 以上，液面高度确保正常时，检测发动机怠速时转向泵输出油压应为 3 MPa 以上。将转向盘转至极限位置，拔下电磁阀插接器，然后启动发动机，使其转速稳定在 1 000 r/min，测量动力转向泵的输出油压，其最低压力应为 7 MPa 以上。如若不然，分析转向器内部是否存在泄漏或电磁阀有故障。

（二）电磁阀的检测

电磁阀是一个执行元件，随着电磁阀的针阀开启，油道中的电磁阀起旁路作用，进而转向助力发生变化。电磁阀线圈短路及其针阀的位置不当是电磁阀的常见故障。其诊断步骤如下：① 检测电磁阀电磁线圈的电阻，首先拆下线束插接器，然后使用欧姆表测量两端子之间的电阻，其阻值应为 6.0 ~ 11 Ω，否则，应更换存在故障的电磁阀；② 检测电磁阀的工作情况，先拆下电磁阀的转向器，然后将蓄电池的正极接电磁阀 SOL 正端子，负极接 SOL 负端子，此时缩回电磁阀的针阀至 2 mm，否则，应更换存在故障的电磁阀。

（三）电控单元的检测

顶起汽车并稳固地支承，启动发动机。发动机怠速运转情况下，测量 ECU 的 SOL 负端子和 GND 端子之间的电压；然后，挂上挡使车轮以 60 km/h 的车速转动，测量 ECU 的 SOL 负端子和 GND 端子之间的电压，电压应比原来增加 0.07 ~ 0.22 V。当上述测量无电压时，应更换新的 ECU 重试，便于确诊。

（四）检测分析流程

首先，将点火开关置于“ON”位置，检查 ECU-IG 保险丝。如果该保险丝被烧毁，更换新的保险丝后重新检查，如果保险丝继续被烧断，则表明此熔丝与 ECU 的正 B 端子之间的电路有搭铁，应拔下动力转向的 ECU 插接器，使用万用表检查 ECU 插接器的正 B 端子与车身搭铁处之间的电压，该值应为 10 ~ 14 V，如果没有电压，则线束存在断路。

其次，检测动力转向 ECU 插接器的 GND 端子与车身搭铁处之间的电阻如果较大，则存在 GND 端子连线断路或接触不良故障；将汽车一侧的前轮顶起并让它转动，用欧姆表测量 ECU 插接器 SPD 端子和 GND 端子之间的电阻。转动车轮时，正常的电阻值应在 0 ~ ∞ 交替变化，否则 ECU 的 SPD 端子与车速传感器之间的线束有断路或短路故障，或车速传感器有故障。

最后，检查动力转向 ECU 插接器的 SOL 正端子或 SOL 负端子与 GND 端子之间是否导通，如果导通，则表明 SOL 正端子或 SOL 负端子与 GND 端子之间的线路有短路，或电磁阀存在故障。用欧姆表检查 SOL 正端子与 SOL 负端子之间的电阻用欧姆表，其正常值应为 6 ~ 11 Ω。如果电阻值不正常则说明两端子之间的线路有故障或电磁阀存在故障；如果电阻值正常，则可能是动力转向 ECU 故障，应检查并替换 ECU。

三、典型故障维修案例

（一）故障案例 1

1. 故障现象

一汽红旗世纪星轿车在低速行驶或原地转向时感觉沉重，但车辆高速行驶时感觉转向较轻。

2. 故障诊断

该车所装的 EPS 系统能够根据车速信号，控制转向助力泵上电磁阀的占空比，以使助力效果随车速发生变化，保证驾驶员在整个车速范围内获得较好的手感和转向稳定性。该车 EPS ECU 安装在车的左侧 A 柱下部的护板内，控制电路如图 4-21 所示。

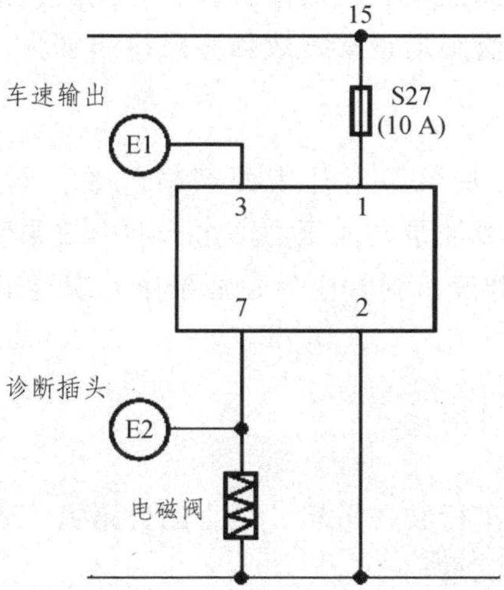

图 4-21　红旗世纪星轿车 ECU 电路

ECU 各端子的作用：端子 1 是由点火开关 15 号线至 S27 熔断器的熔丝对 ECU 提供正电源；端子 2 为 ECU 搭铁线；端子 3 是由车速里程表提供的车速信号；端子 7 则是输出给电磁阀线圈的执行信号。

根据该车的故障现象，对 ECU 进行线路检测。在车辆静止的情况下打开点火开关，测量 EPS ECU 各端子电压，端子 1 与端子 2 之间为 12 V，端子 3 与端子 2 之间为 0 V，端子 7 与端子 2 之间为 11 V。根据测量结果，判断控制单元端子 7 控制电压不正常。因为在没有车速信号的情况下端子 7 不应有 11 V 电压输出，如果有此电压输出会使 EPS 阀打开，助力油压降低，正好与故障现象相符。为了进一步确认故障，将车上举升架，挂挡试车，车速在 20 km/h 左右，用万用表电磁阀电压，发现电压始终为 13 V 左右。正常情况下当车速为 20 ~ 25 km/h 时，电磁阀电压为 0.5 ~ 1.6 V；当车速为 80 ~ 90 km/h 时，电磁阀电压为 2.7 ~ 3.9 V。因此，可判断控制单元输出故障。

3. 故障排除

更换 EPS ECU，故障排除。

（二）故障案例 2

1. 故障现象

一辆丰田皇冠 2.8 轿车转向沉重，需用很大的力才能使车轮偏转。

2. 故障诊断

车主反映行驶时转向越来越费力，直至感觉转向沉重，怀疑其动力转向系统有问题。首先检查外观，无漏油处；油面高度正常。其次，检查油泵，在油泵的输出端和转向助力器的输入端接入油压表，测得油压 3.5 MPa（标准值大于 7.0 MPa），说明油压过低。将方向盘分别转到左或右的极限位置，分别测量油压，仍是 3.5 MPa，说明转向助力器、安全阀、溢流阀均正常，故障应该在油泵。

3. 故障排除

拆检叶片泵，发现叶片泵各滑片表面磨损严重，厚度只有 1.35 mm（标准值 1.55 mm）。叶片磨损，导致油泵泵油压力不足，助力效果明显减弱，造成转向沉重。更换一套（6 组）滑片、弹簧、弹簧座后，油泵压力恢复正常，故障排除。

（三）故障案例 3

1. 故障现象

一辆丰田皇冠 2.8 轿车行驶在平坦、笔直的公路上，若双手离开方向盘，汽车将马上向右跑偏，向左转向沉重。

2. 故障诊断

首先检查两前轮轮胎气压、悬架刚度及轮毂轴承预紧度，均正常；检查两前轮主销后倾角、前轮外倾角也正常。在检查前轮前束时发现了问题。该车采用两横拉杆结构，设计要求安装时左右横拉杆的长度必须都等于 360 mm。检查时发现右横拉杆长度为 330 mm，左横拉杆长度为 365 mm。这样，方向盘在正中位置时，左前轮比原来内收，右前轮比原来外张，行驶中两前轮都有向右侧滚动的倾向，转向盘必须稍向左转，才能保证汽车直线行驶。这也是汽车易向右跑偏，左转向沉重，轮胎磨损加剧的原因。

3. 故障排除

调整前轮前束，保证左右横拉杆长度为 360 mm，前轮前束值为 2 ~ 4 mm，故障排除。

思考练习

1. 简述动力转向系统的功能、分类以及组成。
2. 简述动力转向系统的优缺点。
3. 简述液压式电控动力转向系统的组成、工作原理。
4. 简述转向沉重的故障原因及检修方法。

任务二　电动式电控动力转向系统故障诊断与维修

学习目标

（1）熟悉电动式电控动力转向系统的基本组成与工作原理。
（2）熟悉电动式电控动力转向系统主要部件的结构、工作过程。
（3）熟悉电动式电控动力转向系统故障的检修方法。

知识链接

一、电动式电控动力转向系统

（一）电动式电控动力转向系统概述

电动助力转向系统（简称电动式 EPS 系统）于 1988 年 2 月由日本铃木公司提出，并先后装配在旗下的 Cervo、Alto 车上。欧美的 EPS 发展比日本晚 10 年左右，但开发力度较大，发展很快，其产品应用了大量的新技术。我国从 1998 年开始研究 EPS，各大高校，如同济大学、天津大学、华中科技大学等先后从试验台研究出发，对控制策略、操纵稳定性、回正力矩等方面进行了研究。

电动式电子控制动力转向系统与液压式电控动力转向系统相比，是用电动机代替了液压泵、液压缸的动力，电动机由汽车电源供电。当驾驶员转动转向盘时，电动式电子控制动力转向系统中的传感器检测其运动情况，使电动机产生足够的动力带动转向轮做适当的偏转。电动式电子控制动力转向系统中用电子开关代替了液压式动力转向系统中的液压分配阀。

1. 组　成

电动式电子控制动力转向系统主要由车速传感器、转矩传感器、转角传感器、电子控制器 ECU、电动机及减速机构等组成，如图 4-22 所示。该系统广泛应用于日本三菱、大发、富士重工、铃木等汽车公司的许多车型上。

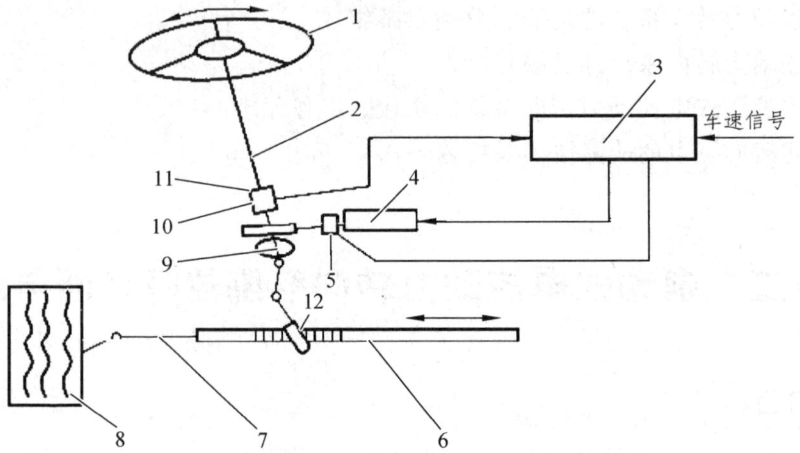

1—转向盘；2—输入轴（转向轴）3—ECU；4—电动机；5—电磁离合器 6—转向齿条；7—横拉杆；8—转向车轮；9—输出轴；10—扭力杆；11—扭矩传感器；12—转向齿轮。

图 4-22　电动式 EPS 的组成

2. 工作原理

电动式电子控制动力转向系统的工作原理是 ECU 根据汽车行驶速度信号、转向盘转矩及转角信号，计算得出控制指令控制电动机及减速机构产生转向动力转矩，使汽车行驶在低、中和高速下都能获得最佳的转向操作性。

电动机连同离合器和减速齿轮一起，通过一个橡胶底座安装在左车架上。电动机的输出转矩由减速齿轮增大，并通过万向节、转向器中的动力小齿轮把输出转矩送至齿条，向转向轮提供转矩。

当操纵转向盘时，装在转向盘轴上的扭矩传感器不断地测出转向轴上的扭矩信号，该信号与车速信号同时输入到 ECU。ECU 根据这些输入信号，确定转向动力扭矩的大小和方向，即选定电动机的电流大小和转向，调整转向辅助动力的大小。电动机的扭矩由电磁离合器通过减速机构增加扭矩后，加在汽车的转向机构上，使之得到一个与汽车工况相适应的转向作用力。当车速较低或原地打方向控制电动机旋转获得转向动力；当车速高于设定速度时，电动机不提供动力输出就是普通的转向系统。当系统出现故障时，自我修正功能发挥作用，断开电动机的输出电流，也恢复到普通的转向系统，同时仪表内的警告灯点亮，通知驾驶员动力转向发生故障。

3. EPS 系统的关键部件

EPS 与液压助力转向系统相比较，主要区别在于以下几个关键部件：电动机、减速机构、转矩传感器和车速传感器、ECU 控制单元。

（1）助力电机。

助力电动机是 EPS 的核心执行元件，其安装结构如图 4-23 所示。随着人们对车辆使用轻便性的要求越来越高，对电机的输出扭矩要求也在不断增强。如果扭矩不够高，直接反映给驾驶员路况与驾驶手感不协调。助力电动机应具备以下特点：大功率、低噪声、低振动、较小的体积和质量；还应具有起动快速、转矩惯量比大的性能；接到指令后反应时间短，说明灵敏度高；电机的转速随控制信号呈连续线性变化，说明电机运行具有较高的可靠性；能够在恶劣条件下运行良好。

（2）减速机构。

减速机构是起减速增扭作用的装置，其结构如图 4-24 所示，电机小齿轮带动减振器上的大齿圈速度降低力矩得到增大。常用的有蜗轮蜗杆式、滚珠螺杆螺母式和行星齿轮式等。有的减速机构还与离合器配合工作，完成转向。减速机构对系统工作性能的影响较大，要求减速机构具有低噪声、高效率的特性。

图 4-23　助力电机安装结构

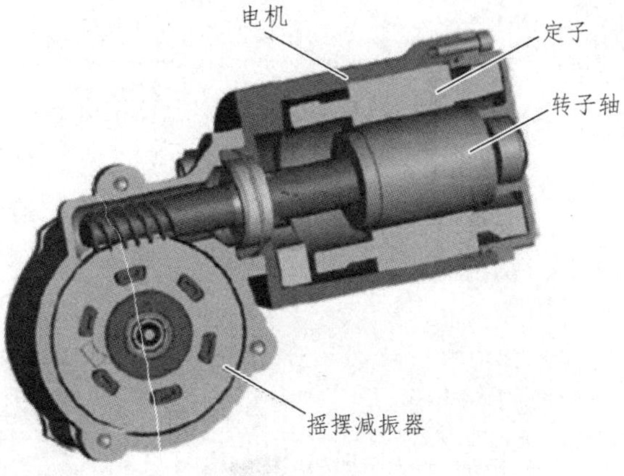

图 4-24　减速机构结构

（3）转矩传感器。

转矩传感器将机械信号转化成电子信号，把测量到的驾驶员作用在方向盘上的力矩大小和方向以及转向盘转角的大小和方向转成电子信号传至 ECU，其结构如图 4-25 所示。它是 EPS 系统中的关键部件，其监测的准确性直接影响转向精度。精确、可靠、低价格是对转矩传感器的基本要求。

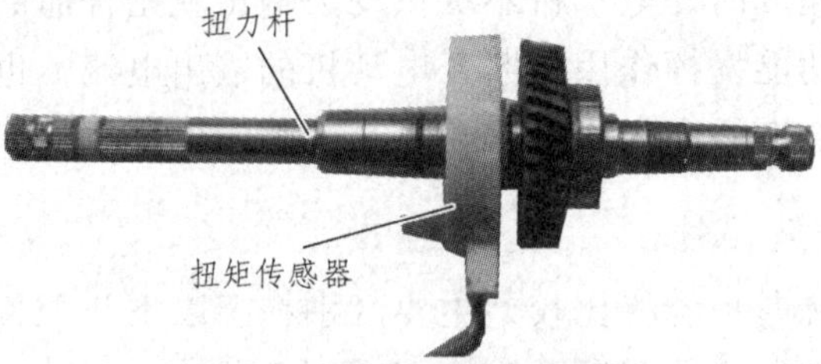

图 4-25　转矩传感器结构

（4）车速传感器。

车速传感器用来监测车速信号。车辆行驶过程中，由于不同路况车速处于不断变化之中，不同车速下相同的方向盘转角时的侧向加速度并不相等，驾驶员的手感力矩也不同。要使驾驶员有合适的路感，则转向助力系数就要不断调整。为满足功能要求，要求传感器精度高，具有可靠性、耐久性、通用性、结构紧凑、制造成本低。

（5）ECU 控制单元。

ECU 是 EPS 系统的核心控制部分，接收转矩传感器和车速传感器发来的信号，进行转换、运算分析，向执行器助力电机发出动作指令，决定助力作用的大小与方向，其安装位置如图 4-26 所示。大部分 ECU 都具有安全保护和自诊断功能。控制单元应具有良好的抗干扰性、运算快速精准、实时测控能力强等特点。

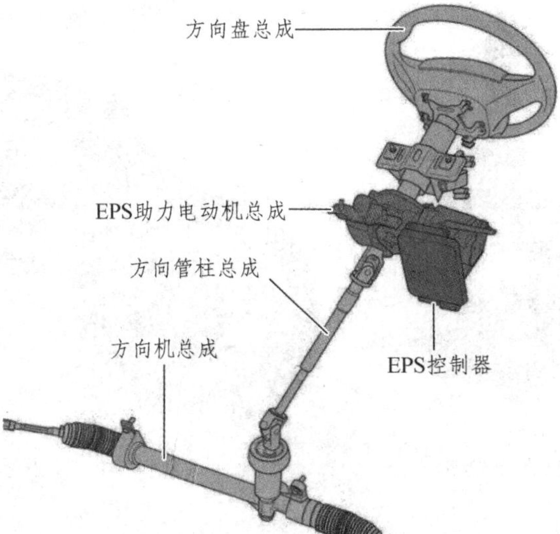

图 4-26　ECU 控制单元安装位置

4. 电动式转向系统独特优点

电动 EPS 有以下许多液压式动力转向系统所不具备的优点：

（1）进一步提高了操纵稳定性。助力特性得到优化，反应灵敏，准确度高；行驶在坏路时，可减少地面对系统冲击，吸收振动，提高主动安全性。

（2）助力特性由控制软件程序决定具有可修改性，ECU 根据转矩传感器、车速传感器发送来的信号，修改输出给电机的指令；即使是不同车型、不同车速助力特性也可进行快速修改，达到快速匹配的目的。

（3）降低汽车的燃油消耗，经济性能好。液压助力转向系统无论是否存在转向需要，发动机只要工作，转向泵一直工作，浪费燃油。而 EPS 只有在转向时电机才对外提供助力，燃油消耗降低了 5.5%。

（4）将电动机、离合器、减速装置、转向器等各部件装配成一体，这样无管道也无控制阀，使其结构紧凑、质量减小。省去了油压系统，不需要给转向油泵补充油，也不必担心漏油。

电动式 EPS 系统还设有安全保护装置，由一个在主电源电路中能切断电动机电源的继电器和一个安装在电动机与减速齿轮之间，并能把它们断开的电磁离合器组成。只要系统发生故障，安全保护装置就会开始工作，确保安全。

（二）三菱轿车电动式电控动力转向系统简介

三菱某轿车所用电子控制电动式动力转向系统组成如图 4-27 所示。它主要由 ECU、直流电动机和离合器、车速传感器、转矩传感器和转向机总成等组成。

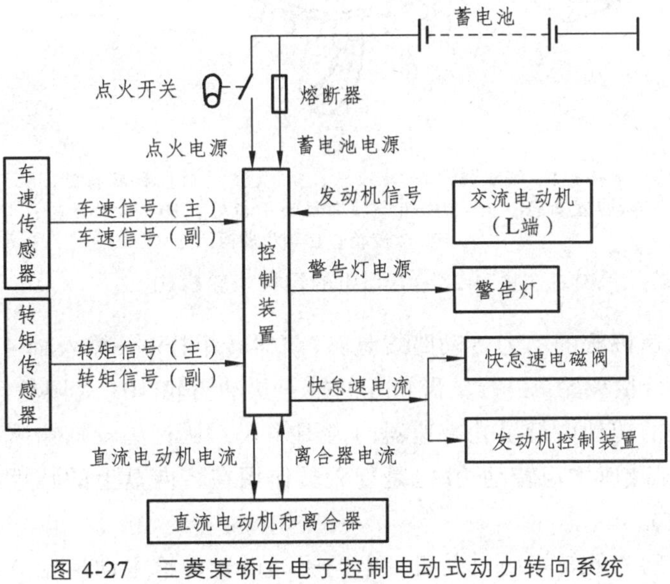

图 4-27 三菱某轿车电子控制电动式动力转向系统

该系统工作时，ECU 根据车速等传感器信号，控制转向盘上的操纵力，驱动转向齿轮箱内的电动机，实现助力控制。当车速高于设定速度时，就变成普通转向系统。当系统出现故障时，自我修正功能发挥作用，断开电动机的输出电流，也恢复到普通的转向系统，同时速度表内的警告灯点亮，通知驾驶员动力转向发生故障。

1. 组　成

（1）电动机和离合器。

系统 ECU 根据车速的快慢来控制输入电动机的工作电流大小，车辆在停驶和极低速状态下电动机电流最大，助力作用大。电动机产生的助力经离合器传动齿轮减速后，起到助力作用。考虑到电动机工作转速高、力矩小无法满足转向性能要求，因此必须要使用行星齿轮机构减速增矩后再驱动转向轴获得足够大的助力效果，电动机的行星齿轮机构如图 4-28 所示。行星齿轮机构可以分为输入轴和行星齿轮两部分，它们通过一个太阳轮啮合。

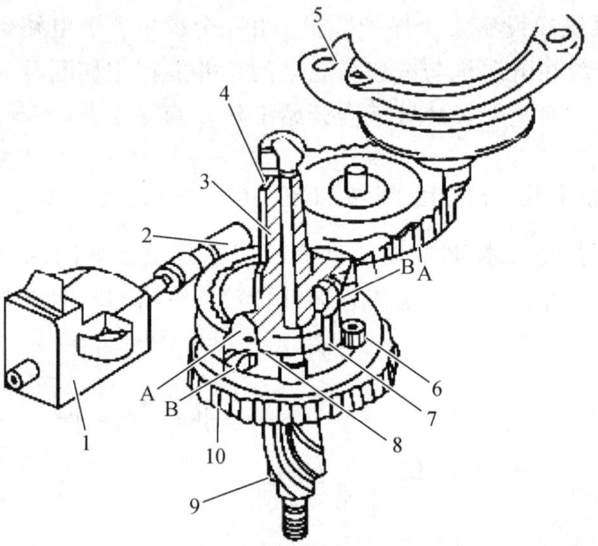

1—转矩传感器；2—卷轴；3—转矩杆；4—输入轴；5—直流电动机和离合器；6，8—行星小齿轮；
7—恒星齿轮；9—齿轮齿条转向机的小齿轮；10—从动齿轮；
A—主动齿轮；B—内齿圈。

图 4-28　电动机的行星齿轮机构

行星齿轮减速机构的动力传动路线是：转向器转矩杆 3→输入轴 4→行星齿轮转速器的内齿圈 B→行星齿轮 6→行星齿轮 6 的轴→从动齿轮 10（太阳轮运动受约束）。驾驶员在转动盘上的转动由行星轮减速器内齿圈输入，从行星轮轴输出。此种传动的传动比 i 大于 1，即减速增矩转动（i 也是驾驶员作用在转向盘上的转矩经行星轮减速机构后增大的倍数）。

电动机电动助力的转矩由电动机轴上的驱动齿轮传给主动齿轮 A，再由主动齿轮 A 传给从动齿轮 10，使从动轮 10 转矩增大。

驾驶员作用在转向盘上的转矩经行星齿轮减速机构增大后，作用在从动轮 10 上，而电动机助力转矩也作用在从动齿轮 10 上，最后共同作用在齿轮齿条转向机的小齿轮 9 上。小齿轮 9 使齿轮往复运动，使左右转向轮克服地面转向阻力矩而转向。

（2）转矩传感器。

转矩传感器的功能是将转动转向盘时转矩的转角变为转向信号，输送给 ECU。一般转矩杆的扭转角度设定为 4°左右，这是由于采用行星齿轮机构，使转矩传感器的检测精度提高。

（3）车速传感器。

车速传感器是一种电磁感应式传感器，安装在变速器上，作用是根据车速的变化，把主、副系统的脉冲信号输送给 ECU，车速传感器每转动一周产生 8 个脉冲信号。由于是主、副两个系统，故信号可靠性提高。

（4）汽车交流发电机的 L 端子。

利用交流发电机的 L 端子电压，可以判断出发电机是否运转，所以这里把交流发电机的 L 端子看成是向 ECU 输送信号的一个传感器。直流电动机的最大电流约为 30 A，在发动机不起动时，转向系统的工作由蓄电池供电；发动机工作时，由发电机供电。

（5）电子控制系统。

电子控制系统由一个 8 位单片机 MC6805 及外围电路组成。它负责收集车速传感器和转矩传感器传来的主副信号，发送指令给电磁离合器和直流电动机工作。

2. 工作原理

（1）点火开关接通时，电源电压加到电子控制式电动转向系统的控制部件上，电动式动力转向系统开始工作。

（2）启动发动机时，交流发电机 L 端子的电压加到 ECU 上，在检测到发动机处于发动状态时，电动式动力转向系统转为工作状态。

（3）ECU 输出电磁离合器信号后，通过电动机输出轴和行星齿轮减速机构，使行星齿轮轴处于可以助力的状态，并根据转矩信号向电动机输出电流。

行车时，车速在低于 30 km/h 区间内根据不同车速下所需要的转矩，控制电动机实际输入电流值的大小，并完成电子控制转向与普通转向的转换。当车速高于 30 km/h 时，ECU 没有离合器电流及电动机电流输出，离合器被分离，电子控制电动式动力转向变为普通转向。当车速低于 27 km/h，ECU 又输出离合器电流和电动机电流，由普通转向变为电子控制电动式动力转向的工作方式。

故障检修

一、故障案例 1

1. 故障现象

一辆丰田锐志轿车，在行驶过程中转向异常沉重，同时转向故障指示灯点亮。

2. 故障诊断与排除

根据故障现象，先进行故障自诊断，读取故障码。输出故障码为C1525、C1526、C1528。其含义是转向盘转角传感器初始化未完成，电动机旋转角度传感器故障。查阅维修资料得知，当出现C1528故障码时，系统进入失效保护状态，动力转向系统停止工作。

用丰田专用故障诊断仪IT-Ⅱ清除故障码，C1528可以清除，而C1525、C1526始终无法清除。再对转向盘转角传感器进行初始化，结果检测仪显示初始化失败，说明电动机旋转角度传感器确实存在故障。

拔下转向盘转角传感器插头进行检查，发现其内部有进水的痕迹，端子已覆盖了一层绿色的铜锈，出现腐蚀现象。

故障排除非常简单，清除插头内的水分和铜锈，再用丰田专用故障诊断仪IT-Ⅱ对电动机转向盘转角传感器进行初始化，EPS灯不再点亮，转向盘转动轻松灵活，故障彻底排除。

插头进水使传感器信号发生短路，ECU接收不到转向盘转角传感器信号，使电动动力转向系统进入保护状态，转向助力停止工作，ECU同时记录故障码C1528。

二、故障案例2

1. 故障现象

一辆2012年产的丰田卡罗拉轿车（配备电动转向助力系统），进厂维修时拆卸过仪表台，在维修之前转向正常，过后出现转向盘沉重，偶尔能有助力，其他时间与车辆熄火时转动方向盘感觉相同。

2. 故障诊断与排除

发现此车出现故障后，先对其进行试车，故障复现。确认故障现象后做如下检查。

（1）检查仪表板上的P/S灯，灯常亮。打开点火钥匙，P/S灯应在几秒钟后就自动熄灭，常亮说明系统有故障。

（2）上次维修只对仪表台、方向盘进行过拆装，没进行过其他操作，随后检查相关插头无松动脱落现象，连接良好。

（3）使用丰田专用诊断仪对底盘系统（EMPS）进行检测读取故障码，发现有一新故障码“C1512 扭矩传感器2”，进行清除，重新读取故障仍然存在，确定为当前故障代码。

故障原因是扭矩传感器自然损坏，还是线路故障，需进一步分析车辆行驶里程较少，传感器自然损坏概率较小。将故障确定为相关线路故障，为了使检查更加准确，再次对所有相关的部件插头进行外观检查均未发现异常。为查证故障重新使用诊断仪进入，读取故障码同时读取数据流，检查各项数据及打方向时的数据变化。

数据流中的第 2 项和第 3 项（即供给转向电机的电流值和转向电机所需的电流值）数据没有，显示都为 0 A。由于系统存在故障，ECU 不对电机供电，电动助力不起作用，因此无电流值。将数据流中的电压值与维修手册进行对比，发现扭矩传感器 2 无电压值输出。打开传感器外壳进行检查，上面有一层集成电路，在拉开导线橡胶的时候发现其中一条黄色导线连接松动，故障定位到此处。重新焊接松动导线后，故障排除。

思考练习

1. 简述电动式电控动力转向系统的组成、工作原理。
2. 电动式电控动力转向系统转矩传感器的作用是什么？
3. 电动式电控动力转向系统是如何控制转向助力，改善转向路感的？
4. 简述电子控制部件的检修方法。

任务三　四轮转向系统构造与原理

学习目标

（1）了解四轮转向系统的基本组成与工作原理。

（2）了解四轮转向系统主要部件的结构、工作过程。

知识链接

一、电控四轮转向系统概述

为进一步提高汽车转向的操控性、稳定性，一些汽车在后轮上也设计安装了转向系统。如图 4-29 所示在汽车低速行驶时，依靠逆向转向（前、后车轮的转角方向相反）获得较小的转向半径，改善汽车的操控性；如图 4-30 所示在汽车以中、高速行驶时，依靠同向转向（前、后车轮的转角方向相同）减小汽车的横摆运动，使汽车可以利用高速变换行进路线，提高车辆行驶转向时的稳定性。

根据控制方式的不同，四轮转向系统（4WS）可分为转向角比例控制式 4WS 系统与横摆角速度比例控制式 4WS 系统。

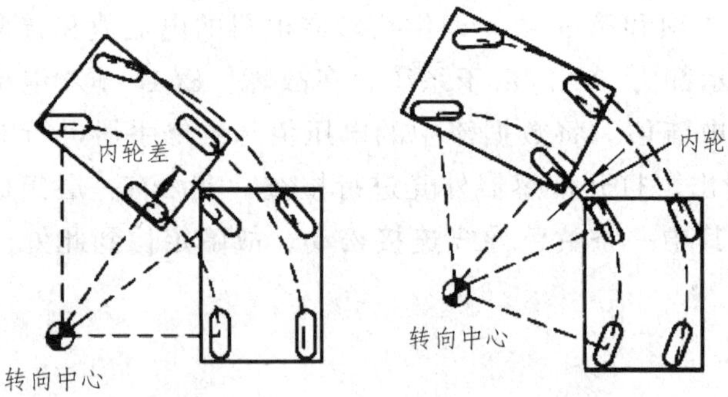

图 4-29　低速行驶四轮转向特性

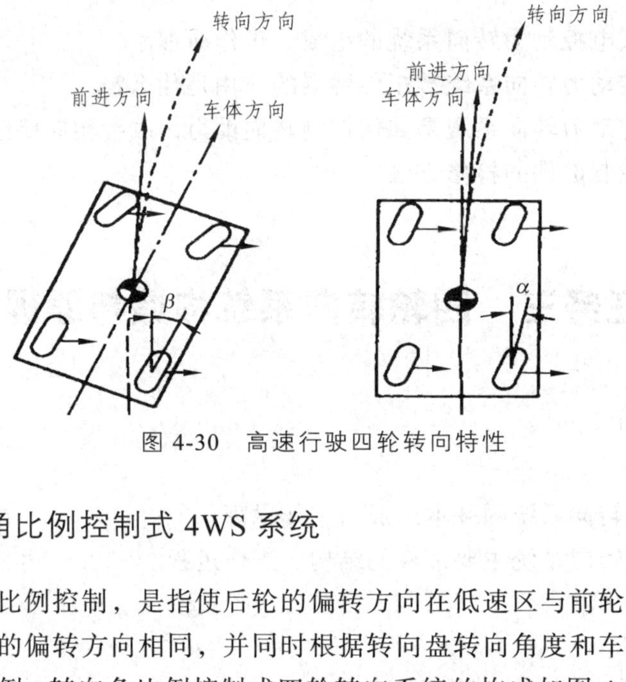

图 4-30　高速行驶四轮转向特性

二、转向角比例控制式 4WS 系统

所谓转向角比例控制，是指使后轮的偏转方向在低速区与前轮的偏转方向相反，在高速区与前轮的偏转方向相同，并同时根据转向盘转向角度和车速情况控制后轮与前轮偏转角度比例。转向角比例控制式四轮转向系统的构成如图 4-31 所示。前、后转向机构通过连接轴相连。转动转向盘时，齿条式转向器齿条在推动前转向横拉杆左右移动使前轮偏转转向的同时带动输出小齿轮转动，通过连接轴传递到后转向控制机构带动后轮偏转。

三、横摆角速度比例控制式 4WS 系统

横摆角速度比例控制是一种能根据检测出的车身横摆角速度来控制后轮转向量的控制方法。它与转向角比例控制相比，具有两方面优点：一是可以使汽车的车身方向从转向初期开始就与其行进方向保持高度一致；二是可以通过检测车身横摆角速度感知车身的自转运动。因此，即使有外力（如横向风等）引起车身自转，也能马上感知到，并可迅速通过对后轮的转向控制来抑制自转运动。

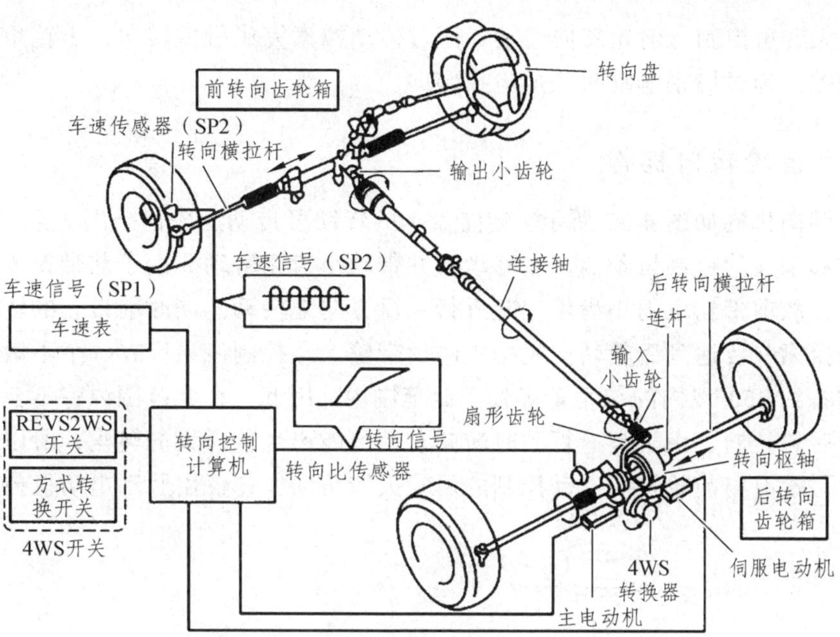

图 4-31　转向角比例控制式四轮转向系统组成

横摆角速度比例控制式 4WS 系统的组成如图 4-32 所示。后轮转向机构通过转换控制阀油路可以实现后轮转向。后轮转向角由两部分合成：一部分是大转角控制产生的后轮转向角（最大角度为 5°），一部分是小转角控制产生的后轮转向角（最大角度

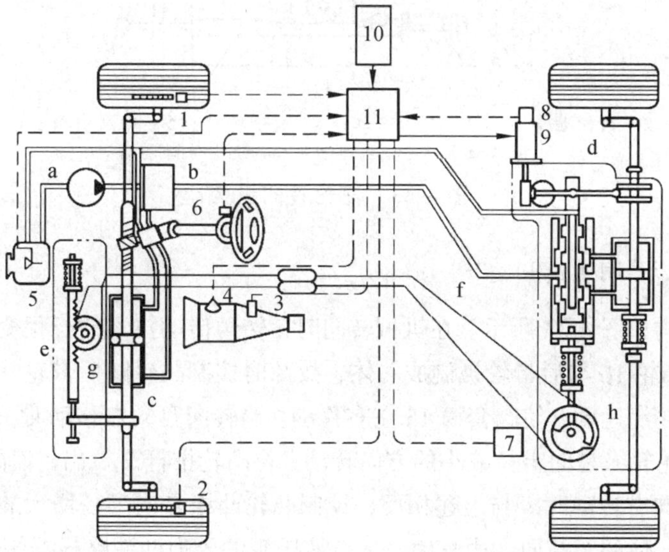

a—液压泵；b—分流器；c—前动力转向器；d—后转向助力器；e—带轮传动组件；f—转角传动拉索；g—前带轮；h—后带轮；1，2—轮速传感器；3—车速传感器；4—挡位开关；5—油面高度传感器；6—转角传感器；7—横摆角速度传感器；8—电动机转角传感器；9—转向电动机；10—ABS ECU；11—4WS ECU。

图 4-32　横摆角速度比例控制式 4WS 系统组成

为 1°)。大转角控制与前轮转向连动，通过传动拉索完成机械转向；小转角控制与前轮转向无关，通过脉动电动机完成电控转向。

（一）前轮转向机构

前轮转向机构如图 4-33 所示。转向盘 1 的转动可传动齿轮齿条副 2 上，随着齿条端部 4 的移动又使控制齿条 5 左右移动，并带动小齿轮转动。由于前带轮 6 与小齿轮做成一体，故前带轮也随小齿轮一起进行正反方向地转动。同时前带轮的转动又通过转角传动拉索 7 传递到后轮转向机构中的后带轮上。控制齿条存在一个不敏感行程，转向盘左右约 250°以内的转角正好处于此范围内。因此，在此范围内将不会产生与前轮连动的后轮转向，由于高速行驶时转向盘不可能产生这样大的转角，所以当汽车高速行驶时，没有与前轮转向连动控制的后轮大转角动作，仅由脉动电动机控制转向。

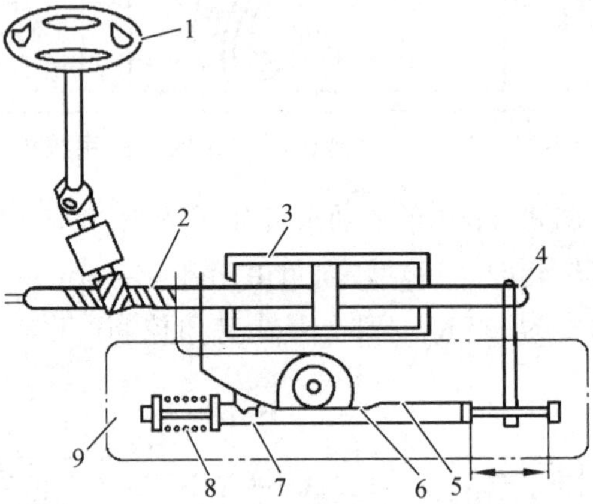

1—转向盘；2—齿轮齿条副；3—液压油缸；4—齿条端部；5—控制齿条；6—前带轮；7—转角传动拉索；8—弹簧；9—带轮传动组件。

图 4-33　前轮转向机构

（二）后轮转向机构

后轮转向机构如图 4-34 所示。在机械转向时，转角传动拉索的行程变化被传递到后带轮 1。由于控制凸轮 16 与后带轮被制成一体，故此时控制凸轮随后带轮一同转动，拉动凸轮推杆 2 沿凸轮轮缘运动，使阀套筒 15 左右移动。当转向盘向左移动时，后带轮 1 向右转动，此时控制凸轮轮缘是向半径减小的方向转动，将凸轮推杆 2 拉出，使阀套筒 15 向左边移动。当转向盘向右转动时，与上述相反，控制凸轮凸缘是向半径增大的方向转动，把凸轮推杆推向里面，使阀套筒向右边移动。来自液压泵的压力油油路根据阀套筒 15 与滑阀 4 的相对位置进行切换。当转向盘向左转动时，阀套筒向左方移动，把来自液压泵的压力油输进液压缸的右室 9，驱动功率活塞 10 向左移动。此时，与功率活塞做成一体的液压缸轴 11 就被推向左方，带动后轮向右转向。相反，当转向盘向左转向时，功率活塞 10 被推向右方，带到后轮向左转向。由此可见，在机械转向时，后轮都是反向转向。

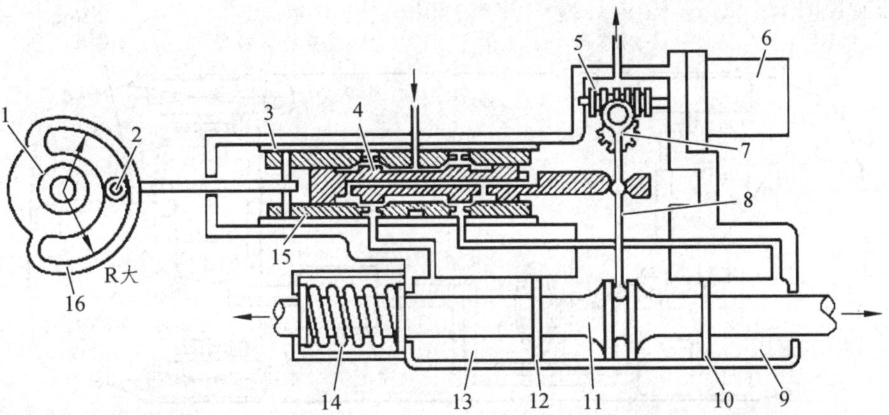

1—后带轮；2—凸轮推杆；3—衬套；4—滑阀；5—主动齿轮；6—脉动电动机；7—从动齿轮；8—阀控制杆；9—液压缸右室；10，12—功率活塞；11—液压缸轴；13—液压缸左室；14—弹簧；15—阀套筒；16—控制凸轮。

图 4-34　后轮转向机构

在电动转向时，阀套筒固定不动。此时，由脉动电动机 6 通过驱动阀控制杆 8 的左右摆动控制滑阀 4 左右移动，从而引起功率活塞 10 的左右运动，其动作原理与上述机械转向时一样。由于脉冲电动机是根据 ECU 的指令进行正、反方向转动的，所以它完成的后轮转向与前轮转向无关。

转向盘转角在左、右约 250°以内的转向角度范围内，实际上是汽车在低速时的大转角与停车时的转向行驶操作。而在中高速内的转向就变成了仅在电动转向范围内的后轮转向。ECU 能随时读取来自车速传感器的信号，然后计算出与车辆状态相适应的后轮目标转向角，再驱动脉动电动机，完成后轮转向操作。

四、本田某车型上的电动式 4WS 系统

（一）系统组成构造

本田某车型上采用的电动式电控四轮转向系统如图 4-35 所示。四轮转向控制单元对输入的传感器信息进行分析处理，计算出所需的后轮转向角，并操纵后轮转向执行器电动机使后轮实现正确的转向。在此转向系统中，前轮转向器和后轮转向执行器之间没有任何机械连接装置，四轮转向控制 ECU 利用转向盘转角、车速和前轮转向角传感器信息控制后轮转向角。

当车速低于 29 km/h 时转向，后轮向相反方向偏置，在车速为零时的最大转角为 6°，在 29 km/h 时后轮转向角接近于零；当车速大于 29 km/h 时，在转向盘 200°转角以内后轮的转向角与前轮一致，转向盘转角大于 200°时后轮开始向相反方向偏转。当车速提高到 29 km/h，并转动转向盘 100°时，后轮将向相同方向偏置大约 1°；转向角转动 500°时，后轮将向相反方向偏转大约 1°。

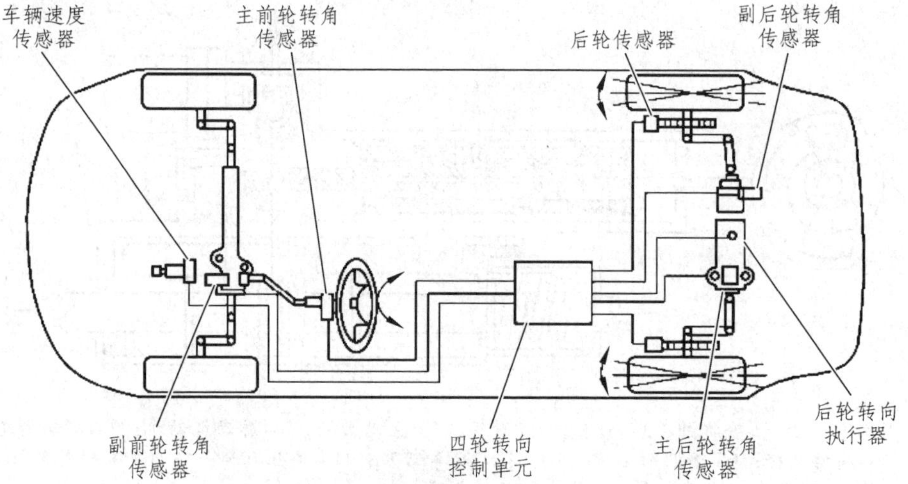

图 4-35　本田某车型电动式四轮转向系统

1. 后轮转向执行器

后轮转向执行器的组成如图 4-36 所示，它包括一个通过循环球螺杆机构的电动机、后轮转角传感器、回位弹簧等。执行器在结构上作为后轮转向横拉杆的一部分，两端的拉杆与后轮转向节臂相连。电动机受 ECU 控制转动时，即可通过循环球螺杆产生轴向推力，克服回位弹簧的弹力带动后轮转向。执行器内的回位弹簧在关闭点火开关或四轮转向系统失效时，将后轮推回直线行驶位置。一个主后轮转角传感器和一个副后轮转角传感器安装在执行器的上部。

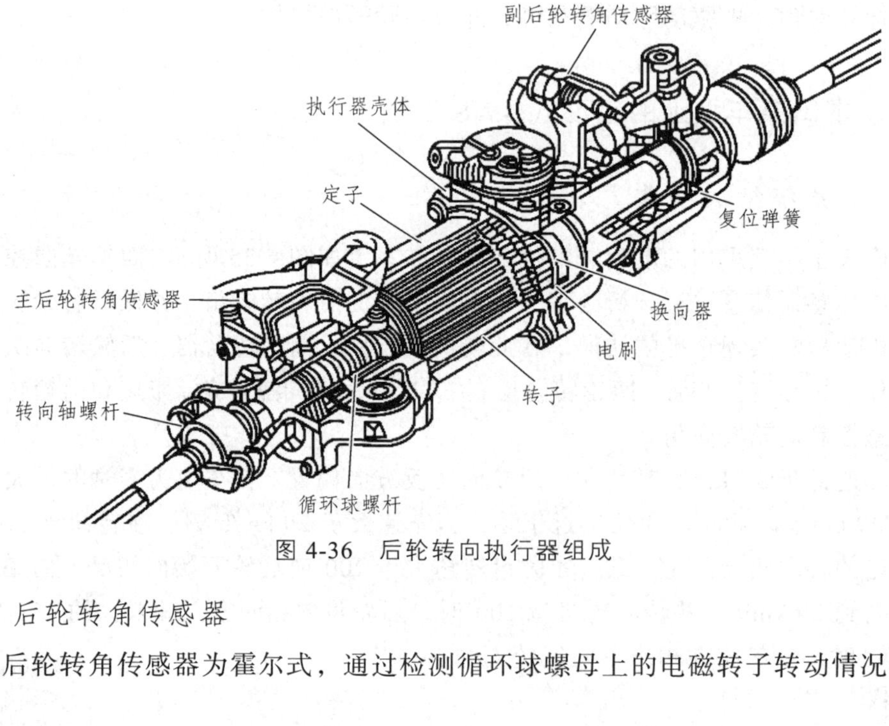

图 4-36　后轮转向执行器组成

2. 后轮转角传感器

主后轮转角传感器为霍尔式，通过检测循环球螺母上的电磁转子转动情况感知后轮偏转角度；副后轮转角副传感器的伸缩杆顶在后转向横拉杆的锥形轴表面，通过感知锥形轴的移动即可测得后轮实际偏转角度。

3. 前轮转角传感器

前轮转角传感器也有两个。转向盘转角传感器又称为主前轮转角传感器。它为霍尔式，装在组合开关下方的转向柱上。副前轮转角传感器安装在齿条式转向器上，结构与工作原理和副后轮转角传感器相同。

4. 车速传感器

与 ABS 系统共用的两只电磁式后轮速传感器向 ECU 提供交变电压信号，供 ECU 计算判定车速。注意，为了防止来自其他电线的干扰，有的传感器带有附加的外屏蔽，如果屏蔽损坏将严重影响 ECU 的工作。并且应禁止将电子传感器的导线位置移动到靠近其他电源电路附近。

（二）系统的失效保护功能

如果 4WS ECU 检测到系统出现故障，将使系统转换到失效保护状态。在这种状态下，ECU 存入故障码，并接通四轮转向指示灯发出警告。同时，控制 ECU 切断后轮转向执行器电源，使后轮保持在直行位置，系统回归为 2WS 特性。为防止后轮转向执行器断电时回正过快而造成方向不稳，ECU 在使系统进入保护状态的同时，施加阻尼力矩，回正弹簧缓慢地将后转向横拉杆放回到中央位置。

思考练习

1. 简述四轮转向系统的定义、分类。
2. 简述四轮转向系统的具体组成、工作原理。
3. 在电动式电控四轮转向系统中，后轮转向执行器的作用是什么？它是如何工作的？

参考文献

[1] 杨辉. 汽车底盘电控系统检修[M]. 北京：北京理工大学出版社，2014.
[2] 赵良红. 汽车底盘电控系统检修[M]. 北京：清华大学出版社，2010.
[3] 祝政杰，高翠翠，王永浩. 汽车底盘电控系统检修[M]. 北京：北京理工大学出版社，2017.
[4] 杨智勇，李敬福. 汽车底盘电控系统检修[M]. 北京：人民邮电出版社，2018.
[5] 王光宏. 一汽-大众车系 ABS 系统故障案例分析[J]. 汽车与驾驶维修（维修版），2017（09）：76-80.
[6] 张立新，屈亚锋. 汽车底盘电控系统检修[M]. 北京：人民交通出版社，2017.
[7] 李培军. 汽车底盘电控技术[M]. 北京：人民邮电出版社，2015.
[8] 秦海滨. 汽车底盘电控技术[M]. 大连：大连理工大学出版社，2007.
[9] 杨智勇，刘柱. 自动变速器维修就这么简单[M].北京：机械工业出版社，2015.